Bankenregulierung, Insolvenzrecht, Kapitalanlagegesetzbuch, Honorarberatung

Bankrechtstag 2013

BrV 35

Schriftenreihe der Bankrechtlichen Vereinigung

Herausgegeben von
Mathias Habersack
Peter O. Mülbert
Gerd Nobbe
Arne Wittig

Band 35

Bankenregulierung, Insolvenzrecht, Kapitalanlagegesetzbuch, Honorarberatung

Bankrechtstag 2013

DE GRUYTER

Zitierweise: *Autor* in: Bankrechtstag 2013.

ISBN 978-3-11-034093-8
e-ISBN 978-3-11-034098-3

Bibliografische Information der Deutschen Nationalbibliothek
Die Deutsche Nationalbibliothek verzeichnet diese Publikation in der Deutschen Nationalbibliografie; detaillierte bibliografische Daten sind im Internet über http://dnb.dnb.de abrufbar.

Druck und Bindung: Hubert & Co. Göttingen
♾ Gedruckt auf säurefreiem Papier
Printed in Germany

www.degruyter.com

Vorwort

Der Bankrechtstag 2013 der Bankrechtlichen Vereinigung – Wissenschaftliche Gesellschaft für Bankrecht e.V. fand am 28. Juni 2013 in Berlin statt. Die beiden Themenblöcke „Bankenregulierung, Insolvenzrecht“ und „Kapitalanlagegesetzbuch, Honorarberatung“ wurden vor etwa 260 Teilnehmern verhandelt.

Die erste Abteilung „Bankenregulierung, Insolvenzrecht“ erwies mit ihrer auch rechtspolitischen Ausrichtung nicht zuletzt dem Tagungsort Berlin besondere Referenz. Dementsprechend stellte im ersten Vortrag *T. Höche* einleitend die kaum mehr zu überschauenden Aktivitäten insbesondere des europäischen und deutschen Gesetzgebers sowie der Aufsichtsbehörden bei der Regulierung der Kreditwirtschaft und der Kapitalmärkte im Gefolge der Finanzmarktkrise zusammen und kam hierbei ohne Anspruch auf Vollständigkeit auf mehr als 65 Maßnahmen, um sodann einige Regulierungsschwerpunkte näher und teils auch kritisch zu beleuchten. Sodann stellte *M. L. Graf-Schlicker* den Diskussionsentwurf eines Gesetzes zur Erleichterung der Bewältigung von Konzerninsolvenzen vor, mit dem das Bundesministerium der Justiz die dritte – und für die vergangene Legislaturperiode letzte – Stufe des insolvenzrechtlichen Reformprogramms einleitete und womit es die Sanierungsmöglichkeiten für Konzerne und Konzernunternehmen zu verbessern sucht. *G. Bitter* schließlich beschäftigte sich kritisch mit der Rechtsprechung des für das Insolvenzrecht zuständigen IX. Zivilsenats zur Insolvenzanfechtung nach den §§ 133, 134 InsO bei der Einschaltung von Zahlungsmittlern in Mehrpersonenverhältnissen und entwickelte jeweils eigene Lösungsmodelle, für die er sich bewusst an die Wertungen des allgemeinen Zivilrechts, insbesondere des Bereicherungsrechts, anlehnte.

Die zweite Abteilung „Kapitalanlagegesetzbuch, Honorarberatung“ begann mit zwei Vorträgen von *E. Wallach* und *M. Escher*, die im Zusammenspiel einen vertieften Überblick über die neuen Regelungen des an die Stelle des InvG getretenen und zugleich die Richtlinie über Manager Alternative Investmentfonds (AIFM) umsetzenden Kapitalanlagegesetzbuchs (KAGB) gaben. Sie ließen eindrucksvoll deutlich werden, dass der Regulierungsrahmen für die bislang dem InvG unterfallenden Fonds von erheblicher Kontinuität, aber auch teils überraschenden Veränderungen geprägt ist, wogegen für die geschlossenen Fonds im bisherigen Sinne eine regulatorische Zeitenwende zu konstatieren ist, die Opfer fordern wird. Abschließend stellte *P. Balzer* mit dem Honoraranlageberatungsgesetz einen weiteren Bestandteil des im ersten Vortrag detailliert vorgestellten Regulierungstsunamis vor und endete mit der nachdenklichen Frage, ob Wertpapierdienstleistungsunternehmen angesichts des gesetzlichen Regelungsrahmen verstärkt Honoraranlageberatung anbieten werden.

Die Drucklegung dieses Bandes wurde dankenswerter Weise von Frau Dr. *Sandra Sandri*, Universität Mainz, vorbereitet; Herr Max Reinhardt hat das Stichwortverzeichnis erstellt.

Allen, die zum Gelingen des Bankrechtstages 2013 beigetragen haben, insbesondere Herrn *Eugen Leichner*, sei besonders gedankt.

München, Mainz, Karlsruhe, Essen *Habersack, Mülbert, Nobbe, Wittig*
Im November 2013

Inhalt

1. Abteilung: **Bankenregulierung, Insolvenzrecht**

Thorsten Höche, Rechtsanwalt, Berlin

Bankenregulierung zur Bewältigung der Finanzmarkt- und Staatsschuldenkrise[1]

1 Bankenregulierung nach Ausbruch der Finanzmarktkrise – Versuch einer Gesamtschau

Dass zur Aufarbeitung der sich im Jahre 2008 durch die Insolvenz des Bankhauses Lehman Brothers drastisch zuspitzenden Finanzmarkt- und späteren Staatsschuldenkrise[2] nichts – oder fast nichts – geschehen sei, gehört zu den verbreiteten Stereotypen in der Medienlandschaft.[3] Sinn dieses Beitrages ist es zum einen nachzuweisen, dass diese Behauptung unzutreffend ist. Zum anderen sollen Kernelemente der durch die Krise sowohl in institutioneller als auch in materiellrechtlicher Hinsicht verschärften und verdichteten Regulierung des Bankensektors dargestellt werden. Angesichts des großen Umfangs an neuen Bestimmungen ist die Auswahl der wichtigsten Themen schwierig und sicherlich nicht unangreifbar. So kann etwa die grundlegend neue Regulierung des Derivategeschäfts (Stichwort EMIR) ebenso wie die verschiedenen kapitalmarktrechtlichen Initiativen (MiFID/MiFIR, AIFM, Leerverkäufe, Anlageberatung, Hochfrequenzhandel etc.) ebenfalls mit guten Gründen auf bedeutende Auswirkungen verweisen. Doch hat wohl wenig die Gemüter in der Dämmerung der 17. Legislaturperiode

1 Das Manuskript befindet sich auf dem Stand von Anfang Oktober 2013.
2 Zu den Krisenursachen *Zeitler*, WM 2012, 673.
3 Ein polemisches Beispiel für solche Äußerungen findet sich bei *Jörges*, „Parasitäre Banken“, Stern 29/2009.

des Deutschen Bundestages und in der ebenfalls letzten Phase der im Sommer 2014 auslaufenden Gesetzgebungstätigkeit des Europäischen Parlamentes so bewegt wie die Diskussion über Basel III und deren EU-Umsetzungsakte CRR/CRD IV, die zu errichtende „Bankenunion" und die Überlegungen zur Einführung eines deutschen „Trennbankengesetzes" (im Vorgriff auf eine mutmaßlich noch im Herbst 2013 folgende entsprechende Initiative der Europäischen Kommission im Gefolge des Liikanen-Berichts[4]).

Unternimmt man den Versuch einer Systematisierung der Finanzmarktregulierung seit Herbst 2008, so spricht manches für eine Gliederung der Vorhaben in zehn „Regulierungsströme" (siehe hierzu die nachstehende Grafik).

Diese Regulierungsströme haben nach dem Washingtoner G20-Gipfel 2008[5] eingesetzt und sind seither nicht versiegt. Insbesondere der zunehmende Rückgriff auf Formen der delegierten Rechtsetzung[6] lässt vielmehr erwarten, dass der Finanzmarkt künftig einer neuen Form der kontinuierlichen regulatorischen

---

4 Bericht der Hochrangigen Expertengruppe für Strukturreformen im EU-Bankensektor vom 2. Oktober 2012, abrufbar unter http://ec.europa.eu/internal_market/bank/docs/high-level_expert_group/report_de.pdf.

5 Das Abschlusskommuniqué enthält den später vielfach zitierten Satz „*We pledge to strengthen our regulatory regimes, prudential oversight, and risk management, and ensure that all financial markets, products and participants are regulated or subject to oversight, as appropriate to their circumstances.*"

6 Siehe unten Punkt 3.

Begleitung auf internationaler, europäischer und nationaler Ebene ausgesetzt sein wird. Schon allein deswegen dürfte zu erwarten sein, dass eine Rückkehr zu einem Rechtsrahmen der Vorkrisenzeit ausgeschlossen sein wird. Die Kreditwirtschaft bricht gleichsam zu neuen Ufern auf. Zu den oben dargestellten zehn Regulierungsströmen ist ferner anzumerken, dass sich allein die Hälfte auf neue Themenbereiche bezieht, die zuvor keiner – oder keiner nennenswerten – Regulierung unterworfen waren. Dies trifft zu für das Derivategeschäft, die (variable) Vergütung von Leitungsorganen und leitenden Mitarbeitern, die Tätigkeit von Rating-Agenturen und so genannten „Schattenbanken". Ein zentraler neuer Bereich ist schließlich die Schaffung eines eigenständigen Restrukturierungs- und Abwicklungsrechts für Kreditinstitute – ebenso zuvor terra incognita. Schließlich haben bei den Aufsichtsstrukturen auf der Grundlage einer bereits vorher intensivierten Europäisierung teils dramatisch anmutende Entwicklungsschübe eingesetzt. Mag die Gründung des Financial Stability Boards[7] und des Europäischen Ausschusses für Systemrisiken[8] noch ebenso nachvollziehbar wie als wenig grundstürzende Konsequenz aus der Krise erscheinen, so gilt für die Initiativen zur Schaffung einer „Bankenunion" für die Euro-Mitgliedstaaten sowie solche EU-Mitgliedstaaten, die diesem System beitreten möchten, sicherlich anderes. Entsprechendes gilt für die noch andauernde Diskussion über die Schaffung eines „Mechanismus" (das Wort Behörde wird tunlichst vermieden) zur Bankenabwicklung nebst eines Finanzierungsfonds. Aber auch auf den bereits bekannten Gebieten des Aufsichtsrechts, namentlich der Festlegung von Vorgaben für das Risikomanagement, Eigenkapital- und Liquiditätsanforderungen, sind auf systematisch bekannten Pfaden wesentliche neue Maßgaben formuliert worden. Hierauf wird bezüglich der Umsetzung von Basel III zurückzukommen sein.[9]

Insgesamt legen die nachstehend aufgeführten mehr als 65 Regulierungsvorhaben seit 2008 ein beredtes Zeugnis davon ab, dass die Einschätzung, es sei gesetzgeberisch zur Bewältigung der Krise „nichts geschehen", der sachlichen Grundlage entbehrt. Nähere Erläuterungen zu den aufgezählten Vorhaben würden den Rahmen dieser Darstellung sprengen.[10]

---

7 Zu Gründung und Aufgaben siehe www.financialstabilityboard.org.

8 Zu Gründung und Aufgaben siehe www.esrb.europa.eu/about/background/html/index.de.html.

9 Siehe unten 2.1.

10 Vertiefungsmöglichkeiten bieten die nachfolgend gegebenen Literaturhinweise.

Aufsichtsstrukturen

- Schaffung des Financial Stability Board (ursprünglich Financial Stability Forum)[11]
- Errichtung des Europäischen Ausschusses für Systemrisiken[12]
- Verordnung (EU) Nr. 1093/2010 zur Errichtung einer Europäischen Aufsichtsbehörde (Europäische Bankenaufsichtsbehörde), zur Änderung des Beschlusses Nr. 716/2009/EG und zur Aufhebung des Beschlusses 2009/78/EG der Kommission[13]
- Verordnung (EU) Nr. 1094/2010 zur Errichtung einer Europäischen Aufsichtsbehörde (Europäische Aufsichtsbehörde für das Versicherungswesen und die betriebliche Altersversorgung), zur Änderung des Beschlusses Nr. 716/2009/EG und zur Aufhebung des Beschlusses 2009/79/EG der Kommission[14]
- Verordnung (EU) Nr. 1095/2010 zur Errichtung einer Europäischen Aufsichtsbehörde (Europäische Wertpapier- und Marktaufsichtsbehörde), zur Änderung des Beschlusses Nr. 716/2009/EG und zur Aufhebung des Beschlusses 2009/77/EG der Kommission[15]
- Vorschlag für eine Verordnung des Rates zur Übertragung besonderer Aufgaben im Zusammenhang mit der Aufsicht über Kreditinstitute auf die Europäische Zentralbank (erster Teil der „Bankenunion")[16]
- Gesetz zur Modernisierung der Aufsichtsstruktur der BaFin[17]
- Gesetz zur Stärkung der deutschen Finanzaufsicht[18]
- Gesetz über die Beaufsichtigung von Zahlungsdiensten (Zahlungsdiensteaufsichtsgesetz - ZAG)[19].

11 Siehe Fußnote 3.

12 Siehe Fußnote 4. Zum Ausschuss und der Rolle der EZB *Papathanassiou/Zagouras*, WM 2010, 1584.

13 ABl. EU Nr. L 331, 12 vom 15.12.2010.

14 ABl. EU Nr. L 331, 48 vom 15.12.2010.

15 ABl. EU Nr. L 331, 84 vom 15.12.2010.

16 COM (2012) 511; durch das Europäische Parlament angenommen am 12.9.2013, die Annahme durch den Rat steht zurzeit noch aus.

17 BGBl. I 2008, S. 493.

18 BGBl. I 2012, S. 2369.

19 BGBl. I 2009, S. 1506.

Risikomanagement, Eigenkapital, Liquidität und sonstiges Aufsichtsrecht

- FSB-Pinzipien Reduzierung der Bedeutung von CRA-Ratings[20]
- Richtlinie 2009/111/EG zur Änderung der Richtlinien 2006/48/EG, 2006/49/EG und 2007/64/EG hinsichtlich Zentralorganisationen zugeordneter Banken, bestimmter Eigenmittelbestandteile, Großkredite, Aufsichtsregelungen und Krisenmanagement (CRD II)[21]
- Richtlinie 2010/76/EU zur Änderung der Richtlinien 2006/48/EG und 2006/49/EG im Hinblick auf die Eigenkapitalanforderungen für Handelsbuch und Wiederverbriefungen und im Hinblick auf die aufsichtliche Überprüfung der Vergütungspolitik (CRD III)[22]
- Verordnung (EU) Nr. 575/2013 über Aufsichtsanforderungen an Kreditinstitute und Wertpapierfirmen und zur Änderung der Verordnung (EU) Nr. 646/2012 (CRR)[23]
- Richtlinie 2013/36/EU über den Zugang zur Tätigkeit von Kreditinstituten und die Beaufsichtigung von Kreditinstituten und Wertpapierfirmen, zur Änderung der Richtlinie 2002/87/EG und zur Aufhebung der Richtlinien 2006/48/EG und 2006/49/EG (CRD IV)[24]
- Gesetz zur Umsetzung der geänderten Bankenrichtlinie und der geänderten Kapitaladäquanzrichtlinie[25]
- Gesetz zur Stärkung der Finanzmarkt- und Versicherungsaufsicht[26]
- Gesetz zur Fortentwicklung des Pfandbriefrechts[27]
- Gesetz zur Modernisierung des Bilanzrechts (Bilanzrechtsmodernisierungsgesetz – BilMoG)[28]
- Mindestanforderungen an das Risikomanagement (MaRisk)[29].

---

20 www.financialstabilityboard.org/publications/r_101027.pdf.

21 ABl. EU Nr. L 302 vom 17.11.2009 S. 97, ergänzt durch die Richtlinien der Kommission 2009/27/EG, ABl. EU Nr. L 94, 97 vom 8.4.2009 und 2009/83/EG, ABl. EU Nr. L 196, 14 vom 28.7.2009.

22 ABl. EU Nr. L 329, 3 vom 14.12.2010.

23 ABl. EU Nr. L 176, 1 vom 27.6.2013.

24 ABl. EU Nr. 176, 338 vom 27.6.2013; zu Basel III und CRD IV Manns/Schulte-Mattler, WM 2010, 1577; dies. WM 2011, 2069.

25 BGBl. I 2010, S. 1592.

26 BGBl. I 2009, S. 2305. Hierzu und allgemein zu Vorgaben für die Corporate Governance in Banken Wittig, WM 2010, 2337.

27 BGBl. I 2009, S. 607.

28 BGBl. I 2009, S. 1102.

29 www.bafin.de/SharedDocs/Veroeffentlichungen/DE/Rundschreiben/rs_1210_marisk_ba.html.

Derivate

- Verordnung (EU) Nr. 236/2012 über Leerverkäufe und bestimmte Aspekte von Credit Default Swaps[30]
- Verordnung (EU) Nr. 648/2012 über OTC-Derivate, zentrale Gegenparteien und Transaktionsregister (EMIR)[31].

Vergütung

- FSB-Prinzipien und Implementierungsstandards für angemessene Vergütung[32]
- ESMA-Leitlinien Vergütungsgrundsätze und – verfahren (MiFID)[33]
- Gesetz zur Angemessenheit der Vorstandsvergütung (VorstAG)[34]
- Gesetz zur Verbesserung der Kontrolle der Vorstandsvergütung und zur Änderung weiterer aktienrechtlicher Vorschriften (VorstKoG) (zuvor: Aktienrechtsnovelle 2012)[35]
- Verordnung über die aufsichtsrechtlichen Anforderungen an Vergütungssysteme von Instituten (Instituts-Vergütungsverordnung - InstitutsVergV)[36].

Restrukturierung, Abwicklung

- FSB-Prinzipien für die grenzüberschreitende Kooperation beim Krisenmanagement[37]
- FSB-Key Attributes für eine effektive Abwicklung von Finanzinstituten[38]
- Vorübergehender Gemeinschaftsrahmen für staatliche Beihilfen zur Erleichterung des Zugangs zu Finanzierungsmitteln in der gegenwärtigen Finanz- und Wirtschaftskrise[39]

---

30 ABl. EU Nr. L 86, 1 vom 24.3.2012; zur Regulierung von Leerverkäufen *Zimmer/Beisken*, WM 2010, 485.

31 ABl. EU Nr. L 201, 1 vom 27.7.2012. *Diekmann/Fleischmann*, WM 2011, 1105. Zu Folgen der Krise auf Derivate-Dokumenationsstandards *Litte/Bell*, WM 2011, 1109. Zum neuen Regulierungsrahmen für OTC-Derivate *Köhling/Adler*, WM 2012, 2125 und 2173; *von Hall*, WM 2013, 673.

32 www.financialstabilityboard.org/activities/compensation/.

33 www.esma.europa.eu/system/files/esma_2013_00580000_de_cor.pdf.

34 BGBl. I 2009, 2509.

35 Der Gesetzentwurf ist wegen später Anrufung des Vermittlungsausschusses in der 17. Legislaturperiode der Diskontinuität anheimgefallen, BT-Drucks. 17/14790 vom 24.9.2013. Zum Vorentwurf der Aktienrechtsnovelle 2011 *Drygala*, WM 2011, 1637; zum letzten Stadium des Entwurfs (Aktienrechtsnovelle 2013) *Königshausen*, WM 2013, 909.

36 BGBl. I 2010, S. 1374. *Heuchemer/Kloft*, WM 2010, 2241.

37 www.financialstabilityboard.org/publications/r_0904c.htm.

38 www.financialstabilityboard.org/publications/r_111104cc.pdf.

39 ABl. EU Nr. C 83, 1 vom 7.4.2009; *Soltész/von Köckritz*, WM 2010, 241; *Koenig/Soltész*, WM 2013, 145.

- Vorschlag für eine Richtlinie zur Festlegung eines Rahmens für die Sanierung und Abwicklung von Kreditinstituten und Wertpapierfirmen und zur Änderung der Richtlinien 77/91/EWG und 82/891/EG des Rates, der Richtlinien 2001/24/EG, 2002/47/EG, 2004/25/EG, 2005/56/EG, 2007/36/EG und 2011/35/EG sowie der Verordnung (EU) Nr. 1093/2010 (BRRD)[40]
- Vorschlag für eine Verordnung (EU) zur Festlegung einheitlicher Vorschriften und eines einheitlichen Verfahrens für die Abwicklung von Kreditinstituten und bestimmten Wertpapierfirmen im Rahmen eines einheitlichen Abwicklungsmechanismus und eines einheitlichen Bankenabwicklungsfonds sowie zur Änderung der Verordnung (EU) Nr. 1093/2010 des Europäischen Parlaments und des Rates Erleichterung von Konzerninsolvenzen (SRM-Verordnung)[41]
- Gesetz zur Umsetzung eines Maßnahmenpakets zur Stabilisierung des Finanzmarktes (Finanzmarktstabilisierungsgesetz – FMStG)[42]
- Gesetz zur weiteren Stabilisierung des Finanzmarktes (Finanzmarktstabilisierungsergänzungsgesetz – FMStErgG)[43]
- Zweites Gesetz zur Umsetzung eines Maßnahmenpakets zur Stabilisierung des Finanzmarktes (Zweites Finanzmarktstabilisierungsgesetz - 2. FMStG)[44]
- Drittes Gesetz zur Umsetzung eines Maßnahmenpakets zur Stabilisierung des Finanzmarktes (Drittes Finanzmarktstabilisierungsgesetz - 3. FMStG)[45]
- Gesetzes zur Restrukturierung und geordneten Abwicklung von Kreditinstituten, zur Errichtung eines Restrukturierungsfonds für Kreditinstitute und zur Verlängerung der Verjährungsfrist der aktienrechtlichen Organhaftung (Banken-Restrukturierungsgesetz)[46]

---

40 KOM (2012) 280; der Vorschlag wird zurzeit im Trilog beraten. *Chattopadhay*, WM 2013, 405.

41 KOM (2013) 520; *Dohrn*, WM 2012, 2033.

42 BGBl. I 2008, S. 1982; zu Konfliktfeldern mit dem Kapitalmarkt- und Gesellschaftsrecht Binder, WM 2008, 2340. Zur Frage der Systemrelevanz von Finanzinstituten *Günther*, WM 2010, 825.

43 BGBl. I 2009, S. 725; zur Kontrollübernahme über systemrelevante Banken nach FMStG/FMStErgG *Hopt/Fleckner/Kumpan/Steffek*, WM 2009, 821.

44 BGBl. I 2012, S. 206.

45 BGBl. I 2012, S. 2777.

46 BGBl. I 2010, S. 1900; zum schweizerischen Bankensanierungsrecht *Zulauf*, WM 2010, 1525. Zu Fragen des Nettings *Paech*, WM 2010, 1965. Zu verfassungsrechtlichen Fragen der mit dem Banken-RestrukturierungsG verbundenen Bankenabgabe *Schön/Hellgarth/Osterloh-Konrad*, WM 2010, 2145 und 2193 sowie *Hanten/München*, WM 2011, 1925; *Riethmöller*, WM 2010, 2295. Zum Vergleich des RestruktG mit der Gesetzeslage in der Schweiz und im Vereinigten Königreich *Höche*, WM 2011, 49; *Wolfers/Voland*, WM 2011, 1159; zur Rechtsfigur des Sonderbeauftragten gemäß § 45 c KWG *Herring/Fiedler*, WM 2011, 1311.

- Mindestanforderungen an die Ausgestaltung von Sanierungsplänen (MaSan)[47]
- Gesetz zur Abschirmung von Risiken und zur Planung der Sanierung und Abwicklung von Kreditinstituten und Finanzgruppen („Trennbankengesetz“)[48]
- Gesetz über Schuldverschreibungen aus Gesamtemissionen (Schuldverschreibungsgesetz - SchVG)[49].

Einlagensicherung

- Vorschlag für eine Richtlinie über Einlagensicherungssysteme (Neufassung)[50].

Wertpapiergeschäft, Marktstrukturen

- Richtlinie 2011/61/EU über die Verwalter alternativer Investmentfonds und zur Änderung der Richtlinien 2003/41/EG und 2009/65/EG und der Verordnungen (EG) Nr. 1060/2009 und (EU) Nr. 1095/2010 (AIFM-Richtlinie)[51]
- Vorschlag für eine Richtlinie über Märkte für Finanzinstrumente zur Aufhebung der Richtlinie 2004/39/EG des Europäischen Parlaments und des Rates (Neufassung) (MiFID II)[52]
- Vorschlag für eine Verordnung des Europäischen Parlaments und des Rates über Märkte für Finanzinstrumente (MiFIR) und zur Änderung der Verordnung (EMIR) über OTC-Derivate, zentrale Gegenparteien und Transaktionsregister[53]
- Geänderter Vorschlag für eine Richtlinie über strafrechtliche Sanktionen für Insider-Geschäfte und Marktmanipulation[54]
- Geänderter Vorschlag für eine Verordnung über Insider-Geschäfte und Marktmanipulation (Marktmissbrauch)[55]

---

47 Die BaFin führt derzeit eine Konsultation zu dem Entwurf der MaSan durch, die noch nicht abgeschlossen ist. Der ursprüngliche Entwurf ist abrufbar unter www.bafin.de/SharedDocs/Downloads/DE/Konsultation/2012/dl_kon_1212_EntwurfMaSan_ba.pdf?__blob=publicationFile&v=4.

48 BGBl. I 2013, S. 3090; *Altvater/von Schweinitz*, WM 2013, 625. Zu den strafrechtlichen Aspekten *Hamm/Richter*, WM 2013, 865; *Wastl*, WM 2013, 1401.

49 BGBl. I 2009, S. 2512. Zum SchVG im Besonderen und zu weiteren Aspekten des Kapitalmarktrechts in der Finanzmarktkrise *Otto*, WM 2010, 2013.

50 KOM (2010) 368/2.

51 ABl. EU Nr. L 174, 1 vom 1.7.2011; *Spindler/Tancredi*, WM 2011, 1393 und 1441; zu Hedge-Fonds und Private Equity *Möllers/Harrer/Krüger*, WM 2011, 1537.

52 KOM (2011) 656; *Grundmann*, WM 2012, 1745; *Veil/Lerch*, WM 2012, 1557 und 1605; *Geier/Schmitt*, WM 2013, 915.

53 KOM (2011) 652.

54 KOM (2012) 420.

55 KOM (2012) 421; *Veil/Koch*, WM 2011, 2297.

- Vorschlag für eine Richtlinie zur Änderung der Richtlinie 2004/109/EG zur Harmonisierung der Transparenzanforderungen in Bezug auf Informationen über Emittenten, deren Wertpapiere zum Handel auf einem geregelten Markt zugelassen sind, sowie der Richtlinie 2007/14/EG der Kommission (Transparenzrichtlinie)[56]
- Vorschlag für eine Verordnung zur Verbesserung der Wertpapierabrechnungen in der Europäischen Union und über Zentralverwahrer sowie zur Änderung der Richtlinie 98/26/EG[57]
- Vorschlag für eine Richtlinie zur Änderung der Richtlinie 2009/65/EWG des Rates zur Koordinierung der Rechtsund Verwaltungsvorschriften betreffend bestimmte Organismen für gemeinsame Anlagen in Wertpapieren (OGAW) im Hinblick auf die Aufgaben der Verwahrstelle, die Vergütungspolitik und Sanktionen[58]
- Gesetz zur Ausführung der Verordnung (EU) Nr. 236/2012 des Europäischen Parlaments und des Rates vom 14. März 2012 über Leerverkäufe und bestimmte Aspekte von Credit Default Swaps (EU-Leerverkaufs-Ausführungsgesetz)[59]
- Gesetz zur Vermeidung von Gefahren und Missbräuchen im Hochfrequenzhandel (Hochfrequenzhandelsgesetz)[60]
- Kapitalanlagegesetzbuch (KAGB)[61].

Anleger-, Verbraucher- und Datenschutz
- Vorschlag für eine Verordnung (EU) über Basisinformationsblätter für Anlageprodukte („PRIPs“)[62]
- Vorschlag für eine Richtlinie über Wohnimmobilienkreditverträge[63]
- Vorschlag für eine Verordnung (EU) zum Schutz natürlicher Personen bei der Verarbeitung personenbezogener Daten und zum freien Datenverkehr (Datenschutz-Grundverordnung)[64]
- Vorschlag für eine Richtlinie zum Schutz natürlicher Personen bei der Verarbeitung personenbezogener Daten durch die zuständigen Behörden zum

56 KOM (2012) 683; *Veil*, WM 2012, 53.
57 KOM (2012) 73.
58 KOM (2012) 350.
59 BGBl. I 2012, S. 2286.
60 BGBl. I 2013, S. 1162; *Schultheiß*, WM 2013, 596.
61 BGBL. I 2013, S. 1981.
62 KOM (2012) 352. Zu Haftungsrisiken bei Kurzinformationsblättern *Müchler*, WM 2012, 974.
63 KOM (2011) 142.
64 KOM (2012) 11.

Zwecke der Verhütung, Aufdeckung, Untersuchung oder Verfolgung von Straftaten oder der Strafvollstreckung sowie zum freien Datenverkehr[65]
- Gesetz zur Stärkung des Anlegerschutzes und Verbesserung der Funktionsfähigkeit des Kapitalmarkts[66]
- Gesetz zur Novellierung des Finanzanlagenvermittler- und Vermögensanlagenrechts[67]
- Gesetz zur Förderung und Regulierung einer Honorarberatung über Finanzinstrumente (Honoraranlageberatungsgesetz)[68]
- Rundschreiben 4/2013 (WA) – Auslegung gesetzlicher Anforderungen an die Erstellung von Informationsblättern gemäß § 31 Abs. 3a WpHG / § 5a WpDVerOV[69]
- Gesetz zur Begrenzung der mit Finanzinvestitionen verbundenen Risiken (Risikobegrenzungsgesetz)[70]
- Gesetz zur Umsetzung der Verbraucherkreditrichtlinie, des zivilrechtlichen Teils der Zahlungsdiensterichtlinie sowie zur Neuordnung der Vorschriften über das Widerrufs- und Rückgaberecht .[71]

Rating-Agenturen
- Richtlinie 2013/14/EU zur Änderung der Richtlinie 2003/41/EG über die Tätigkeiten und die Beaufsichtigung von Einrichtungen der betrieblichen Altersvorsorge, der Richtlinie 2009/65/EG zur Koordinierung der Rechts- und Verwaltungsvorschriften betreffend bestimmte Organismen für gemeinsame Anlagen in Wertpapieren (OGAW) und der Richtlinie 2011/61/EU über die Verwalter alternativer Investmentfonds im Hinblick auf übermäßigen Rückgriff auf Ratings[72]
- Verordnung (EU) Nr. 462/2013 zur Änderung der Verordnung (EG) Nr. 1060/2009 über Ratingagenturen[73].

---

65 KOM (2012) 10.

66 BGBl. I 2011, S. 538.

67 BGBl. I 2011, S. 2481.

68 BGBl. I 2013, S. 2390.

69 www.bafin.de/SharedDocs/Veroeffentlichungen/DE/Rundschreiben/rs_1304_produktinformationsblaetterwa.html.

70 BGBl. I 2008, S. 1666; zu dem mit dem Gesetz adressierten Kreditnehmerschutz bei der Forderungsverbriefung *Knops*, WM 2008, 2185.

71 BGBl. I 2009, S. 2355; zum neuen Zahlungsverkehrsrecht *Grundmann*, WM 2009, 1117 und 1157; *Bitter*, WM 2010, 1725 und 1773; *Nobbe*, WM 2011, 961.

72 ABl. EU Nr. 145, 1 vom 31.5.2013.

73 ABl. EU Nr. L 146, 1 vom 31.5.2013; *Deipenbrock*, WM 2009, 1165.

Schattenbanken
- FSB Policy Framework zur Adressierung von Risiken bei der Wertpapierleihe und bei Repos[74]
- FSB Policy Framework zur Stärkung von Aufsicht und Regulierung von Schattenbanken[75]
- Mitteilung der Europäischen Kommission: Schattenbankwesen – Eindämmung neuer Risikoquellen im Finanzsektor[76].

Steuern
- Vorschlag für eine Richtlinie über die Umsetzung einer Verstärkten Zusammenarbeit im Bereich der Finanztransaktionssteuer[77]
- Entwurf eines Gesetzes zur Anpassung des Investmentsteuergesetzes und anderer Gesetze an das AIFM-Umsetzungsgesetz[78].

2 Regulierungsschwerpunkte

Wie bereits dargelegt, ist der Versuch einer Auswahl der wesentlichsten Regulierungsinhalte zu Bewältigung der Finanzmarktkrise mit dem Risiko des Scheiterns behaftet. Dennoch sprechen gute Gründe dafür, die Themen Eigenkapitalanforderungen und Liquidität, „Bankenunion“ und den deutschen Ansatz für ein Trennbankengesetzes hervorzuheben.

2.1 Basel III/CRD IV/CRR

Im Rückblick ist festzustellen, dass krisenhafte Zuspitzungen schon öfters grundsätzliche Neuerungen in der Bankenregulierung mit sich gebracht haben. So gab die Herstatt-Krise im Jahr 1974 den „Startschuss“ für eine verstärkte internationale Abstimmung der Bankenaufseher und die Gründung des Baseler Ausschusses für Bankenaufsicht.[79] Vierzehn Jahre später folgte mit Basel I ein erstes

74 www.financialstabilityboard.org/publications/r_130829b.htm.
75 www.financialstabilityboard.org/publications/r_130829c.htm.
76 KOM (2013) 614.
77 KOM (2013) 71; *Sester*, WM 2012, 529; *Liepe/Pielka/Malaviya*, WM 2013, 1344.
78 Der Gesetzentwurf ist wegen später Anrufung des Vermittlungsausschusses in der 17. Legislaturperiode der Diskontinuität anheimgefallen, BT-Drucks. 17/12603.
79 *Neus* in: Luz/Neus/Scharpf/Schneider/Weber, KWG, 2009, Einf. Rdnr. 142.

internationales Regelungsgefüge mit Pflichten zum Vorhalt von Eigenkapital, um Verluste aus Kreditgeschäften, die zu einer Zahlungsunfähigkeit einer Bank führen können, zu vermeiden. Eckpfeiler des System war die Klassifizierung von Eigenkapitalpositionen und die Formulierung von Anforderungen an die Eigenkapitalunterlegung durch die Formel „Forderungssumme x Risikogewicht x 8 %" (so genannte Cook-Ratio).[80] Im Jahre 1996 wurde regulatorisch zusätzlich das Marktrisiko berücksichtigt. Eine systematische Neuausrichtung erfolgt im Jahre 2004 mit Basel II. Das Ziel dieser Übereinkunft war es, die aufsichtsrechtlichen Anforderungen stärker am tatsächlichen Risiko auszurichten. Kapitalfehlallokationen sollten gemindert werden, operationelle Risiken – nach den Erfahrungen aus dem Barings-Fall – einbezogen und bessere Transparenz von Standards und der Erfüllung von Vorgaben durch Beaufsichtigte herbeigeführt werden. Das Konzept beruht auf drei Säulen, namentlich den Mindestkapitalanforderungen, dem aufsichtlichen Überwachungsprozess und Pflichten zur erweiterten Offenlegung.[81]

In der Folge der 2007 einsetzenden und sich 2008 dramatisch zuspitzenden Finanzmarktkrise wurde im Jahre 2010 das Rahmenwerk Basel III verabschiedet.[82] Dessen Inhalt zielt im Hinblick auf die Eigenkapitalanforderungen im Wesentlichen auf eine Erhöhung der Qualität, Konsistenz und Transparenz der Eigenkapital-Basis. Im Mittelpunkt stehen dabei die Verdoppelung des harten Kernkapitals von 3,5 auf 7 Prozent bis 2019 und der Aufbau eines Kapitalerhaltungspolsters, das in Stressphasen zum Auffangen von Verlusten herangezogen werden kann.[83] Zudem wird eine verbesserte Risikoabdeckung gefordert und eine allgemeine Verschuldungsgrenze (Leverage Ratio) eingeführt. Ferner sollen prozyklisch wirkende Vorgaben durch die Stärkung antizyklischer Puffer aufgefangen werden, damit Banken vor einem übermäßigen Wachstum des Kreditvolumens in Boomphasen geschützt werden.[84] Ferner sollten zusätzliche Eigenkapitalvorgaben systemischen Risiken und einer Vernetzung eines Instituts begegnen.

Aufgrund der deutlich spürbar erhöhten Anforderungen wurde ferner ein Zeitplan zur Umsetzung der neuen Vorgaben bis zum Jahre 2019 entwickelt. Hierdurch sollten insbesondere negative Auswirkungen auf die Kreditvergabe für die Realwirtschaft vermieden werden. Das nachfolgende Schaubild dokumentiert die

80 *Neus* (oben Fußnote 79), Einf. Rdnr. 145.
81 *Neus* (oben Fußnote 79), Einf. Rdnr. 146 ff.
82 *Winterfeld* in: Schimansky/Bunte/Lwowski, Bankrechts-Handbuch, 4. Aufl. (2011), § 124a Rdnr. 110.
83 *Winterfeld* (oben Fußnote 82), § 124a Rdnr. 111-113.
84 *Winterfeld* (oben Fußnote 82), § 124a Rdnr. 115.

bis zum Jahre 2019 kontinuierlich und erheblich ansteigenden Kapitalanforderungen – und zwar quantitativ ebenso wie qualitativ – an die Kreditinstitute.

Ab 2014 steigen die Kapitalanforderungen deutlich

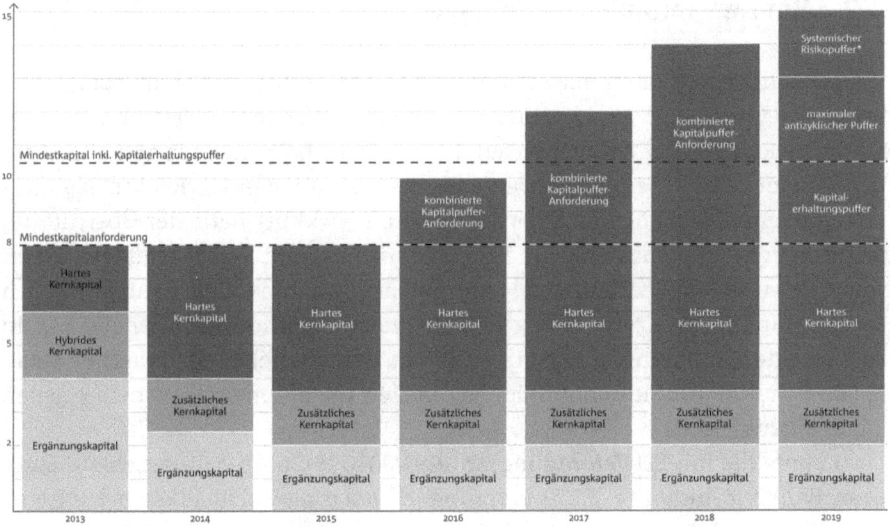

* das Höchste aus anzuwendendem G-SRI-, D-SRI- und systemischem Risikopuffer

Im Bereich Liquidität sollen die Liquidity Coverage Ratio sowie die Net Stable Funding Ratio Vorgaben zur Sicherung der kurzfristigen Liquidität anhand von Stressszenarien bzw. der langfristigen Finanzierungsquellen sichern.[85]

Rechtssystematisch ist die Umsetzung der Basel III-Vorgaben in der Europäischen Union zudem ein Paradebeispiel für die neue Qualität bei der Schaffung einheitlicher Regelungen im Binnenmarkt, d. h. zur Gewährleistung des „Single Rule Book“. So bewirkt die Aufteilung der Bestimmungen in einem Verordnungs- und einen Richtlinienteil einerseits die Einheitlichkeit insbesondere der Kapitalvorgaben (Art. 25 ff. CRR) und zugleich die Anpassung des nationalen Rechts in Bereichen, die noch eine weitere Annäherung der Rechtssysteme der Mitgliedstaaten erfordern (im Richtlinienteil). Letzteres gilt beispielsweise für die Vorschriften zur Beschränkung variabler Vergütungen im Bankbereich (Art. 92 ff. CRD IV). Hinzu treten vielfältige technische Standards, die von der European Banking Authority (EBA) erlassen werden.[86] Die Tage eines damit für deutsche

---

85 *Winterfeld* (oben Fußnote 82), § 124a Rdnr. 127.

86 Zum Regulierungsprogramm der EBA in Bezug auf die CRR siehe unten Punkt 3.

Kreditinstitute einheitlich und abschließend geltenden nationalen Bankaufsichtsrechts dürften damit gezählt sein.

2.2 „Bankenunion“

Die im politischen Raum mancherorts schon vor Eintritt der Finanzmarktkrise befürwortete stärkere Verlagerung der Banken-, Versicherungs- und Kapitalmarktaufsicht von der nationalen auf die EU-Ebene hat durch die aktuelle Regulierung einerseits einen Schub, andererseits aber auch einen Rückschlag erlitten. Einen maßgeblichen Einfluss auf diese Entwicklung hatte der Übertritt der ursprünglichen Finanzmarkt- und Bankenkrise in eine Staatsschuldenkrise in verschiedenen Mitgliedstaaten des Euro-Währungsraums. Ging es ursprünglich darum, Bankinsolvenzen durch geeignete materielle und institutionelle Regeln zu vermeiden, trat nun die Zielsetzung hinzu, den „Teufelskreis“ zwischen staatlichen Schuldnern und ihren Gläubigerbanken (insbesondere aus dem eigenen Land) aufzubrechen.[87]

Konnte die mit EU-Verordnung Nr. 1093/2010 im Jahre 2010 errichtete European Banking Authority (EBA) ursprünglich noch als Nukleus einer künftigen einheitlichen EU Bankaufsichtsbehörde angesehen werden, so zerschlugen sich diese Hoffnungen wohl mit dem ersten von der EBA durchgeführten Stresstest. Dieser stieß sowohl bei den beteiligten Banken als auch den nationalen Bankaufsehern auf zum Teil gravierende Kritik.[88] Außerdem erfordert die so genannte Meroni-Doktrin des Europäischen Gerichtshofs[89] grundsätzlich eine in den EU-Verträgen genannte Institution als Träger weit reichender Kompetenzen. Dies führte dazu, dass alsbald die Europäische Zentralbank als künftiger Hort einer supranationalen Bankenaufsicht in den Blick geriet, der gemäß Art. 127 Abs. 6 AEUV vom Rat durch Verordnung „besondere Aufgaben im Zusammenhang mit der Aufsicht über Kreditinstitute und sonstige Finanzinstitute“ übertragen werden können.[90] Im Rahmen einer politischen Einigung der Trilog-Parteien im

87 So explizit EU-Ratspräsident van Rompuy in einer Rede am 22. April 2013, abrufbar unter www.consilium.europa.eu/uedocs/cms_data/docs/pressdata/en/ec/136916.pdf.

88 Siehe allein den vormaligen BaFin-Präsidenten Jochen Sanio im Vorwort des BaFin-Jahresberichts 2010, abrufbar unter www.bafin.de/SharedDocs/Downloads/DE/Jahresbericht/dl_jb_2010.pdf?__blob=publicationFile.

89 Rs. 9/56, Meroni/Hohe Behörde, Slg. 1958, 1; *Lenski* in: Lenz/Borchardt, EU-Verträge, Kommentar, 5. Aufl. (2010), Art. 13 EUV Rdnr. 22.

90 *Herdegen*, Europäische Bankenunion: Wege zu einer einheitlichen Bankenaufsicht, WM 2012, 1889, hält Art. 127 Abs. 6 AEUV nicht mehr für eine noch ausreichende Grundlage

März 2013 haben sich die EU-Gesetzgebungsorgane auf dieser Grundlage darauf geeinigt, dass die EZB die direkte Aufsicht über „bedeutende Institute" (d. h. mit einem Gesamtwert von Aktiva mit mehr als 30 Mrd Euro), über die drei größten Banken eines Mitgliedstaates sowie über solche Banken erhalten soll, die eine Finanzhilfe des EFSF oder des ESM erhalten oder beantragt haben.[91] Auf dieser Grundlage geht man davon aus, dass die EZB die direkte Aufsicht über ca. 150 Institute in der Euro-Zone erhalten wird. Während die EZB hinsichtlich dieser Institute als unmittelbare Aufsichtsbehörde fungieren wird, stehen ihr hinsichtlich der weiteren rund 6000 Kreditinstitute im Euro-Raum Durchgriffsrechte zu, sollte die nationale Aufsicht ihren Aufgaben nicht hinreichend nachkommen. Um dies zu gewährleisten, kann die EZB den nationalen Aufsichtsbehörden Anweisungen erteilen.[92] Umgekehrt haben die nationalen Aufsichtsbehörden die EZB zu unterstützen[93] und die EZB über alle ihre Entscheidungen zu informieren, die erhebliche Bedeutung haben.[94]

Um Interessenkonflikte ihrer Aufsichtstätigkeit mit den geldpolitischen Kompetenzen und Pflichten zu vermeiden, wurde ein komplexes Governance-System aufgesetzt. So wird ein separater Supervisory Board geschaffen, der von einem Steering Committee unterstützt wird. Ferner wird ein Mediationspanel eingerichtet, in dem etwaige Meinungsverschiedenheiten mit den nationalen Aufsichtsbehörden geklärt werden sollen.[95] Auf diese Weise sollen die geldpolitischen von den aufsichtlichen Entscheidungen der EZB eindeutig getrennt werden. Entscheidungen müssen nach der Grundstruktur der EZB-Organisation letztlich vom EZB-Rat getroffen werden.[96]

Nicht unproblematisch erscheint das Verhältnis zur EBA, die weiterhin als „Wächterin" des Single Rulebook wirken soll. Sie soll mit anderen Worten die einheitliche Anwendung des materiellen Aufsichtsrechts in allen 28 Mitgliedstaaten gewährleisten. Dass sie dies als nicht primärrechtlich konstituierte Institution gegenüber der primärrechtlich konstituierten EZB ausüben soll, erscheint als – wenn auch gegenwärtig wohl unvermeidlicher – Konstruktionsfehler.[97]

---

und bewertet auch andere Anknüpfungspunkte (Art. 114, 352 AEUV, verstärkte Zusammenarbeit gemäß Art. 20 EUV, Art 326 ff. AEUV) kritisch.

91 Statement von Kommissar Michel Barnier vom 19. März 2013.

92 Art. 5 Abs. 4 des Entwurfs der EZB-Verordnung (Verordnungsentwurf), KOM (29012) 511.

93 Art 5 Abs. 2 und 3 des Verordnungsentwurfs.

94 Europäische Kommission Memo 13/251 vom 19.3.2013, abrufbar unter http://europa.eu/rapid/press-release_MEMO-13-251_en.htm.

95 Ebenda.

96 *Koch* in: Lenz/Borchardt (oben Fußnote 89), Art. 127 AEUV Rdnr. 6.

97 *Herdegen*, Europäische Bankenunion: Wege zu einer einheitlichen Bankenaufsicht, WM

Für die Praxis ist von Bedeutung, dass es zwischen beiden Institutionen nicht zu einem Wettlauf bei dem Erlass untergesetzlicher Guidance kommt. Dies wäre wohl faktisch das Ende des „Single Rule Book"-Gedankens.

Nachdem in der letzten Phase des Trilogs dem Parlament wesentliche Informationsrechte von der EZB zugestanden worden sind, dürfte einem baldigen Inkrafttreten dieses Teils der „Bankenunion" nichts im Wege stehen. Der eingangs erwähnte Rückschlag für eine weitere – auch institutionell fortgeführte – Harmonisierung des EU-Aufsichtsregimes liegt in der institutionellen Spaltung in die Euro-Zonen-Staaten und „Opt-in"-Länder einerseits und die übrigen EU-Mitgliedstaaten (einschließlich des Vereinigten Königreichs, das über den größten nationalen Finanzmarkt in der Union verfügt) andererseits. Dies mag gegenwärtig politisch unumgänglich sein; für die Bündelung der Kräfte auf dem EU-Finanzbinnenmarkt ist dies – nicht zuletzt angesichts des Erstarkens anderer Finanzmärkte im globalen Kontext – keine gute Nachricht.

Die weiteren Pfeiler der „Bankenunion" bestehen aus der Schaffung eines europäischen Abwicklungsmechanismus und der weiteren Harmonisierung der Europäischen Einlagensicherung. Während die letztgenannte maßgeblich auf Betreiben Deutschlands vertagt worden ist, hat die Europäische Kommission im Sommer 2013 einen Verordnungsvorschlag für einen europäischen Abwicklungsmechanismus vorgelegt.[98] Ohne hierauf an dieser Stelle im Einzelnen eingehen zu können, soll zumindest nicht unerwähnt bleiben, dass die Zielsetzung der Europäischen Kommission, die maßgeblichen Kompetenzen des Abwicklungsmechanismus durch sie selbst ausüben zu lassen, auf nicht ungeteilte Zustimmung gestoßen ist. Verschiedene Mitgliedstaaten – darunter Deutschland – verfolgen aus verschiedenen Gründen einen anderen Ansatz, der Im Ergebnis auf die Alternative eines Netzwerks von nationalen Abwicklungsbehörden hinausläuft. Zur Begründung wird insbesondere auf Zweifel verwiesen, die gegen Art. 114 AEUV als Rechtsgrundlage für den Kommissionsvorschlag geltend gemacht werden. Obwohl sich ankündigt, dass durch eine Beschränkung des Anwendungsbereichs des Abwicklungsfonds unter Führung der Kommission auf „bedeutende Institute" im Euroraum ein Kompromiss erzielt werden könnte, ist eine politische Lösung des Konflikts bislang noch offen.

2012, 1889, 1896.

98 Siehe oben Fußnote 41.

2.3 Trennbankengesetz

Ausgehend von Überlegungen in den Vereinigten Staaten, die dort im Rahmen des Dodd-Frank-Act[99] durch die so genannte Volcker Rule ihre Ausprägung gefunden haben,[100] haben auch in Europa Diskussionen über etwaige Vorteile der Einführung eines Trennbankensystems eingesetzt. Im Vereinigten Königreich hat die Independent Commission on Banking unter Führung von Lord Vickers im September 2011 einen Bericht[101] vorgelegt, der – vereinfacht gesprochen – auf eine „Umzäunung" (Ringfencing) von Kundeneinlagen abzielt, um zu verhindern, dass diese im Falle einer Krise des Instituts in Mitleidenschaft gezogen werden. In der Europäischen Union hat die Europäische Kommission eine Expertengruppe unter Leitung des ehemaligen finnischen Notenbankpräsidenten Erkii Liikanen mit der Erstellung einer Analyse dieser Systemfragen beauftragt. Der Bericht liegt seit Oktober 2012 vor;[102] zudem wurde hierzu von der Europäischen Kommission eine Konsultation durchgeführt.[103]

Vor diesem Hintergrund hat die Bundesregierung Anfang Februar 2013 den Entwurf eines „Gesetzes zur Abschirmung von Risiken und zur Planung der Sanierung und Abwicklung von Kreditinstituten und Finanzgruppen" vorgelegt.[104] Der Gesetzentwurf wurde am 7. Juni 2013 verabschiedet und am 12. August 2013 im Bundesgesetzblatt verkündet.[105]

Art. 1 des Gesetzes enthält Vorschriften zur Sanierungs- und Abwicklungsplanung bei potentiell systemgefährdeten Kreditinstituten und Finanzgruppen und greift damit der aktuell noch in der Beratung stehenden EU-Richtlinie zur

---

99 Dodd-Frank Wall Street Reform and Consumer Protection Act, H.R. 4173 (111th), abrufbar unter www.govtrack.us/congress/bills/111/hr4173; *Heppe/Tielmann*, WM 2011, 1883.

100 Die in Section 619 Dodd-Frank-Act enthaltene Regel enthält – vereinfacht gesprochen – ein Verbot für Banken, kurzfristigen Eigenhandel zu betreiben sowie Investitionen in Hedge-Fonds oder Private Equity Fonds. Instruktiv hierzu die Ausführungen der Commodity Futures Trading Commission unter www.cftc.gov/ucm/groups/public/@newsroom/documents/file/vr_factsheet.pdf.

101 Der endgültige Bericht ist abrufbar unter www.ecgi.org/documents/icb_final_report_12sep2011.pdf.

102 In Frankreich und – wahlkampfbedingt – in Deutschland haben sich vor diesem Hintergrund eigenständige Initiativen zu einer Abschirmung bzw. Abspaltung solcher geschäftlicher Aktivitäten in einer Bank ergeben, die als besonders risikoreich begriffen werden und deren Wertverfall in einer Krisensituation das Einlagengeschäft einer Bank nicht beschädigen soll.

103 Abrufbar unter https://ec.europa.eu/digital-agenda/sites/digital-agenda/files/HLG_DE_MASTER.pdf.

104 BT-Drucks. 17/12601 vom 4. März 2013.

105 BGBl. I 2013, S. 3090.

Festlegung eines Rahmens für die Sanierung und Abwicklung von Kreditinstituten und Wertpapierfirmen sowie zur Änderung mehrerer Richtlinien vor.[106] Art. 2 enthält mit Vorschriften zur Abtrennung von als riskant eingestuften Geschäften vom Kundengeschäft das eigentliche „Trennbankengesetz“. Die Artikel 3 und 4 erstrecken sich schließlich auf mit den beiden ersten Artikeln nicht in Beziehung stehende neue Strafvorschriften zur Pönalisierung der Verletzung von Risikomanagementpflichten durch die Geschäftsleiter von Banken und Versicherungsunternehmen.

Der Gesetzentwurf ist in vielerlei Hinsicht kritisiert worden. Zum einen bezog sich die Kritik auf den Vorgriff gegenüber einer sich abzeichnenden EU-Regulierungsinitiative auf der Grundlage der Befunde des Liikanen-Berichts. Hinzu traten die grundsätzlich positiven Erfahrungen, die in Deutschland mit dem Universalbankenprinzip deutscher Prägung gemacht worden sind. Dieser Eindruck bestand nicht nur in der Deutschen Kreditwirtschaft, sondern wurde von den übrigen Wirtschaftsverbänden geteilt.[107] Der Gesetzentwurf wurde allerdings ungeachtet dieser einhellig kritischen Haltung in der deutschen Wirtschaft weiter verfolgt.

Kern der Regelungen in Art 2[108] ist es, dass Einlagenkreditinstitute und Unternehmen einer Institutsgruppe, einer Finanzholdinggruppe, einer gemischten Finanzholding-Gruppe oder eines Finanzkonglomerats, denen ein Einlagenkreditinstitut angehört, bestimmte als risikoreich eingestufte Geschäfte bei Überschreiten bestimmter Schwellenwerte verboten sind. Sollen die Geschäfte weiter betrieben werden, müssen sie in ein eigenständiges Handelsinstitut ausgegliedert werden. Bei den verbotenen Geschäften handelt es sich um Eigengeschäfte um Sinne von § 1 Abs. 1a Satz 3 KWG, d. h. der Anschaffung bzw. Veräußerung von Finanzinstrumenten für eigene Rechnung, die nicht eine Dienstleistung für andere ist. Ferner werden Kredit- und Garantiegeschäfte mit Hedgefonds, Dach-Hedgefonds oder deren Verwaltungsgesellschaften sowie mit EU-AIF oder ausländischen AIF im Sinne des KAGB erfasst, die im beträchtlichen Umfang Leverage einsetzen. Die Verwaltungsgesellschaften solcher Unternehmen sind ebenfalls mit erfasst. Verboten ist ferner Eigenhandel im Sinne von § 1 Abs. 1a Satz 2 Nr.

---

106 Siehe Fußnote 32.

107 Siehe die gemeinsame Erklärung von neun großen Wirtschaftsverbänden „Universalbanken stärken Finanzmarktstabilität“, abrufbar unter www.bdi.eu/statements_gemeinsame-erklaerung2726.htm.

108 Die Darstellung auch von Art. 1 würde den Rahmen sprengen. Sie bleibt einer späteren Aufarbeitung im Kontext mit der einschlägigen EU-Richtlinie (BRRD, siehe oben Fußnote 40) vorbehalten.

4 lit. d) KWG in der Fassung des Hochfrequenzhandelsgesetzes.[109] Eine wichtige Ausnahme betrifft allerdings das Market Making im Sinn der EU-Leerverkaufsverordnung 236/2012.[110] Nicht erfasst sind hingegen Geschäfte zur Absicherung von Geschäften mit Kunden (außer AIF oder Verwaltungsgesellschaften im Sinne von § 3 Abs. 2 Satz 2 Nr. 2 KWG). Entsprechendes gilt für Geschäfte, die der Zins-, Währungs- und Liquiditäts- oder Kreditrisikosteuerung eines Einlagenkreditinstituts oder bestimmten Gruppen dienen. Ebenso vom Verbot nicht erfasst sind Geschäfte im Dienste des Erwerbs oder Veräußerung langfristig angelegter Beteiligungen und solche Geschäfte, die nicht zu dem Zweck geschlossen werden, bestehende oder erwartete Unterschiede zwischen Kaufs- und Verkaufspreisen oder Schwankungen von Marktkursen, Preisen, Werten oder Zinssätzen kurzfristig zu nutzen, um so Gewinne zu erzielen.

Die oben genannten Schwellenwerte sind in § 3 Abs. 2 Satz 1 Nr. 1 und Nr. 2 KWG geregelt. Hiernach greift das Verbot, wenn die Geschäfte zum Abschlussstichtag des vorangegangenen Bilanzjahres eines Einlagenkreditinstituts oder Finanzgruppe den Wert von 100 Mrd Euro übersteigen. Zusätzlich gilt ein relativer Wert, wonach das Verbot eingreift, wenn die Geschäfte im vorangegangenen Geschäftsjahr 20 % der Bilanzsumme eines Einlagenkreditinstituts oder der Finanzgruppe erreichen und die Bilanzsumme des Einlagenkreditinstituts oder der Finanzgruppe zum Abschlussstichtag der letzten drei Geschäftsjahre jeweils mindestens 90 Mrd Euro erreicht hat.

Werden die Schwellenwerte erreicht, muss das Einlagenkreditinstitut bzw. die Finanzgruppe innerhalb von 12 Monaten diese entweder vollständig einstellen oder in ihrer Gesamtheit auf ein – dann vom Verbotstatbestand nicht erfasstes – Finanzhandelsinstitut im Sinne von § 25f KWG übertragen.

Bedeutsam erscheint ferner Art. 3 Abs. 4 KWG. Hiernach steht der BaFin unabhängig von der Überschreitung eines Schwellenwertes auch für – ansonsten eigentlich ausgenommene – Market-Making-Tätigkeiten sowie für sonstige Geschäfte im Sinne von § 3 Abs. 2 Satz 2 KWG oder für Geschäfte mit Finanzinstrumenten, die in ihrer Art nach der Risikointensität vergleichbar mit den „verbotenen" Geschäften sind, die Befugnis zu, die Beendigung dieser Geschäfte bzw. deren Übertragung auf ein Finanzinstitut anzuordnen. Die Anordnung ist sofort vollziehbar (§ 49 KWG).

Das Finanzhandelsinstitut, in das verbotene Geschäfte ausgelagert werden sollen, muss wirtschaftlich, organisatorisch und rechtlich eigenständig sein. Es kann einer Institutsgruppe angehören. In diesem Falle gelten die Ausnah-

109 BGBl. I 2013, S. 1162.
110 ABl. EU Nr. L 86, 1 vom 24.3.2012.

men für gruppenangehörige Unternehmen (§ 2a KWG) jedoch nicht. Gemeinsam genutzte Infrastruktur muss jedoch bei dem Mutter- bzw. einem konzernangehörigem Unternehmen angesiedelt sein. Geschäfte innerhalb der Gruppe müssen zu Marktbedingungen erfolgen. Schließlich dürfen aus einer Beteiligung an dem Finanzhandelsinstitut dem Einlagenkreditinstitut keine substanziellen wirtschaftlichen oder operativen Risiken sowie kein Reputationsrisiko erwachsen.

Das Gesetz tritt am 31. Januar 2014 in Kraft. Es sieht allerdings eine Übergangsvorschrift vor, wonach der Verbotstatbestand des § 3 Abs. 2 KWG ab dem 1. Juli 2015 eingreift. Das bedeutet, dass ausgehend von diesem Zeitpunkt innerhalb von 12 Monaten verbotene Geschäfte entweder beendet oder auf ein Finanzhandelsinstitut übertragen werden müssen. Die Untersagungskompetenz der BaFin (§ 3 Abs. 4 KWG) tritt am 1. Juli 2016 in Kraft. Die hinausgeschobenen Zeitpunkte für das Inkrafttreten zielen darauf ab, einen „Gleichlauf" mit künftigen einschlägigen EU-Vorschriften zu ermöglichen und greifen so die oben angesprochene Kritik an diesem „nationalen Alleingang" in gewisser Weise auf.

Die materielle Kritik an der „deutschen Version" eines Trennbankenmodells steht allerdings weiterhin im Raum. Namentlich wird eine solche Trennung zu erhöhten Komplexitätskosten führen, auch wenn die Finanzhandelsinstitute unter dem Dach einer gemeinsamen Bankholding verbleiben können. Lohnt der eigenständige Betrieb eines Finanzhandelsinstituts in einer Gruppe nicht, dürfte die dann wohl gebotene Veräußerung an Wettbewerber zu einer erhöhten Marktkonzentration des als besonders riskant empfundenen Geschäfts führen. Eine solche Entwicklung würde hinsichtlich „too-big-to-fail"-Problematik in diesem Marktsegment kontraproduktiv wirken. Ferner bestehen ausgegliederte Risiken im Finanzinselhandelsinstitut natürlich fort, so dass eine Ansteckungsgefahr in der Gesamtheit der Kreditwirtschaft durch die Trennung innerhalb einer Bank oder einer Gruppe nicht beseitigt wird. Für das abgetrennte Finanzhandelsinstitut dürfte sich schließlich die Refinanzierung erschweren, was mit steigenden Eigenkapitalkosten einhergehen dürfte. Es bleibt abzuwarten, wie dieser Regulierungsansatz nach der inzwischen intensivierten Diskussion über seine Sinnhaftigkeit in Volkswirtschaften wie der deutschen auf EU-Ebene letztlich bewertet wird.

Last but not least enthalten die Art. 3 und 4 des „Trennbankengesetzes" auf den ersten Blick nicht erwartete Schärfungen der Strafdrohungen gegen die Geschäftsleitungen von Kreditinstituten und Versicherungsunternehmen. Im Bankbereich wurde – grob gesagt – durch die Heraufstufung maßgeblicher Vorgaben der MaRisk zunächst erreicht, dass bestimmte Pflichten im Risikomanagement Gesetzesrang erhalten (§ 25c Abs. 4a und 4b KWG-neu). Dies trifft unter anderem zu auf

- das Erfordernis einer „auf die nachhaltige Entwicklung des Instituts gerichteten Geschäftsstrategie“,
- die „grundsätzliche“ Trennung von Markt und Marktfolge sowie zwischen Handel und Abwicklung,
- eine „angemessene personelle und technische Ausstattung“,
- die Pflicht zum Betreiben „interner Kontrollverfahren mit einem internen Kontrollsystem und einer internen Revision“.

Im Gesetzgebungsverfahren ist die Übernahme von MaRisk-Regelungen in § 25c KWG ergänzt worden um zusätzliche Pflichten im Zusammenhang mit Stresstests, der Berichterstattung der internen Revision sowie bei Fragen der Auslagerung von Aktivitäten von Prozessen.

Für die Einhaltung dieser Pflichten haben die Geschäftsleiter im Rahmen ihrer Gesamtverantwortung Sorge zu tragen. Diese Formulierung lässt zum einen die Fortführung des Ressortprinzips zu und stellt zum anderen gegenüber dem Wortlaut des ursprünglichen Entwurfs („sicherstellen“) eine sachgerechte Klarstellung und Reduzierung der Anforderungen dar. Kommen die Geschäftsleiter ihren Pflichten gemäß § 25c Abs. 4a oder 4b Satz 2 KWG nicht nach, kann die BaFin gemäß § 25 c Abs. 4c KWG eine vollziehbare Anordnung erlassen. Die Strafbarkeit (geregelt in § 54a KWG-neu) wird ausgelöst, wenn ein Geschäftsleiter einer solchen Anordnung zuwider handelt und durch die Zuwiderhandlung eine Bestandsgefährdung des Instituts (§ 48b KWG) ausgelöst wird. Ist sowohl die Tathandlung als auch die Verursachung einer Bestandsgefährdung vorsätzlich, beträgt die Strafandrohung bis zu fünf Jahre Freiheitsstrafe oder Geldstrafe (maximal 10,8 Mio Euro, §§ 40 StGB, 54a Abs. 1 KWG). Ist die Pflichtverletzung vorsätzlich und die Bestandsgefährdung wird fahrlässig herbeigeführt, können bis zu zwei Jahre Freiheitsstrafe oder Geldstrafe erwirkt werden.

3 Strukturelle Änderungen in der Regulierung

Noch weithin unbemerkt haben sich im Gefolge der Finanzmarktkrise nicht nur wesentliche institutionelle und materiell-rechtliche Veränderungen ergeben, sondern auch die Art der Regulierung ist eine andere, differenziertere geworden. Eingeführt durch den Lissabon-Vertrag am 1. Dezember 2009 haben delegierte Rechtsakte und Durchführungsrechtsakte gemäß Art. 290, 291 AEUV und VO Nr. 182/2011 inzwischen spürbar an Bedeutung gewonnen – insbesondere bei der Finanzmarktregulierung. Unabhängig von den – im Einzelnen durchaus bedeutsamen – Unterschieden ist delegierten und Durchführungsrechtsakten gemein, dass sie eine Regulierung allein durch die Europäische Kommission ermöglichen, ohne dass zur rechtlichen Verbindlichkeit dieser Rechtsakte das Europäische Parlament und der Rat hinzugezogen werden müssten. Zwar muss eine solche „exekutivische Rechtsetzung“ durch eine Befugnisübertragung im Basisrechtsakt erst eröffnet werden; auch sind hierfür Grenzen sowie bestimmte Kontrollmöglichkeiten von Parlament und Rat vorgesehen. Und doch eröffnen diese Befugnisse der Kommission ein neues und strukturell weithin eigenständiges Betätigungsfeld.

Für den Finanzmarkt besonders bedeutsam ist, dass die europäischen Aufsichtsbehörden EBA, ESMA und EIOPA auf der Grundlage ihrer Errichtungsrechtsakte (Verordnungen Nr. 1093/2010, 1094/2010 und 1095/2010) beauftragt werden können, technische Regulierungsstandards bzw. technische Durchführungsstandards zu entwerfen, die sodann durch die Kommission erlassen werden. Auch diese zusammen „Binding Technical Standards“ genannten Regulierungen haben nach Erlass durch die Kommission unmittelbar bindende rechtliche Wirkung. Zwar sind auch hier Verfahrensschritte vorgesehen, die z. B. die Konsultation von Stakeholdern vorsehen, doch erscheint fraglich, ob dies das Entstehen eines stetigen Regulierungsstroms wirksam begrenzen kann. Die Zahlen sprechen eine andere Sprache: So sieht das EBA-Arbeitsprogramm 2013 bis 2018 allein auf dem Gebiet der CRR sowie dem Entwurf der Krisenmanagementrichtlinie und EMIR den Erlass von 84 Technischen Standards vor. Zudem sollen 35 Leitlinien in diesem Bereich erlassen werden. Das ESMA-Arbeitsprogramm 2013 sieht allein in diesem Jahr die Vorlage von 26 Technischen Standards oder Leitlinien zu verschiedenen Themen vor. Berücksichtigt man ferner, dass die Aufgaben z. B. der EBA sich nach der Berufung der EZB zur Aufsichtsbehörde in der täglichen Aufsichtspraxis maßgeblich auf die Regulierung beschränken werden, dürfte kaum damit zu rechnen sein, dass die Quelle der EU-Bankenregulierung in nächster Zeit (oder überhaupt?) einmal versiegen könnte. Umso mehr wird es darauf ankommen, dem Inhalt neuer Vorschriften Richtung und Qualität zu geben.

4 Fazit

Die Finanzmarkt- und Staatsschuldenkrise hat die Finanzmarktregulierung nicht nur in Deutschland und der Europäischen Union zu neuen Ufern geführt. In der Europäischen Union sind die vielfältigen Sachfragen strukturbedingt komplexer als anderswo. Das zeigt die Differenzierung der Antworten auf zentrale Regulierungsfragen nach der Zugehörigkeit zur Euro-Gruppe deutlich. Unter diesen Rahmenbedingungen das – sehr zu unterstützende – Ziel eines „Single Rule Books“

aufrecht zu erhalten ist ein anspruchsvolles Vorhaben. Vieles andere Neue wird sich in der Praxis erst noch bewähren müssen. Ein zentrales Element hierfür wird der Start der Bankenaufsicht unter dem Dach der EZB sein.

Bei allem Regulierungsengagement im Finanzsektor sollte allerdings nicht vergessen werden, dass die „Bankenunion“ nicht die sprichwörtliche „silver bullet“ zur Lösung der Staatsschuldenkrise sein kann. Verantwortungsvolle Finanzpolitik braucht mehr als Regelungen für den Bankensektor. Insofern mag die „Bankenunion“ ein Steilpass für die weitere Integration der Europäischen Union sein – ein Torschuss ist sie nicht.

Marie Luise Graf-Schlicker, Ministerialdirektorin

Konzerninsolvenzrechtsreform

1 Kontext des Vorhabens zum Konzerninsolvenzrecht

Mit der Vorlage des Diskussionsentwurfs eines Gesetzes zur Erleichterung der Bewältigung von Konzerninsolvenzen hat das Bundesministerium der Justiz die dritte und letzte Stufe des insolvenzrechtlichen Reformprogramms für diese Legislaturperiode eingeläutet. Ziel des Regelungsvorschlags ist es, die Möglichkeiten für die Bewältigung von Konzerninsolvenzen zu verbessern. Insbesondere sollen die Voraussetzungen dafür geschaffen werden, dass sich betriebswirtschaftliche Sanierungschancen auch in Konzernen künftig besser nutzen lassen. So gesehen führt der Entwurf den mit dem Gesetz zur weiteren Erleichterung der Sanierung von Unternehmen (ESUG) eingeschlagenen Weg konsequent fort. Mit dem ESUG, das die Praxis in dem ersten Jahr seit seinem Inkrafttreten schon wesentlich beeinflusst hat, konnten bereits deutliche Erleichterungen für die Sanierung insolventer Unternehmen geschaffen werden. Der im Januar dieses Jahres vorgelegte Gesetzentwurf für ein Konzerninsolvenzrecht geht auf die konzernspezifischen Besonderheiten ein, um die Sanierungsmöglichkeiten auch für Konzerne und konzernangehörige Unternehmen zu verbessern.

Wie wichtig dieses Vorhaben ist, lässt sich an der Bedeutung von Konzernunternehmen für das heutige Wirtschaftsleben ermessen. Man muss sich dabei von der zwar verbreiteten, aber unzutreffenden Vorstellung lösen, dass der Konzernbegriff allein auf multinational aufgestellte oder börsennotierte Großunternehmen verweist. Auch mittelständische Unternehmen sind oftmals konzernförmig organisiert. Nach Angaben der Monopolkommission weist das Unternehmensregister zwar nicht einmal 7% der Unternehmen als gruppenzugehörig aus. Allerdings vereinen diese auf alle Wirtschaftsabschnitte bezogen einen Umsatzanteil von 70% und einen Beschäftigtenanteil von 53% auf sich. Dies allein belegt schon eindrucksvoll die Notwendigkeit und Bedeutung des Vorhabens, auch im Insolvenzrecht auf die Besonderheiten konzernangehöriger Unternehmen einzugehen.

Gerät eine Unternehmensgruppe in eine wirtschaftliche Schieflage, so sollte unsere Rechtsordnung Lösungen anbieten, die geeignet sind, die in den insolventen Konzerngesellschaften vorhandene Haftungsmassen im Interesse der Gläubiger zu maximieren. Über einen solchen Weg können Gläubiger deutlich höhere Befriedigungsquoten erhalten als bei einer isolierten Abwicklung der einzelnen insolventen Gesellschaften. Vorrangiges Ziel sollte dabei die Sanierung des gesamten Konzerns sein. Freilich kann die Sanierung auch im Konzernkontext kein Selbstzweck sein. Eine wesentliche Aufgabe des Insolvenzrechts ist und bleibt es, nicht mehr wettbewerbsfähige Unternehmen in einem geordneten Verfahren aus dem Markt auszuscheiden. Nur so können die für unsere Volkswirtschaft unerlässlichen allokativen Prozesse aufrecht erhalten und die in unrentablen Betrieben gebundenen Ressourcen wettbewerbsfähigeren und damit produktiveren Verwendungen zugeführt werden. Konzernspezifische Regelungen sind auch in Liquidationskontexten von Wert: Ist es im Einzelfall nicht möglich, den Gesamtkonzern als wirtschaftliche Einheit zu stabilisieren und wieder wettbewerbsfähig zu machen, wird es im Regelfall im Interesse der Gläubiger liegen, eine konzernweit einheitliche Liquidationsstrategie zu verfolgen.

2 Erforderlichkeit besonderer Regelungen

Das geltende Insolvenzrecht sieht keine besonderen Regelungen für die Insolvenz von Unternehmensgruppen vor. Nach wie vor wird die Insolvenzordnung von dem Grundsatz beherrscht, dass je Unternehmensträger ein Insolvenzverfahren zu eröffnen ist; und bei konzernförmig organisierten Unternehmen ist bekanntlich der Konzern als solcher nicht als Unternehmensträger anzusehen. Unternehmensträger sind vielmehr die einzelnen Konzerngesellschaften. Daraus folgt, dass im Fall einer Konzerninsolvenz je insolventer Konzerngesellschaft ein Verfahren zu eröffnen ist. Die darin angelegte Dezentralisierung der Insolvenzabwicklung kann dazu führen, dass der in dem Unternehmensverbund enthaltene Mehrwert für die Gläubiger verloren geht. Daher sind Regelungen erforderlich, die entweder eine Gesamtsanierung der insolventen Gesellschaften im Unternehmensverbund ermöglichen oder aber den Insolvenzverwaltern zumindest die Möglichkeit eröffnen, im Wege einer Übertragung der in den einzelnen Konzerngesellschaften vorhandenen Vermögenswerte ein möglichst optimales Ergebnis für die Gläubiger zu realisieren. Selbst wenn eine Übertragung des Gesamtunternehmens im Einzelfall nicht möglich ist, kann eine abgestimmte Veräußerung der in den konzernangehörigen Gesellschaften vorhandenen Vermögenswerte zu einem höheren Erlös führen als ein unabgestimmtes Vorgehen der in den einzelnen Verfahren bestellten Insolvenzverwalter.

Der Diskussionsentwurf zielt daher auf eine Harmonisierung der Insolvenzverfahren über das Vermögen der einzelnen konzernangehörigen Gesellschaften.

3 Grundsätze des Diskussionsentwurfs

Für die konkrete Ausgestaltung des Regelungsansatzes waren die folgenden Erwägungen maßgebend:

Zunächst war zu berücksichtigen, dass die Unternehmenspraxis durch eine Vielzahl unterschiedlicher Formen von Konzernen gekennzeichnet ist. Es gibt kein typisches und einheitliches Erscheinungsbild „des Konzerns“, an welches der Gesetzgeber anknüpfen könnte. Vielmehr reicht das Spektrum von losen Unternehmensverbindungen bis hin zu voll integrierten Varianten, bei denen nicht nur eine Vielzahl von konzerninternen Verflechtungen bestehen, sondern auch wesentliche betriebs- und finanzwirtschaftliche Funktionen zentralisiert sind.

Daraus folgt unmittelbar, dass es eine einfache Lösung nach dem Motto „one size fits all“ nicht geben kann. Vielmehr muss das zu schaffende Regelungswerk hinreichend flexibel sein, um im konkreten Anwendungsfall den jeweiligen Besonderheiten der betroffenen Konzerne gerecht werden zu können.

Damit waren für den vorgelegten Entwurf zwei wesentliche Weichen gestellt: Zum einen kam es nicht in Betracht, ein besonderes Verfahren für Konzerne einzuführen, welches in allen Fällen zwingend anzuwenden gewesen wäre, in denen der Schuldner einem Konzern angehört. Denn damit würde es unmöglich, den Fällen gerecht werden, in denen lediglich lose Konzernverbindungen bestehen, so dass ein Bedarf für spezifisch konzernrechtliche Regelungen überhaupt nicht besteht.

Zum anderen lag es gerade deshalb nahe, die einzuführenden konzerninsolvenzrechtlichen Instrumente als ein „Angebot“ auszugestalten, das sich an die verantwortlichen Unternehmensleiter richtet. Diese können nämlich im Einzelfall besser als der Gesetzgeber einschätzen, ob die angebotenen Instrumentarien im gegebenen Fall sinnvoll und nutzbringend eingesetzt werden können.

Auch wenn die Ausgestaltung der konzernrechtlichen Instrumentarien als „Angebot“ an die Beteiligten von der Aufgabe entlastet, die konkreten Voraussetzungen für ihren Einsatz abschließend gesetzlich festzulegen, muss sich der Gesetzgeber doch der Aufgabe stellen, dem Konzerninsolvenzrecht einen Konzernbegriff – bzw. in der Sprache des Diskussionsentwurfs: einen Gruppenbegriff – zugrunde zu legen. Denn es muss zumindest der äußere Anwendungsbereich umrissen werden, innerhalb dessen die vom Gesetz gemachten „Angebote“ bestehen. Für die konkrete Ausgestaltung dieses Gruppenbegriffs waren zwei Erwägungen maßgeblich: Zum einen sollte vermieden werden, dass die Gerichte wie aber auch die übrigen Beteiligten in die Prüfung komplexer Rechts- und Tatsachenfragen eintreten müssen, um zu klären, ob der Anwendungsbereich der konzerninsolvenzrechtlichen Instrumentarien eröffnet ist. Zum anderen sollte das Kriterium hinreichend weit sein, um der Vielgestaltigkeit des Konzernphänomens gerecht zu werden und um zu verhindern, dass bestimmte Konzerntypen von vornherein aus dem Anwendungsbereich ausscheiden. Vor diesem Hintergrund lehnt sich der Entwurf an das Handelsbilanzrecht an, das in § 290 HGB für die Frage nach der Pflicht zur Aufstellung eines Konzernabschlusses und für die Frage nach dem maßgeblichen Konsolidierungskreis vor allem darauf abstellt, ob zwei Unternehmen derart miteinander verbunden sind, dass eines die Möglichkeit hat, auf das andere einen beherrschenden Einfluss auszuüben. Das Abstellen auf die Möglichkeit der Ausübung beherrschenden Einflusses hat den Vorteil, dass im Einzelfall nicht geklärt werden muss, ob ein beherrschender Einfluss auch tatsächlich ausgeübt wird. Damit handelt es sich um ein verhältnismäßig einfach zu handhabendes und hinreichend weites Kriterium. Um aber auch Gleichordnungskonzerne in den Gruppenbegriff einzubeziehen, die sich über das Kriterium der Möglichkeit der Ausübung beherrschender Kontrolle nicht erfassen lassen, ist – in Anlehnung an das Aktienkonzernrecht – die einheitliche Leitung als zusätzliches Kriterium neben die Möglichkeit der Ausübung beherrschenden Einflusses gestellt worden.

Hinsichtlich der konkreten Ausgestaltung der vorzuschlagenden Instrumentarien war schließlich von entscheidender Bedeutung, dass das zu schaffende Konzerninsolvenzrecht nichts an den bewährten Grundsätzen und Zielbestimmungen des Gesamtvollstreckungsrechts ändert. Es kann und darf vielmehr allein darum gehen, diesen Grundsätzen und Zielbestimmungen im Konzernkontext Geltung zu verschaffen. Insbesondere dürfen die einzuführenden konzernrechtlichen Instrumentarien nicht zu Verteilungseffekten zwischen den Gläubigern verschiedener Konzerngesellschaften führen. Daraus folgt vor allem, dass es im Insolvenzfall nicht zu einer Konsolidierung der Haftungsmassen kommen darf. Denn dies ginge zulasten der Gläubiger, die mit einer finanziell besser ausgestatteten Gesellschaft in Geschäftsbeziehungen getreten sind. Deren Vertrauen darauf, dass das Vermögen ihres Schuldners auch im Insolvenzfall vollumfänglich für die eingegangenen Verbindlichkeiten haftet, ist schutzwürdig und sollte durch konzerninsolvenzrechtliche Instrumentarien nicht konterkariert werden.

Statt auf eine Konsolidierung der Verfahren oder gar der Haftungsmassen zielt der Diskussionsentwurf deshalb darauf, die Möglichkeiten einer koordinierten Abwicklung der Verfahren über die einzelnen Konzerngesellschaften zu verbessern. Es geht bei den Regelungen um die Bereitstellung von Koordinationsangeboten, nicht um den Zwang zu einer konsolidierten Insolvenzabwicklung.

4 Eckpunkte des Diskussionsentwurfs

Instrumente zur verbesserten Koordination der Verfahren über die einzelnen Konzerngesellschaften sieht der Diskussionsentwurf auf drei Ebenen vor:

Erstens schafft der Entwurf Gerichtsstands- und Verweisungsmöglichkeiten, die es im Einzelfall erlauben, sämtliche Verfahren an einem Insolvenzgericht zu konzentrieren. Zweitens begründet er Kooperationspflichten auf der Ebene der Gerichte und der Verwalter und schafft mit dem Gruppen-Gläubigerausschuss ein Gremium, das helfen wird, die Willensbildung auf Gläubigerseite zu verbessern. Und drittens führt der Entwurf ein Koordinationsverfahren ein, das helfen wird, die einzelnen Verfahren weitergehend aufeinander abzustimmen.

4.1 Optionale Zuständigkeitskonzentration

Eine Konzentration der Zuständigkeit der Einzelverfahren lässt die Notwendigkeit einer ansonsten notwendigen und zuweilen schwierigen Abstimmung zwischen den befassten Gerichten entfallen. Ist ein Insolvenzrichter für sämtliche Verfahren zuständig, kann er die Wahrnehmung der gerichtlichen Aufgaben in diesen Verfahren in eigener Verantwortung koordinieren, ohne dabei auf die Zusammenarbeit mit anderen Gerichten angewiesen zu sein. Insbesondere kann er, wo dies zweckmäßig ist, eine Person zum Verwalter in mehreren oder gar allen Verfahren bestellen, um den Koordinationsbedarf auch auf der Ebene der Verwalter zu minimieren.

Die Gerichtsstands- und Verweisungsregelungen sind als Angebot vor allem an die eigenantragsberechtigten Unternehmensleiter konzipiert, d.h. sie verdrängen nicht die allgemeine Zuständigkeitsregelung des § 3 InsO, sondern stellen dieser eine weitere Zuständigkeitsregelung zur Seite, um auf diese Weise einen zusätzlichen Gerichtsstand zu schaffen, an welchem sämtliche Verfahren im

Bedarfsfalle konzentriert werden können. Wo dies im Einzelfall nicht geschieht, etwa weil die Geschäftsleiter dies nicht für nutzbringend halten, bleibt es bei den Zuständigkeiten des § 3 InsO.

Begründet werden kann der besondere Gruppengerichtsstand auf Antrag der eigenantragsberechtigten Geschäftsleiter. Nach Insolvenzeröffnung ist auch der Insolvenzverwalter antragsberechtigt. Da es im Konzern naturgemäß denkbar ist, dass entsprechende Anträge für eine Mehrzahl von Konzerngesellschaften gestellt werden, ist nach dem Prioritätsprinzip der zuerst gestellte Antrag maßgebend. Der Entwurf knüpft damit nicht an im Vorhinein feststellbare Kriterien wie etwa den Sitz oder den COMI der Muttergesellschaft an. Eine solche Anknüpfung wäre in den Fällen ersichtlich zweckwidrig, in denen keine der insolventen Konzerngesellschaften einen Bezug zum Gerichtsstand der Muttergesellschaft hat. Die Anknüpfung an die Muttergesellschaft wäre auch dann verfehlt, wenn diese ihren Sitz bzw. COMI im Ausland hat und wenn sie im Inland eine Mehrzahl von unmittelbaren Tochtergesellschaften hat.

4.2 Allgemeine Kooperationspflichten

Auf einer zweiten Ebene trifft der Entwurf für die Fälle, in denen die Verfahren nicht bei einem Insolvenzgericht konzentriert werden, Vorkehrungen dafür, dass die Gerichte, Verwalter und Gläubigerorgane zusammenarbeiten und die Wahrnehmung ihrer Aufgaben koordinieren können. Für die Verwalter und die Gerichte stellt der Entwurf dabei klar, dass eine grundsätzliche Pflicht zur Zusammenarbeit besteht. Die Pflicht der Verwalter zur Zusammenarbeit ist dabei im Kern nichts Neues, sie ist vielmehr eine Ausprägung der allgemeinen, heute bereits durch § 60 InsO sanktionierten Pflichten. Sie findet deshalb ihre Grenzen dort, wo den Beteiligten des vom Verwalter betreuten Verfahrens Nachteile drohen. Dies unterstreicht, dass – anders als in dem vom Entwurf nicht verfolgten Modell der Verfahrenskonsolidierung – die Einzelverfahren ihre Eigenständigkeit behalten werden. Der Insolvenzverwalter einer Konzerngesellschaft kann daher nicht gezwungen werden, in Maßnahmen einzuwilligen, die für die Gläubiger in dem von ihm betreuten Verfahren von Nachteil sind. Er kann und muss darauf dringen, dass solche Nachteile angemessen kompensiert werden. Werden solche Nachteile indessen kompensiert oder gar überkompensiert, wird hingegen die Kooperationspflicht im Regelfall greifen. Kommt ihr der Verwalter nicht nach, muss er sich später die Frage gefallen lassen, warum er sich trotz der Vorteile für die von ihm verwaltete Masse der greifbaren Kooperationslösung verweigert hat.

Die vorgesehene Verpflichtung zur zwischengerichtlichen Zusammenarbeit soll gesetzlich klarstellen, dass – was bereits nach geltendem Recht aus den Zielbestimmungen der Insolvenzordnung abgeleitet wird – Insolvenzgerichten bei einer Konzerninsolvenz der Austausch von Informationen und auch ein weitergehendes Zusammenwirken erlaubt sind. Für den internationalen Bereich ist eine solche Zusammenarbeit in § 348 Abs. 2 InsO bereits vorgesehen. Von besonderer Bedeutung ist eine Kommunikation zwischen den Gerichten für die Bestellung eines Insolvenzverwalters oder vorläufigen Insolvenzverwalters, da zu entscheiden ist, ob dieselbe Person in mehreren Insolvenzverfahren ernannt werden soll. Eine gerichtliche Kooperation ist im Zweifel aber auch bei anderen wichtigen Verfahrensentscheidungen, etwa im Kontext von Sicherungsmaßnahmen oder bei Terminbestimmungen, nutzbringend.

Der Entwurf möchte die Zusammenarbeit auch auf der Ebene der Gläubiger verbessern. Hierzu erlaubt er den Gläubigern, auf Grund des Antrags eines (vorläufigen) Gläubigerausschusses einen aus Vertretern der (vorläufigen) Gläubigerausschüsse zusammengesetzten Gruppen-Gläubigerausschuss zu bilden. Hierdurch erleichtert er den Willensbildungsprozess der Gläubiger auf Konzernebene. Eine Pflicht der Gläubiger zur Zusammenarbeit – zu welcher sich das geltende Recht nicht verhält – wird dadurch nicht begründet.

4.3 Koordinationsverfahren

Drittens sieht der Entwurf als völliges Novum die Einführung eines besonderen Koordinationsverfahrens vor, das neben die bereits geschilderten allgemeinen Koordinationsrechte tritt und insbesondere eine Sanierung der Unternehmensgruppe ermöglichen soll. Auch dieses Verfahren ist in erster Linie als „Angebot“ an die eigenantragsberechtigten Geschäftsleiter, aber auch an die Insolvenzverwalter und Gläubigerausschüsse konzipiert. Es kann nur auf deren Antrag eingeleitet werden. Zentrale Figur ist ein Koordinationsverwalter, dem die Aufgabe zukommt, mögliche Reibungsverluste zwischen den parallel anhängigen Insolvenzverfahren zu minimieren. Um eine abgestimmte Abwicklung der Verfahren zu erreichen, hat er die Befugnis, einen Koordinationsplan vorzulegen, der alle Vorschläge enthalten kann, die geeignet sind, zu einer wirtschaftlichen Neuausrichtung der Unternehmensgruppe beizutragen. In diesem Zusammenhang sei allerdings noch einmal an das übergeordnete Ziel jedes Insolvenzverfahrens erinnert, zu einer möglichst optimalen Gläubigerbefriedigung zu führen. Dieser Vorgabe müssen auch die Bemühungen um eine Sanierung der Einzelunternehmen oder des Gesamtkonzerns untergeordnet sein. Eine Sanierung über einen Koordinationsplan wird somit nur infrage kommen, wenn die Fortführung der konzernangehörigen Unternehmen für die Gläubiger einen höheren Ertrag verspricht als deren Zerschlagung.

Das Koordinationsverfahren wird nur auf Initiative der antragsberechtigten Beteiligten durchgeführt. Die verfahrensrechtliche Zuweisung eines solchen Initiativrechts für die Erarbeitung und Vorlage von Vorschlägen für die koordinierte Insolvenzabwicklung entlastet die Beteiligten von der praktisch schwierigen und im Zweifel konfliktträchtigen Aufgabe, sich darauf zu verständigen, wem die Koordinierung der Insolvenzverfahren im Konzernkontext anvertraut werden soll. Des Weiteren müssen sich die Verwalter, wollen sie sich nicht dem Risiko einer persönlichen Haftung nach § 60 Abs. 1 InsO aussetzen, mit den im Koordinationsverfahren unterbreiteten Vorschlägen auseinandersetzen und dürfen von diesen nicht ohne Weiteres abweichen. Die Koordinationsaufgaben sollten von einer Person wahrgenommen werden, die bereits mit den Gegebenheiten zumindest eines Teils des Konzerns vertraut ist. Da der Koordinationsverwalter auf den Konsens auch der übrigen Verwalter angewiesen ist, wird er darauf bedacht sein, nicht einseitig die Interessen einer der beteiligten Massen in den Vordergrund zu stellen.

5 Conclusio des Diskussionsentwurfs

Mir erscheint es zusammenfassend wichtig zu betonen, dass sich der Entwurf von dem Grundgedanken leiten lässt, den Beteiligten Koordinations- und Kooperationsinstrumentarien an die Hand zu geben. Dieser Ansatz, der den Betroffenen die Entscheidung darüber belässt, ob und wie sie von diesen Angeboten Gebrauch machen, hat wesentliche Vorteile gegenüber starren Regelungsmodellen, die den Anspruch erheben, auf sämtliche Konzernfälle Anwendung zu finden. Denn die Betroffenen können im Einzelfall besser als der Gesetzgeber einschätzen, ob sich die konzernspezifischen Instrumente nutzbringend einsetzen lassen. Die Einführung allgemeiner Kooperationspflichten auf der Ebene der Verwalter und Gerichte weicht von dieser Konzeption zwar ab, da hier nicht nur Angebote gemacht oder Rechte eingeräumt, sondern auch Pflichten auferlegt werden. Allerdings fügen sich diese Pflichten nahtlos in das Gesamtkonzept ein. Sie werden teilweise bereits nach geltendem Recht praktiziert, außerdem sind sie ihrer Natur nach hinreichend flexibel, um nicht zu einer übermäßigen Belastung der Beteiligten zu werden: Denn es liegt in der Natur von wohlverstandenen Kooperationspflichten, dass sie nur einschlägig sein können, wo es Koordinationsbedarf gibt.

6 Europäische Perspektive

Die Europäische Kommission hat im Dezember 2012 einen Vorschlag für eine Verordnung zur Änderung der Europäischen Insolvenzverordnung vorgelegt. Dieser Vorschlag enthält u.a. ein neues Kapitel über die Behandlung von grenzübergreifenden Gruppeninsolvenzen. Er ist aus mehreren Gründen zu begrüßen:

Zunächst betont er – ebenso wie der Diskussionsentwurf auf nationaler Ebene –, dass das Gruppenphänomen in der wirtschaftlichen Realität zu verbreitet und zu bedeutend ist, um nicht in der Insolvenzverordnung widergespiegelt zu werden. Angesichts der zunehmenden grenzüberschreitenden Verflechtungen von Konzernunternehmen ist es notwendig, Vorschriften auf EU-Ebene zu schaffen, weil die Reichweite der nationalen Gesetzgebungen zu begrenzt ist, um die grenzüberschreitenden Elemente von Gruppeninsolvenzen zu erfassen. Nationale Ansätze müssen daher durch EU-Regelungen ergänzt werden.

Der deutsche Diskussionsentwurf ist mit dem Kommissionsvorschlag nicht nur vereinbar, sondern verfolgt weitgehend dieselbe Philosophie. Beide Entwürfe lehnen im Hinblick auf Gruppeninsolvenzen Ansätze ab, die Umverteilungseffekte mit sich bringen, etwa die materielle Konsolidierung. Beide Ansätze ziehen ein Koordinationsmodell vor, bei dem die Eigenständigkeit des Verfahrens für die einzelnen Konzerngesellschaften erhalten bleibt, die Verfahrensabwicklung jedoch abgestimmt werden soll.

Nichtsdestotrotz unterscheiden sich die beiden Vorschläge in einigen Punkten. So sieht der Vorschlag der Europäischen Kommission keinen zentralen Gerichtsstand vor, an dem alle Konzernverfahren geführt werden können. Die Einführung eines solchen Gruppen-Gerichtsstands würde eine Abkehr von den fest etablierten Grundsätzen der Europäischen Insolvenzverordnung bedeuten. Eine solche Abkehr von den Grundlagen der Verordnung ist weder wünschenswert noch akzeptabel. Die derzeitige Regelung in der Verordnung, die hinsichtlich der internationalen Zuständigkeit an den Mittelpunkt des hauptsächlichen Interesses des Schuldners anknüpft, hat sich bewährt und gewährleistet auch den Vertrauensschutz der Gläubiger.

Ein weiterer Unterschied zwischen dem deutschen Ansatz und dem Vorschlag der Kommission verdient eine größere Beachtung. Während der Kommissionsvorschlag die Verwalter mit weitreichenden Befugnissen zur Mitwirkung an anderen Verfahren ausstattet, einschließlich des Rechts, an Gläubigerversammlungen teilzunehmen, einen Sanierungsplan vorzuschlagen und sogar die Aussetzung anderer Verfahren zu beantragen, gewährt der deutsche Ansatz den Verwaltern keine vergleichbaren Rechte. Dieser Verzicht gründet sich auf der Befürchtung, dass solche Rechte zwar in einigen Fällen zum Nutzen aller Konzernmitglieder gebraucht werden könnten, in anderen Fällen aber missbräuchlich eingesetzt werden könnten, etwa um konzernweite Strategien zu verzögern oder unangemessene Forderungen durchzusetzen. Diese weitreichenden Mitwirkungsrechte, wie sie im Kommissionsvorschlag vorgesehen sind, könnten für unrechtmäßige Zwecke genutzt werden und folglich dazu führen, dass sich die Koordinierungsbemühungen der Beteiligten gegenseitig blockieren. Deshalb sieht der deutsche Diskussionsentwurf ein Koordinationsverfahren vor, in dem einer Person – dem Koordinationsverwalter – die Aufgabe übertragen wird, die Koordinationsmaßnahmen der Verwalter zu strukturieren und zu leiten. Der Koordinationsverwalter entlastet die Beteiligten von der Aufgabe, darüber zu verhandeln, wer die Koordinierungsmaßnahmen leiten und strukturieren soll. Durch ein solches Koordinationsverfahren wird die Effizienz der Koordinationsmaßnahmen erhöht.

Das Koordinationsverfahren könnte daher als nützliche Ergänzung des Kommissionsvorschlags betrachtet werden. Zumindest würde es zu dem allgemeinen Ansatz der Insolvenzverordnung passen. Das Koordinationsverfahren stellt die Eigenständigkeit der verschiedenen Verfahren, die es koordiniert, nicht in Frage. Insbesondere wird dem Koordinationsverwalter kein Recht übertragen, das es ihm gestatten würde, anderen Verwaltern und anderen Verfahren einseitig Entscheidungen aufzuzwingen.

Das Konzept, das dem Koordinationsverfahren zugrunde liegt, wird sich aber auch dann als nützlich erweisen, wenn es vom europäischen Gesetzgeber nicht übernommen werden sollte, denn es wird im grenzüberschreitenden Kontext wichtige Funktionen erfüllen. Der Koordinationsverwalter kann eine wichtige Rolle bei der Koordination der verschiedenen innerstaatlichen Verfahren im Hinblick auf die ausländischen Verfahren spielen. Insbesondere könnte er die verschiedenen innerstaatlichen Verwalter bei der Erfüllung ihrer Verpflichtungen unterstützen, die ihnen aus den in Artikel 42 des Kommissionsvorschlags vorgesehenen Kooperationspflichten erwachsen. Das Koordinationsverfahren wird daher in jedem Fall eine nützliche und vorteilhafte Ergänzung des Rahmens auf europäischer Ebene sein.

Der Kommissionsvorschlag steht den Regelungen des Diskussionsentwurfs zum Koordinationsverfahren auch nicht entgegen, weil deren Anwendung auf den innerstaatlichen Bereich beschränkt ist und die Wirksamkeit der EU-Vorschriften nicht beeinträchtigen wird. Beide Ansätze – der europäische und der deutsche – sind also nicht nur vollständig miteinander vereinbar, sondern sie unterstützen sich auch gegenseitig, indem sie einander stärken. Zusammen stellen sie der insolvenzrechtlichen Praxis Instrumente zur Verfügung, Konzerninsolvenzen besser zu bewältigen, und insbesondere die Sanierung von lebensfähigen Unternehmensgruppen zu ermöglichen.

Prof. Dr. Georg Bitter, Universität Mannheim

Zahlungsmittler im Insolvenzanfechtungsrecht

Zur Anwendung der §§ 133, 134 InsO im Mehrpersonenverhältnis

1 Einführung

Die Rechtsprechung des IX. Zivilsenats des BGH hat die Insolvenzanfechtung zu einem scharfen Schwert in der Hand des Insolvenzverwalters werden lassen. Dabei hat man neben den unmittelbaren Leistungsbeziehungen zwischen dem späteren Insolvenzschuldner und seinen Gläubigern verstärkt auch die Mehrpersonenverhältnisse in den Blick genommen, in denen ein Empfänger Leistungen über einen Leistungsmittler erhält.

1.1 Anfechtung außerhalb von Leistungsbeziehungen

In derartigen, meist auf einer Anweisungslage beruhenden Dreieckskonstellationen, die auch im Bereicherungsrecht bekanntlich besondere Probleme bereiten, stellt sich die Frage, ob eine Insolvenzanfechtung auch außerhalb der (bereicherungsrechtlichen) Leistungsbeziehungen möglich ist.[1] Soweit – wie im Verhältnis zwischen Anweisendem und Angewiesenem sowie zwischen jenem und Empfänger – eine Schuldner-Gläubiger-Beziehung und damit die Eigenschaft des Anfechtungsgegners als „Insolvenzgläubiger" fehlt, kommt zwar die Deckungsanfechtung der §§ 130, 131 InsO nicht in Betracht.[2] Der IX. Zivilsenat des BGH hält jedoch die Vorsatzanfechtung des § 133 InsO sowie die Anfechtung unent-

1 Ausführlich zur Anfechtung im Mehrpersonenverhältnis *Burchard*, Die Insolvenzanfechtung im Dreieck, 2009; *Neyses*, Die Insolvenzanfechtung in Mehrpersonenverhältnissen, 2012; *Brinkmann*, in: Kübler/Prütting/Bork, InsO, Loseblatt, Stand: 05/2013, Anh. I zu § 145.

2 BGHZ 162, 276, 279 = WM 2005, 853, 854 = ZIP 2005, 767 (juris-Rdn. 11); BGHZ 174, 314, 316 = ZIP 2008, 190, 191 = WM 2008, 223, 224 (Rdn. 14); BGHZ 193, 129, 131 = ZIP 2012, 1038 = WM 2012, 999, 1000 (Rdn. 8); *Neyses* (Fn. 1), S. 121 f.

geltlicher Leistungen gemäß § 134 InsO, die jeweils nicht auf die Eigenschaft des Anfechtungsgegners als „Insolvenzgläubiger" abstellen, bei der Einschaltung von Leistungsmittlern für anwendbar.

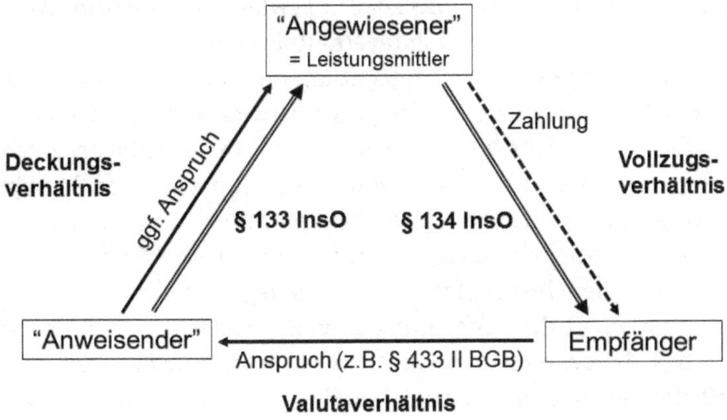

Grafik 1

Dabei wird, wie Grafik Nr. 1 zeigt, die Vorsatzanfechtung bei einer Insolvenz des Anweisenden im Deckungsverhältnis gegenüber dem Angewiesenen (Leistungsmittler) relevant, die Anfechtung gemäß § 134 InsO hingegen bei einer Insolvenz des Angewiesenen im Vollzugsverhältnis gegenüber dem Empfänger der Leistung.

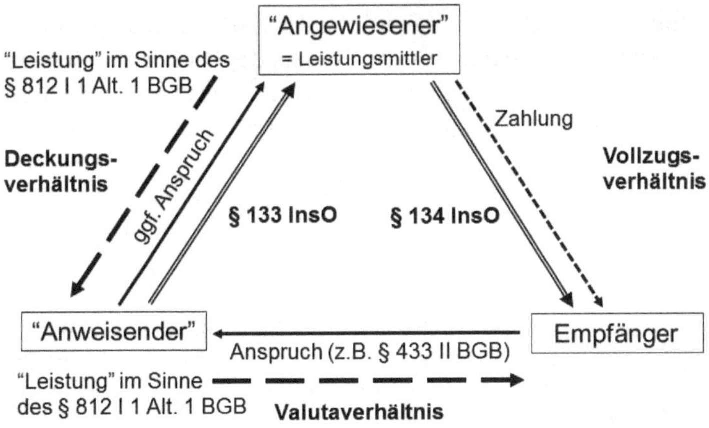

Grafik 2

Die (bereicherungsrechtlichen) Leistungsverhältnisse bestehen in diesem Fall bekanntlich im Deckungs- und Valutaverhältnis (Grafik Nr. 2). Sie laufen „übers Dreieck". Obwohl sich die tatsächliche Zuwendung, etwa eine Zahlung, im Verhältnis zwischen Angewiesenem und Empfänger vollzieht (Vollzugsverhältnis), leistet i.S.d. § 812 Abs. 1 S. 1 Alt. 1 BGB der Angewiesene im Deckungsverhältnis an den Anweisenden und jener im Valutaverhältnis an den Empfänger.[3]

Die Besonderheit der Vorsatzanfechtung durch den Insolvenzverwalter des Anweisenden liegt darin, dass sie sich gegen den *Schuldner* des Deckungsverhältnisses richtet. Während die Insolvenzverwalter im Wege der Insolvenzanfechtung zumeist gegen einen Gläubiger des Insolvenzschuldners als den Empfänger einer Leistung vorgehen, ist hier der Leistende Anfechtungsgegner. Es besteht damit für ihn die Gefahr, doppelt leisten zu müssen, und dies bei Sachverhalten, die bis zu zehn Jahre vor dem Insolvenzantrag zurückliegen.

Die Besonderheit der Anfechtung gemäß § 134 InsO durch den Insolvenzverwalter des Angewiesenen besteht hingegen darin, dass sie sich gänzlich außerhalb der (bereicherungsrechtlichen) Leistungsbeziehungen bewegt, mit ihr folglich die „faktische" Zuwendung sanktioniert wird.[4] Der Leistungsempfänger muss damit im Vollzugsverhältnis bis zu vier Jahre lang die Pflicht zur Rückgabe einer erlangten Befriedigung befürchten, während die Deckungsanfechtung gemäß §§ 130, 131 InsO im Valutaverhältnis nur bei Leistungen innerhalb des Drei-Monats-Zeitraums möglich ist.

1.2 Betroffenheit der Kreditinstitute

Inwieweit sind nun die Kreditinstitute von den aktuellen Entwicklungen der Rechtsprechung zu §§ 133, 134 InsO betroffen? Sorge bereiten ihnen in erster Linie die neueren Entscheidungen des IX. Zivilsenats des BGH zur Vorsatzanfechtung gemäß § 133 InsO gegenüber dem Leistungsmittler, während die Implikationen der jüngeren Rechtsprechung zu § 134 InsO für die Banken noch gar nicht hinreichend ausgelotet sind.

3 Zum bereicherungsrechtlichen Dreieck siehe Palandt/*Sprau*, BGB, 72. Aufl. 2013, § 812 Rdn. 54 ff. (zu Anweisungsverhältnissen insbes. Rdn. 57 ff.); Bamberger/Roth/*Wendehorst*, BGB, Band 2, 3. Aufl. 2012, § 812 Rdn. 165 ff. (zu Anweisungslagen insbes. Rdn. 180, 185 ff.); MünchKommBGB/*Schwab*, Band 5, 5. Aufl. 2009, § 812 Rdn. 59 ff.; ausführlich Staudinger/*Lorenz*, BGB, Neubearbeitung 2007, § 812 Rdn. 42 ff.; für den bargeldlosen Überweisungsverkehr *Müller*, WM 2010, 1293 ff.
4 Begrifflich ebenso *Wiester/Kranz*, NZI 2012, 541, 542 unter Ziff. III.

Im Mehrpersonenverhältnis des Zahlungsverkehrs können die Kreditinstitute – wie Grafik Nr. 3 verdeutlicht – von der Vorsatzanfechtung in ihrer Funktion als Bank des Zahlers betroffen sein.

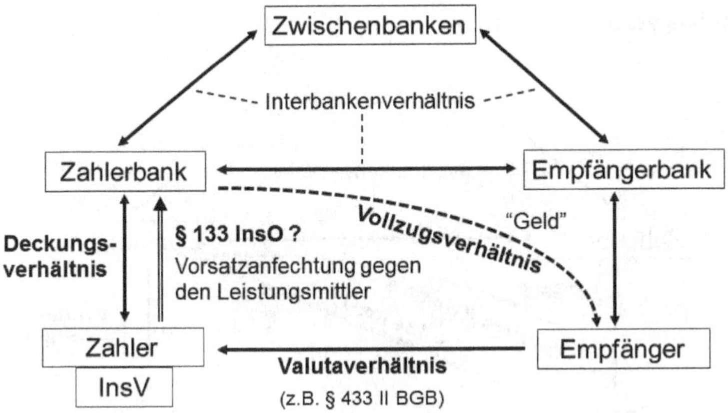

Grafik 3

Wird ein Zahler später insolvent, stellt sich für seinen Insolvenzverwalter die Frage, ob er nicht nur im Valutaverhältnis im Wege der Deckungsanfechtung gegen den Empfänger der Leistung vorgehen kann[5], sondern zugleich auch gegen das Kreditinstitut des Insolvenzschuldners als Leistungsmittler, wenn es zum Zeitpunkt der Ausführung des Zahlungsvorgangs Kenntnis von der Krise seines Kunden, des Zahlers, hatte. Dann nämlich könnte die Zahlerbank bei der Weiterleitung der Gelder an den Empfänger in Kenntnis des Gläubigerbenachteiligungsvorsatzes des insolvenzreifen Zahlers gehandelt haben. Auf diese Problematik der Vorsatzanfechtung soll nachfolgend zunächst eingegangen werden (unten 2).

Die Rechtsprechung zur Anwendung des § 134 InsO im Dreipersonenverhältnis betrifft die Kreditinstitute hingegen vorrangig in ihrer Funktion als Empfängerbank im Zahlungsverkehr. Hat die Empfängerbank ihrem Kunden, dem Zahlungsempfänger, Kredit gewährt (insbesondere einen Kontokorrentkredit auf seinem Girokonto), dann wird dieser Kredit in aller Regel nicht durch Bareinzahlungen des Kunden, sondern durch solche Zahlungen zurückgeführt, die von Schuldnern des Empfängers auf dessen Konto eingehen. Da der Kreditnehmer als Zahlungsempfänger seine Schuldner anweist, ihre Verbindlichkeit durch Leis-

5 Zur unstreitigen Möglichkeit der Deckungsanfechtung im Valutaverhältnis siehe nur KPB/*Brinkmann* (Fn. 1), Anh. I zu § 145 Rdn. 10 und 19 m.N. zur Rspr.

tung auf sein Bankkonto zu erfüllen, erfolgen – wie Grafik Nr. 4 zeigt – faktische Zuwendungen durch die Schuldner als Zahler (bzw. durch deren Banken) an die Empfängerbank. Durch diese von Dritten auf dem Konto eingehenden Beträge wird jener Kredit zurückgeführt, welchen die Empfängerbank ihrem Kunden, dem Empfänger, gewährt hat.

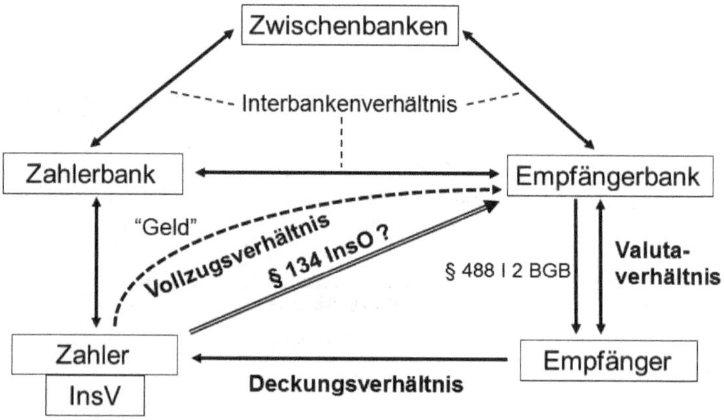

Grafik 4

Das Valutaverhältnis befindet sich in diesem Fall zwischen Empfängerbank und Empfänger, weil in jener Beziehung die Kreditschuld erfüllt wird. Der Empfänger verschafft sich die Deckung für jene Befriedigung durch die Anweisung an seine Schuldner, welche im Vollzugsverhältnis für die faktische Zuwendung an die Empfängerbank sorgen. Jene zweite, bislang noch wenig diskutierte Problematik[6], soll im zweiten Schritt untersucht werden (dazu unten 3).

In der Zusammenschau beider Problembereiche der Insolvenzanfechtung bei Einschaltung von Leistungsmittlern wird sich zeigen, dass sich eine überzeugende anfechtungsrechtliche Lösung jeweils nur erzielen lässt, wenn den (bereicherungsrechtlichen) Leistungsverhältnissen hinreichend Rechnung getragen wird. Es gilt nämlich zu verhindern, dass das Leistungsgefüge aus den Angeln gehoben wird, indem sich die Risiken für die Beteiligten durch die Befürwortung zeitlich weit – zehn bzw. vier Jahre – zurückreichender Anfechtungstatbestände außerhalb der Leistungskette potenzieren.

---

6 Siehe aber *Wittig*, NZI 2005, 606, 608 f.

2 Vorsatzanfechtung gegen den Leistungsmittler

Die Vorsatzanfechtung gemäß § 133 InsO gegen den Leistungsmittler hat der IX. Zivilsenat des BGH in einer Reihe von Entscheidungen entwickelt. Diese sollen nachfolgend zunächst dargestellt werden (unten 2.1), um sie sodann – unter Berücksichtigung der daran anschließenden Diskussion in der Literatur – einer kritischen Würdigung zu unterziehen (unten 2.2).

2.1 Die Entwicklung der Rechtsprechung

Die Entwicklung der Vorsatzanfechtung gegenüber Leistungsmittlern ist von einer Ausweitungstendenz geprägt, die auch im Übrigen im Hinblick auf § 133 InsO beobachtet und von der Literatur teilweise deutlich kritisiert worden ist.[7] Der Leistungsmittler als Anfechtungsgegner ist vom IX. Zivilsenat des BGH gleichsam erst im Laufe der Jahre „entdeckt" worden.

2.1.1 Das BGH-Urteil v. 9.12.1993 – IX ZR 100/93, BGHZ 124, 298

Beginnen wir unsere Betrachtung der Rechtsprechung mit dem Urteil BGHZ 124, 298, in dem es um einen insolventen Tischlereibetrieb ging.[8] Der Vater der später beklagten Tochter schuldete der Klägerin Sozialversicherungsbeiträge aus seinem Tischlereibetrieb. Um den Betrieb trotz Insolvenzantrags der Klägerin fortsetzen zu können, eröffnete die Mutter der Beklagten für die damals noch minderjährige Tochter ein Konto auf deren Namen, über das fortan der Zahlungsverkehr des Tischlereibetriebs abgewickelt wurde. Da das Insolvenzverfahren mangels Masse nicht eröffnet wurde, ging die nicht befriedigte Klägerin wegen ihrer Forderung von gut 66.000 DM nach dem Anfechtungsgesetz gegen die Tochter vor, weil über das formal auf diese lautende Konto Außenstände des Tischlereibetriebs von mehr als 150.000 DM eingezogen und von dort weitergeleitet worden waren.

7 Siehe insbesondere *Bork*, ZIP 2008, 1041, 1045 ff. („Karriere des § 133 InsO"); *Paulus*, in FS Gerhardt, 2004, S. 445, 456 ff. („steile Karriere hin fast schon zu einer Generalklausel"); zurückhaltender KPB/*Brinkmann* (Fn. 1), Anh. I zu § 145 Rdn. 42, der nur von einem „Bedürfnis nach einer Begrenzung der Vorsatzanfechtung" spricht.
8 BGHZ 124, 298 = ZIP 1994, 218 = NJW 1994, 726 = WM 1994, 459.

Der IX. Zivilsenat des BGH sah die Tochter – den allgemeinen Grundsätzen folgend[9] – als treuhänderische Inhaberin des Kontos an.[10] Die Erlangung der formellen Rechtsstellung des Treuhänders bei der fremdnützigen Treuhand sei ein Vermögenswert, dessen Rückgewähr nach § 7 Abs. 1 AnfG a.F. gefordert werden könne.[11] Nach der Weiterleitung der Beträge und der damit eingetretenen Unmöglichkeit zur Rückgabe in Natur schulde der Anfechtungsgegner grundsätzlich verschuldensunabhängig Wertersatz.[12] Dies gelte aber nicht unbesehen auch für das Treuhandgeschäft[13]:

Die Insolvenzanfechtung sei zwar im Grundsatz auf Rückgewähr dessen gerichtet, was durch die anfechtbare Handlung aus dem Vermögen des Schuldners weggegeben worden ist, und nicht auf das, was in das Vermögen des Anfechtungsgegners gelangt ist. Entsprechendes gelte für den Wertersatzanspruch. Sei jedoch aus dem Schuldnervermögen lediglich eine formelle Rechtsposition ausgeschieden und könne der (frühere) Treuhänder diese formelle Rechtsposition nicht zurückgewähren, weil das Treuhandverhältnis beendet ist, würde eine Verpflichtung des Anfechtungsgegners (früheren Treuhänders) zum Wertersatz dem Anfechtenden wirtschaftlich etwas geben, das – solange der Anfechtungsgegner Treuhänder war – niemals aus dem Schuldnervermögen ausgeschieden ist. Deshalb würde dem anfechtenden Gläubiger in vielen Fällen eine doppelte Befriedigungsmöglichkeit verschafft. Habe der Treuhänder das Treugut auf den Treugeber zurückübertragen, könne der Gläubiger bei diesem wieder darauf zugreifen und bedürfe keines weiteren Schutzes. Wurde das Treugut auf Geheiß des Schuldners auf einen Dritten übertragen, werde vielfach dieses Geschäft ebenfalls anfechtbar sein. Daneben **bedürfe der Gläubiger keines Wertersatzanspruchs gegen den Treuhänder.** Wertersatz schulde deshalb nur der Treuhänder, der das anfechtbar erlangte Treugut *zum eigenen Vorteil* veräußert, verbraucht oder seinen Wert sich sonst zugeführt hat. Entscheidend sei folglich der wirtschaftliche Vorteil, den er aus dem vom Schuldner anfechtbar weggegebenen Vermögenswert gezogen hat. Dem Treuhänder sei deshalb ausnahmsweise die

---

9 *Hadding/Häuser*, in Schimanski/Bunte/Lwowski, Bankrechts-Handbuch, § 37 Rdn. 17; *Bitter*, ebenda, § 33 Rdn. 105.

10 BGH ZIP 1994, 218 f. = WM 1994, 459 f. unter Ziff. II. 2. der Gründe (juris-Rdn. 10 ff., in BGHZ 124, 298, 300 stark gekürzt).

11 BGHZ 124, 298, 300 f. = ZIP 1994, 218, 219 = WM 1994, 459, 460 unter Ziff. II. 3. a) der Gründe (juris-Rdn. 18 ff.).

12 BGHZ 124, 298, 301 = ZIP 1994, 218, 219 f. = WM 1994, 459, 461 unter Ziff. II. 3. b) aa) der Gründe (juris-Rdn. 22).

13 BGHZ 124, 298, 301 ff. = ZIP 1994, 218, 220 = WM 1994, 459, 461 unter Ziff. II. 3. b) bb) der Gründe (juris-Rdn. 23 ff.).

Berufung auf eine Entreicherung zu gestatten, weil die formelle Rechtsstellung, die er erlangt hat, von vornherein schuldrechtlich gebunden sei.[14]

Bei seiner Entscheidung sah der IX. Zivilsenat durchaus die Gefahr, dass der Insolvenzschuldner mit Hilfe eines Treuhänders die Gläubigeranfechtung unterläuft. Diese Gefahr sei aber hinzunehmen, zumal der anfechtende Gläubiger nicht schutzlos sei. Schulde der Treuhänder keinen Wertersatz gemäß § 7 Abs. 1 AnfG a.F., weil er sich von dem wirtschaftlichen Wert des Treuguts nichts zugeführt habe, könne er dem Gläubiger, dessen Zugriffsmöglichkeit vereitelt wurde, dennoch auf Schadensersatz haften gemäß § 823 Abs. 2 BGB in Verbindung mit §§ 288, 27 StGB oder nach § 826 BGB.[15]

2.1.2 Das BGH-Urteil v. 16.9.1999 – IX ZR 204/98, BGHZ 142, 284

Nach dieser für die Leistungsmittlerin (die Tochter) günstigen Entscheidung folgte das Urteil BGHZ 142, 284 aus dem Jahr 1999, in dem der IX. Zivilsenat abermals eine Insolvenzanfechtung gegen den Leistungsmittler ablehnte.[16] Zugrunde lag ein Sachverhalt, in dem die angewiesene Leistungsmittlerin der späteren Insolvenzschuldnerin, einer GmbH, aus einem Kaufvertrag zur Zahlung des Kaufpreises verpflichtet war. Die GmbH als Verkäuferin wies ihre Käuferin an, den Kaufpreis nicht an sie zu zahlen, sondern an diverse Empfänger, denen die Verkäuferin ihrerseits zur Zahlung verpflichtet war. Der Leitsatz jenes Urteils lautet:

> „Hat der Gemeinschuldner als Verkäufer nach Zahlungseinstellung oder dem Antrag auf Eröffnung des Insolvenzverfahrens mit seinem Vertragspartner nachträglich vereinbart, daß dieser den Kaufpreis an einen Dritten zahlt und hat der Käufer diese Verpflichtung erfüllt, richtet sich der Anfechtungsanspruch des Verwalters in der Regel ausschließlich gegen den Dritten, sofern für diesen die Zuwendung als Leistung des Gemeinschuldners erkennbar war."

Die Käuferin als Leistungsmittlerin sei keinem Rückgewähranspruch des Insolvenzverwalters der Verkäuferin aus § 37 KO ausgesetzt. Schalte der Gemeinschuldner eine Zwischenperson ein, die für ihn im Wege einer einheitlichen Handlung eine Zuwendung an einen Dritten bewirkt und damit zugleich unmittelbar das

14 BGHZ 124, 298, 302 f. = ZIP 1994, 218, 220 = WM 1994, 459, 461 unter Ziff. II. 3. b) bb) der Gründe (juris-Rdn. 24-26).
15 BGHZ 124, 298, 303 f. = ZIP 1994, 218, 220 = WM 1994, 459, 461 unter Ziff. II. 3. b) bb) der Gründe (juris-Rdn. 27 f.).
16 BGHZ 142, 284 = ZIP 1999, 1764 = NJW 1999, 3636 = WM 1999, 2179.

den Insolvenzgläubigern haftende Vermögen vermindert hat, so **richte sich die Anfechtung allein gegen den Dritten als Empfänger**, wenn es sich für diesen erkennbar um eine Leistung des Gemeinschuldners handelte. **Die anfechtungsrechtlichen Zuordnungskriterien bei einer Zahlung auf Anweisung entsprächen denen des Leistungsbegriffs im bereicherungsrechtlichen Sinne.**[17]

Mit der Erfüllung der zwischen Verkäuferin und Käuferin getroffenen Abrede hätten allein die befriedigten Gläubiger einen wirtschaftlichen Wert aus dem Vermögen der Gemeinschuldnerin erhalten. Die beklagte Käuferin habe dagegen, indem sie den Kaufvertrag durch Zahlung an Dritte erfüllt hat, nicht weniger aufwenden müssen als im Falle der Leistung an ihre Vertragspartnerin. Anfechtungsrechtlich gesehen habe sie lediglich als Mittelsperson Vermögen der Gemeinschuldnerin auf die Gläubiger übertragen. Demzufolge entspreche es Sinn und Inhalt der Vorschrift des § 37 KO, dass Anfechtungsgegner nur diejenigen sind, die im Ergebnis der Gläubigergesamtheit gegenüber bevorzugt wurden.[18]

Mit Bezug auf das vorangegangene Urteil BGHZ 124, 298 wird sodann weiter ausgeführt, der Senat habe dem anfechtungsberechtigten Gläubiger einen Wertersatzanspruch gegen den Treuhänder versagt, wenn jener die formelle Rechtsposition wegen Beendigung des Treuhandverhältnisses nicht mehr herauszugeben vermag und sich das Treugut wirtschaftlich nicht zugeführt hat. Maßgebend dafür sei vor allem die Erwägung gewesen, dass durch die Treuhand nur eine formelle Rechtsposition aus dem Schuldnervermögen weggegeben wurde und der Anfechtungsgläubiger bei einem Durchgriff gegen den Treuhänder eine doppelte Befriedigungsmöglichkeit erhielte, ohne dass dafür ein anzuerkennendes Bedürfnis bestünde. Die der Beklagten durch die vertragliche Abrede zugewachsene Befugnis, den Kaufpreis an Dritte leisten zu können, sei damit vergleichbar. Sie bestehe ebenfalls in einer im Wesentlichen formellen Rechtsposition, die ihr keinen unmittelbaren wirtschaftlichen Vorteil gebracht habe.[19]

Der Ausschluss des Anspruchs gegen den Leistungsmittler benachteilige die Masse nicht unbillig. Vielmehr entspreche es dem Inhalt und Schutzzweck der gesetzlichen Regeln zur Konkursanfechtung, dass **der Verwalter Rückgewähr grundsätzlich nur von demjenigen verlangen könne, dem der Vorteil zuge-**

---

17 BGHZ 142, 284, 287 = ZIP 1999, 1764, 1765 = WM 1999, 2179, 2180 unter Ziff. II. 2. a) der Gründe (juris-Rdn. 14).

18 BGHZ 142, 284, 288 = ZIP 1999, 1764, 1766 = WM 1999, 2179, 2181 unter Ziff. II. 2. c) aa) der Gründe (juris-Rdn. 18).

19 BGHZ 142, 284, 289 = ZIP 1999, 1764, 1766 = WM 1999, 2179, 2181 unter Ziff. II. 2. c) cc) der Gründe (juris-Rdn. 20).

flossen ist, welcher bei wirtschaftlicher Betrachtungsweise die Masseschmälerung ausmacht.[20]

Da auf der Basis dieser ersten beiden Urteile BGHZ 124, 298 und BGHZ 142, 284 eine Anfechtung in der Insolvenz des Anweisenden grundsätzlich nur gegen den (endgültigen) Leistungsempfänger, nicht aber gegen den Leistungsmittler in Betracht kam, mussten sich die Kreditinstitute bis dahin keine Sorgen machen.

2.1.3 Das BGH-Urteil v. 29.11.2007 – IX ZR 121/06, BGHZ 174, 314

Dies sollte sich dann aber nur acht Jahre später durch die Entscheidung BGHZ 174, 314 ändern, mit der der IX. Zivilsenat einen – in den Urteilsgründen allerdings kaschierten – Kurswechsel[21] vollzog und nunmehr auch den Leistungsmittler als Gegner einer Vorsatzanfechtung gemäß § 133 InsO in den Blick nahm.[22] Erneut war der angewiesene Leistungsmittler ein Schuldner des späteren Insolvenzschuldners, der auf Weisung des Letzteren seine Zahlung an Dritte erbrachte, denen der Insolvenzschuldner seinerseits zur Zahlung verpflichtet war. Die Schuld des Angewiesenen ergab sich aus einem Bewachungsvertrag, für den der Insolvenzschuldner die Rechnung zu einem Zeitpunkt stellte, in dem bereits ein Antrag auf Eröffnung des Insolvenzverfahrens gegen ihn gestellt und ein vorläufiger Insolvenzverwalter eingesetzt war. In dieser Lage wies der Insolvenzschuldner als Gläubiger seinen später vom Insolvenzverwalter verklagten Schuldner an, die aus dem Bewachungsvertrag geschuldeten Beträge nicht an ihn, sondern direkt an seinen Subunternehmer zu leisten.

Der IX. Zivilsenat des BGH bejahte in diesem Fall die Möglichkeit des Insolvenzverwalters, nicht nur gegen den Subunternehmer als Empfänger der Zahlung aus Deckungsanfechtung vorzugehen. Vielmehr komme daneben auch die Vorsatzanfechtung gegen den Leistungsmittler in Betracht. Der erste Leitsatz der Entscheidung lautet:

> „Veranlasst der spätere Insolvenzschuldner mit Gläubigerbenachteiligungsvorsatz seinen Schuldner, unmittelbar an seinen Gläubiger zu zahlen, kommt die Vorsatzanfechtung auch gegen den Angewiesenen in Betracht (Abgrenzung zu BGH v. 16. September 1999 – IX ZR 204/98, BGHZ 142, 284)."

---

20 BGHZ 142, 284, 290 = ZIP 1999, 1764, 1766 = WM 1999, 2179, 2181 unter Ziff. II. 2. d) der Gründe (juris-Rdn. 23).

21 Ähnlich *Trams*, NJW-Spezial 2012, 533: „Paradigmenwechsel".

22 BGHZ 174, 314 = ZIP 2008, 190 = NJW 2008, 1067 = WM 2008, 223; dazu *Kirstein/Sietz*, ZInsO 2008, 761.

Im zweiten Leitsatz wird sodann festgehalten, dass **die Anfechtungsansprüche gegen den Angewiesenen und den Zuwendungsempfänger im Verhältnis der Gesamtschuld zueinander stehen.**

In den Entscheidungsgründen findet sich zur Abgrenzung von der früheren Entscheidung BGHZ 142, 284 die zweifelhafte Behauptung, jenes Urteil habe sich nur auf die Deckungsanfechtung bezogen, während der Senat auf die Vorsatzanfechtung in jenem früheren Urteil nicht eingegangen sei. Die Zweifel ergeben sich aus der sehr allgemein gehaltenen Begründung in BGHZ 142, 284, die sich ohne jede Einschränkung auf die Vorschrift des § 37 KO bezieht, welche – wie heute § 143 InsO – die *Rechtsfolgen*seite der Insolvenzanfechtung betrifft. Die Vorschrift des § 37 KO lautete in ihrem ersten Absatz: „Was durch die anfechtbare Handlung aus dem Vermögen des Gemeinschuldners veräußert, weggegeben oder aufgegeben ist, muss zur Konkursmasse zurückgewährt werden.“ Im zweiten Absatz fand sich die Einschränkung für Fälle der sog. Schenkungsanfechtung: „Der gutgläubige Empfänger einer unentgeltlichen Leistung hat dieselbe nur soweit zurückzugewähren, als er durch sie bereichert ist.“ Diese Rechtsfolgenanordnung des § 37 KO, auf die sich die Ausführungen in BGHZ 142, 284 ganz allgemein beziehen, galt für alle Anfechtungstatbestände, weshalb es schwer nachvollziehbar ist, warum der IX. Zivilsenat später meint, er habe sich in dem früheren Urteil nicht zur Vorsatzanfechtung geäußert.

Zur Begründung seiner nunmehr anderen Sicht der Dinge verweist der IX. Zivilsenat auf die Materialien zur Konkursordnung, in denen „eine Vorfrage der hier zu entscheidenden“[23] behandelt werde. Dort heiße es: „Der Entwurf sieht ... davon ab, auf Leistungen der Schuldner des Gemeinschuldners – unbeschadet der vollen Anfechtbarkeit betrügerischer Kollusionen – den allgemeinen Anfechtungsgrund des § 23 (scl.: § 30 KO) anzuwenden“[24]. Die Erfüllung einer Forderung sei demnach unter den Voraussetzungen des § 31 Nr. 1 KO als anfechtbar angesehen worden mit der Rechtsfolge einer Wirkungslosigkeit der Handlung. Diese Rechtsauffassung sei zur Konkursordnung, soweit die Kommentare überhaupt auf die Frage eingingen, einhellig vertreten worden. Wenn eine Schuld in Kenntnis der Gläubigerbenachteiligungsabsicht erfüllt wurde, habe die Erfüllung angefochten werden können.[25] Gleiches habe für die Ausführung einer Anwei-

23 BGHZ 174, 314, 317 = ZIP 2008, 190, 192 = WM 2008, 223, 225 (Rdn. 18).

24 BGHZ 174, 314, 317 = ZIP 2008, 190, 192 = WM 2008, 223, 225 (Rdn. 18) mit Hinweis auf *Hahn*, Die gesammten Materialien zu den Reichs-Justizgesetzen, Band 4, Materialien zur Konkursordnung, 1881 (Nachdruck 1983), S. 121.

25 BGHZ 174, 314, 317 = ZIP 2008, 190, 192 = WM 2008, 223, 225 (Rdn. 18) mit Hinweis auf „Jaeger/Lent, KO 8. Aufl. § 31 Rdn. 3; Jaeger/Henckel, KO 9. Aufl. § 31 Rdn. 6“.

sung auf Schuld durch einen Leistungsmittler gegolten mit der Folge, dass sich der Angewiesene nicht auf das Erlöschen der Schuld berufen konnte.[26]

Der Angewiesene laufe dann zwar Gefahr, zweimal zahlen zu müssen. Dieses Ergebnis sei jedoch „vom Gesetz gewollt und billig"; **wer kollusiv mit dem Schuldner zusammenwirke**, um die Insolvenzgläubiger zu benachteiligen, **erscheine wenig schutzwürdig.**[27]

Zum Schluss des Urteils geht der IX. Zivilsenat noch auf die Frage der Beweisanzeichen für den Benachteiligungsvorsatz des Schuldners und dessen Kenntnis beim Anfechtungsgegner ein. Der Umstand, dass der Empfänger von einem Dritten – dem Schuldner des Anweisenden – und damit inkongruent befriedigt werde, stelle ein erhebliches Beweisanzeichen für den Benachteiligungsvorsatz dar, der im Deckungs- und Valutaverhältnis einheitlich zu bestimmen sei.[28] Allerdings komme der *Kenntnis* des Anfechtungsgegners von der Inkongruenz der Deckung (im Valutaverhältnis) im Verhältnis zum Leistungsmittler nicht die ihr sonst innewohnende Indizwirkung zu. Vielmehr sei die Beweiswirkung im Deckungs- und Valutaverhältnis gesondert zu beurteilen. In diesem Zusammenhang geht der IX. Zivilsenat – offenbar zur Illustration seiner Überlegungen – unvermittelt auf eine Bank als Angewiesene ein, die den Grund der Anweisung, das Valutaverhältnis, nicht kenne. Sie könne nicht beurteilen, ob der Dritte die Leistung zu beanspruchen habe oder nicht. Dem angewiesenen Drittschuldner sei es zudem regelmäßig gleichgültig, an wen er leistet und auf welche Weise er seine Schuld erfüllt. Deshalb sei er auch nicht generell weniger schutzwürdig, wenn sein Gläubiger – der spätere Insolvenzschuldner – um Leistung an einen Dritten bittet. Das seien aus seiner Sicht übliche Geschäftsvorgänge, denen für sich genommen eine Absicht des Insolvenzschuldners, seine Gläubiger zu benachteiligen, nicht zu entnehmen sei.[29]

Gerade wegen dieses durch den konkreten Sachverhalt gar nicht veranlassten Hinweises auf eine angewiesene Bank im Zahlungsverkehr war nach dieser Entscheidung BGHZ 174, 314 die sorglose Ruhe der Kreditinstitute vorbei. *Bork* sprach gar davon, das Urteil habe „bei den deutschen Banken ... panikartige Reaktionen ausgelöst"; es dränge sich nämlich die Frage geradezu auf, ob nicht alle Banküberweisungen gegenüber der Bank anfechtbar sind, weil der Schuldner, der seine Zahlungsunfähigkeit kennt, mit Gläubigerbenachteiligungsvorsatz handelt und seine Bank, die zumindest als Hausbank einen hinreichend guten

---

26 BGHZ 174, 314, 317 f. = ZIP 2008, 190, 192 = WM 2008, 223, 225 (Rdn. 19).
27 BGHZ 174, 314, 319 = ZIP 2008, 190, 192 = WM 2008, 223, 225 (Rdn. 24).
28 BGHZ 174, 314, 321 f. = ZIP 2008, 190, 193 = WM 2008, 223, 226 (Rdn. 33).
29 BGHZ 174, 314, 323 = ZIP 2008, 190, 194 = WM 2008, 223, 227 (Rdn. 37).

Informationsstand hat, Umstände kennt, die auf den Gläubigerbenachteiligungsvorsatz schließen lassen.[30] Seien – so die Befürchtung von *Kirstein/Sietz* – auf dem Schuldnerkonto laufend Ein- und Auszahlungen zu verzeichnen, könne das Anfechtungsrisiko der Bank rasch das Volumen der zugesagten Kreditlinie überschreiten.[31]

2.1.4 Das BGH-Urteil v. 26.4.2012 – IX ZR 74/11, BGHZ 193, 129

Es folgte wenig später das Urteil BGHZ 193, 129[32], in dem der IX. Zivilsenat des BGH erstmals auf diese in der Literatur für den Zahlungsverkehr befürchteten Rechtsfolgen einging, obwohl im konkreten Fall wiederum kein Kreditinstitut verklagt war. Der Entscheidung lag vielmehr ein Sachverhalt zugrunde, in dem eine Insolvenzschuldnerin nach dem gegen sie gestellten Insolvenzantrag Gelder auf eine als Treuhänderin fungierende Steuerberatungsgesellschaft transferierte mit der Bestimmung, daraus bestimmte Gläubiger der Insolvenzschuldnerin, Arbeitnehmer und Krankenkassen, zu befriedigen. Die Treuhänderin verfuhr entsprechend mit den ihr überlassenen Geldern und leitete diese an die ihr benannten Empfänger weiter.

Die Vorsatzanfechtung gegen die zahlungsmittelnde Treuhänderin konnte nach Ansicht des IX. Zivilsenats in diesem Fall durchgreifen. Die Leitsätze des Urteils lauten:

> „1. Ein uneigennütziger Treuhänder unterliegt der Vorsatzanfechtung, wenn er nach Kenntnis der Zahlungsunfähigkeit des Schuldners ihm überlassene Geldbeträge vereinbarungsgemäß an bestimmte, bevorzugt zu befriedigende Gläubiger des Schuldners weiterleitet.
>
> 2. Ein uneigennütziger Treuhänder, der anfechtbar erlangte Gelder des Schuldners weisungsgemäß an dessen Gläubiger auszahlt, ist zum Wertersatz verpflichtet, ohne sich auf einen Wegfall der Bereicherung berufen zu können (Aufgabe von BGH, Urteil vom 9.12.1993 – IX ZR 100/93, BGHZ 124, 298, 301 ff).“

Zur Begründung verweist der IX. Zivilsenat auf sein vorangegangenes Urteil BGHZ 174, 314. Danach schließe die Deckungsanfechtung gegen den Empfänger die Vorsatzanfechtung gegen den die Zahlung vermittelnden Verwaltungs-

---

30 *Bork*, ZIP 2008, 1041, 1048 f.; siehe dazu auch *Kirstein/Sietz*, ZInsO 2008, 761, 767 (Beweisführung anhand von Geschäftsunterlagen wie Bilanzen und BWA des Schuldners); *Ede*, ZInsO 2012, 1541, 1543.

31 *Kirstein/Sietz*, ZInsO 2008, 761, 767.

32 BGHZ 193, 129 = ZIP 2012, 1038 = WM 2012, 999 = NJW 2012, 1959.

treuhänder nicht aus.[33] Der Zahlungsmittler sei nicht schutzwürdig, wenn er sich infolge seiner Kenntnis von einem Gläubigerbenachteiligungsvorsatz des Schuldners, der sich nicht nur auf die Begründung der Verwaltungstreuhand beschränkt, sondern eine Masseverkürzung durch die auf diesem Wege ermöglichten mittelbaren Zuwendungen an bestimmte Insolvenzgläubiger einschließt, auch die weitere Gläubigerbenachteiligung zurechnen lassen muss. Er handele trotz seines Treuhandauftrages damit auch schuldhaft im Sinne von § 989 BGB. Denn durch die **Ausführung einer vorsätzlich gläubigerbenachteiligenden Weisung, die der Verwaltungstreuhänder als solche erkennt**, werde er anfechtungsrechtlich nicht entschuldigt. Der uneigennützige Verwaltungstreuhänder sei unter diesen Umständen gesamtschuldnerisch mit dem Empfänger der mittelbaren Zuwendung zur Rückgewähr der weggegebenen Gelder verpflichtet. Im Innenverhältnis schulde allerdings dieser Empfänger nach § 426 Abs. 1 BGB die Rückgewähr des mittelbar an ihn geleisteten Geldes allein. Diese **Regressmöglichkeit mildere das anfechtungsrechtliche Haftungsrisiko** eines nach § 133 Abs. 1 InsO bösgläubigen Verwaltungstreuhänders des Schuldners in interessengerechter Weise.[34]

In einem *obiter dictum* grenzt der Senat sodann den von ihm zu beurteilenden Fall der Weiterleitung von Geldern durch die als Treuhänderin fungierende Steuerberatungsgesellschaft von der **Einschaltung eines Leistungsmittlers „als bloße Zahlstelle des Schuldners“** ab. Der Leistungsmittler sei dann „an dem Zahlungsvorgang nur in dieser technischen Funktion als Zahlstelle beteiligt, ohne einen eigenen Vorteil zu erlangen“.[35] Bei der Würdigung, ob eine Vorsatzanfechtung gegen den Leistungsmittler durchgreift, sei zu berücksichtigen, dass dieser – wie die Kreditinstitute im Zahlungsverkehr aus § 675o Abs. 2 BGB – zur Ausführung der Kundenweisung rechtlich verpflichtet ist.[36] Ferner könne die Zahlstelle bei alltäglichen Geschäftsvorfällen nicht erkennen, ob ein Zahlungsvorgang zu beanstanden sei: Die Befriedigung der Gläubiger könne insolvenzfest sein, etwa weil ein insolvenzfest gesicherter Vertragspartner befriedigt werde, eine Privatperson die Zahlung aus ihrem unpfändbaren Schonvermögen erbringe oder die Zahlung mit der Erledigung eines für sich genommen anfechtungsrechtlich beanstandungsfreien Bargeschäfts verknüpft sei.[37]

---

33 BGHZ 193, 129, 134 = ZIP 2012, 1038, 1039 = WM 2012, 999, 1001 (Rdn. 14).
34 BGHZ 193, 129, 134 = ZIP 2012, 1038, 1039 f. = WM 2012, 999, 1001 (Rdn. 15).
35 BGHZ 193, 129, 136 = ZIP 2012, 1038, 1040 = WM 2012, 999, 1001 (Rdn. 21).
36 BGHZ 193, 129, 136 f. = ZIP 2012, 1038, 1040 f. = WM 2012, 999, 1001 f. (Rdn. 22 f.).
37 BGHZ 193, 129, 137 f. = ZIP 2012, 1038, 1041 = WM 2012, 999, 1002 (Rdn. 24); dazu partiell kritisch *Kirstein/Sietz*, ZInsO 2008, 761, 767 f.

Müssen sich die Kreditinstitute als Leistungsmittler im Zahlungsverkehr damit zwar grundsätzlich keine Sorgen wegen der neuen Linie der Rechtsprechung machen, bleibt im Einzelfall gleichwohl eine Vorsatzanfechtung nach § 133 InsO möglich, wie der BGH ebenfalls im Rahmen seines *obiter dictum* deutlich macht: Erschöpfe sich die Mitwirkung des Zahlungsmittlers nicht in der Erledigung von Zahlungsvorgängen, sondern nehme er über die allgemein geschuldeten Dienstleistungen einer Zahlstelle hinaus im Eigen- oder Fremdinteresse aktiv an einer vorsätzlichen Gläubigerbenachteiligung des Schuldners teil, könne aus dieser Mitwirkung in Verbindung mit der Kenntnis der Zahlungsunfähigkeit auf die Kenntnis des Benachteiligungsvorsatzes geschlossen werden.[38]

Bei der **Verfolgung von Sonderinteressen** sei der Leistungsmittler nicht mehr als reine Zahlstelle anzusehen. Bereits der historische Gesetzgeber habe es als Selbstverständlichkeit betont, dass kollusive Vorgehensweisen der Vorsatzanfechtung unterliegen.[39] Im Fall eines **kollusiven Zusammenwirkens mit dem Schuldner** habe der Leistungsmittler – anders als bei der rein technischen Durchführung von Zahlungsvorgängen – Kenntnis von dem Benachteiligungsvorsatz des Schuldners.[40] Als mögliche Gestaltungen eines kollusiven Zusammenwirkens zwischen Kreditinstitut und Zahler nennt der BGH ein abgestimmtes, einzelne Gläubiger begünstigendes Zahlungsverhalten, wenn insbesondere die Bank lediglich einzelne Zahlungsaufträge an von ihr bevorzugte Empfänger zum Zwecke der selektiven Befriedigung ausführe oder die Bank nur Überweisungen auf ein bei ihr selbst geführtes Darlehenskonto des Zahlers zur Verringerung des von der Bank selbst gewährten Kredits ausführe.[41]

2.1.5 Das BGH-Urteil v. 24.1.2013 – IX ZR 11/12, WM 2013, 361

In seinem Urteil vom 24.1.2013 hat der IX. Zivilsenat des BGH dann erstmals die von ihm entwickelten Grundsätze in einem Fall angewendet, in dem tatsächlich ein Kreditinstitut Prozesspartei war.[42]

Erneut wird betont, dass die Anfechtbarkeit von Zahlungen gegenüber den Zahlungsempfängern nicht die Vorsatzanfechtung gegenüber dem Zahlungsmitt-

---

38 BGHZ 193, 129, 136 = ZIP 2012, 1038, 1040 = WM 2012, 999, 1001 (Rdn. 21).

39 BGHZ 193, 129, 139 = ZIP 2012, 1038, 1041 = WM 2012, 999, 1002 (Rdn. 26) mit Hinweis auf *Hahn* (Fn. 24), S. 121, 130 f.

40 BGHZ 193, 129, 139 = ZIP 2012, 1038, 1041 = WM 2012, 999, 1002 (Rdn. 26).

41 BGHZ 193, 129, 139 f. = ZIP 2012, 1038, 1041 f. = WM 2012, 999, 1002 f. (Rdn. 27).

42 BGH WM 2013, 361 = ZIP 2013, 1127.

ler hindere. Letzterer sei nicht schutzwürdig, wenn er sich infolge seiner Kenntnis vom Gläubigerbenachteiligungsvorsatz des Schuldners die in der Zahlung an Dritte liegende Gläubigerbenachteiligung zurechnen lassen muss. Denn durch die **Ausführung eines vorsätzlich gläubigerbenachteiligenden Zahlungsauftrages** werde der Leistungsmittler, der hierüber im Bilde ist, nicht entlastet.

Während der Senat jedoch in der vorangegangenen Entscheidung BGHZ 193, 129 noch betont hatte, das Risiko des Zahlungsmittlers werde durch seine Möglichkeit des Regresses beim Zahlungsempfänger gemildert, um damit seine im Verhältnis zum Zahlungsmittler recht rigide Rechtsprechung wertungsmäßig abzusichern, stellt er nunmehr klar, dass **die Vorsatzanfechtung gegen den Zahlungsmittler die parallele Anfechtbarkeit der Leistung auch gegenüber dem Zahlungsempfänger nicht voraussetze.** Beide Anfechtungsmöglichkeiten seien vielmehr voneinander unabhängig.[43] Gibt es also mangels gesamtschuldnerischer Mitverpflichtung des Zahlungsempfängers keinen Regressanspruch, trägt der Zahlungsmittler das Risiko, doppelt zahlen zu müssen, allein. Dies dürfte in der Praxis in sehr vielen Fällen relevant sein, in denen zwar der Leistungsmittler, nicht aber der Empfänger von der Insolvenzreife des Anweisenden weiß. Dann nämlich haftet der Empfänger gemäß §§ 130, 131 InsO allenfalls für den Drei-Monats-Zeitraum, während der Leistungsmittler aufgrund seiner Kenntnis vom Benachteiligungsvorsatz des Schuldners für zehn Jahre der Vorsatzanfechtung ausgesetzt ist.

Im Hinblick auf diese Kenntnis bestätigt der Senat seine in BGHZ 193, 129 eingeführte **Differenzierung zwischen Kreditinstituten und sonstigen Personen als Leistungsmittler**: Grundsätzlich reiche zwar die Kenntnis des Anfechtungsgegners von Umständen, aus denen sich die (drohende) Zahlungsunfähigkeit des späteren Insolvenzschuldners ergibt. Solche Tatsachen stellten jedoch nur mehr oder weniger gewichtige Beweisanzeichen dar.[44] Für eine Sonderstellung der Kreditinstitute wird erneut auf die Verpflichtung zur Ausführung von Zahlungsaufträgen gemäß § 675o Abs. 2 BGB[45] sowie darauf verwiesen, dass „die Schuldnerbank als Zahlstelle die Erledigung von Aufträgen des Schuldners lediglich zahlungstechnisch um[setzt]".[46] Deshalb komme eine Vorsatzanfechtung der Bank gegenüber auch bei Kenntnis der Zahlungsunfähigkeit des Schuldners regelmäßig nicht in Betracht.[47]

43 BGH WM 2013, 361 f. = ZIP 2013, 371, 372 f. (Leitsatz 1 und Rdn. 21).
44 BGH WM 2013, 361, 363 = ZIP 2013, 371, 373 (Rdn. 28).
45 BGH WM 2013, 361, 363 = ZIP 2013, 371, 373 f. (Rdn. 30).
46 BGH WM 2013, 361, 363 = ZIP 2013, 371, 374 (Rdn. 31).
47 BGH WM 2013, 361, 363 = ZIP 2013, 371, 374 (Rdn. 31).

2.1.6 Das BGH-Urteil v. 25.4.2013 – IX 235/12, WM 2013, 1044

Im Gegensatz dazu sprach sich der IX. Zivilsenat des BGH in seinem Urteil vom 25.4.2013 erneut für eine Vorsatzanfechtung gegenüber einer Leistungsmittlerin aus, die kein Kreditinstitut war.[48] Die beklagte Versicherungsmaklerin hatte es als Treuhänderin übernommen, von der Versicherungsnehmerin, der späteren Insolvenzschuldnerin, Versicherungsprämien monatlich entgegenzunehmen und diese sodann quartalsweise an den Versicherer weiterzuleiten. Hintergrund dieser Abrede war der Wunsch der Versicherungsnehmerin, die Prämien nicht – wie vom Versicherer allein angeboten – einmal im Quartal, sondern anteilig jeden Monat zu zahlen. Die Versicherungsmaklerin hatte im Juli, August und September 2007 Beträge vom Konto der Insolvenzschuldnerin abgebucht. Nachdem gegen diese am 9.11.2007 Insolvenzantrag gestellt wurde, genehmigte sie gemeinsam mit dem vorläufigen Insolvenzverwalter die Abbuchungen. Erst anschließend leitete die Versicherungsmaklerin die Beträge an den Versicherer weiter.

In den Entscheidungsgründen hielt der BGH fest, dass sich die Deckungsanfechtung allein gegen den Empfänger, hier den Versicherer, richte.[49] Die Insolvenzschuldnerin habe sich neben ihrer Bank (erste Zahlungsmittlerin) auch der beklagten Versicherungsmaklerin (zweite Zahlungsmittlerin) bedient, um die Versicherungsprämien an den Versicherer zu bezahlen.[50] Dabei komme gegenüber der Versicherungsmaklerin eine Vorsatzanfechtung gemäß § 133 InsO in Betracht.[51] Die für die Vorsatzanfechtung erforderliche Rechtshandlung der Schuldnerin liege in der Genehmigung der Lastschriften.[52] Die Kenntnis der die Leistung mittelnden Versicherungsmaklerin ergebe sich aus deren Kenntnis vom Insolvenzantrag. Kenne der Anfechtungsgegner die Zahlungsunfähigkeit des Schuldners oder sei er über einen gegen den Schuldner gestellten Eröffnungs-

---

48 BGH WM 2013, 1044 = ZIP 2013, 1127.

49 BGH WM 2013, 1044, 1045 = ZIP 2013, 1127, 1128 (Rdn. 11).

50 BGH WM 2013, 1044, 1045 = ZIP 2013, 1127, 1128 (Rdn. 12).

51 BGH WM 2013, 1044, 1045 ff. = ZIP 2013, 1127, 1128 ff. (Rdn. 13 ff.).

52 BGH WM 2013, 1044, 1045 f. = ZIP 2013, 1127, 1128 f. (Rdn. 19 ff.). Dem Fall liegt noch das alte Einzugsermächtigungsverfahren zugrunde, in welchem nach der Rechtsprechung keine Weisung des Zahlers an die Zahlerbank vorliegt, sondern es später noch einer Genehmigung der Lastschriftabbuchungen bedarf (vgl. zu dieser sog. Genehmigungstheorie BGHZ 144, 349, 353 = WM 2000, 1577, 1578 f. = ZIP 2000, 1379, 1380 f. [juris-Rdn. 22] m.w.N.). Inzwischen hat die Kreditwirtschaft das nationale Einzugsermächtigungsverfahren – einer Anregung des IX. Zivilsenats des BGH folgend (BGHZ 186, 269 = WM 2010, 1546 = ZIP 2010, 1556) – umgestaltet und dem SEPA-Basislastschriftverfahren angepasst, bei dem es zu einer Doppelweisung an den Gläubiger und die Zahlerbank kommt und es folglich keiner Genehmigung der Lastschrift mehr bedarf (vgl. dazu *Bitter*, WM 2010, 1725, 1731 m.w.N.).

antrag unterrichtet, so wisse er auch, dass Leistungen aus dessen Vermögen die Befriedigungsmöglichkeit anderer Gläubiger vereiteln oder zumindest erschweren und verzögern. Mithin sei der Anfechtungsgegner zugleich regelmäßig über den Benachteiligungsvorsatz im Bilde.[53] Die für Kreditinstitute als Leistungsmittler im Zahlungsverkehr anerkannte Ausnahme greife hier nicht ein, weil die Versicherungsmaklerin **keine bloß technische Zahlstellenfunktion** übernommen habe.[54] Vielmehr habe sie „offensichtlich auch eigene Interessen, jedenfalls aber Interessen der Schuldnerin [verfolgt]".[55] Im anfechtungsrechtlich maßgeblichen Zeitpunkt der Genehmigung habe die Beklagte nicht nur vom Insolvenzantrag gewusst, sondern auch von der durch die Genehmigung der Abbuchung eintretenden Gläubigerbenachteiligung. Die Beklagte habe auch die näheren Umstände gekannt, nämlich gewusst, dass die Zahlung nicht etwa zur Befriedigung eines insolvenzfest gesicherten Gläubigers verwendet oder ein solches Sicherungsrecht abgelöst werden sollte. Eine Zahlung aus unpfändbarem Vermögen sei schon im Hinblick auf die Rechtsform der Schuldnerin nicht in Betracht gekommen; ebenso wenig habe unter dem Gesichtspunkt der Deckungsanfechtung ein Bargeschäft vorliegen können, schon weil es hier am unmittelbaren zeitlichen Zusammenhang zwischen Leistung und Gegenleistung fehlte.[56] Zudem habe die Versicherungsmaklerin einen „erheblichen eigenen Handlungsspielraum in Anspruch [genommen]."[57] Es bestehe deshalb keine Veranlassung, ihre bestehende Kenntnis vom Gläubigerbenachteiligungsvorsatz der Schuldnerin durch eine einschränkende Auslegung des § 133 Abs. 1 Satz 2 InsO unberücksichtigt zu lassen.[58]

2.2 Kritische Analyse der Rechtsprechungsentwicklung

Da der IX. Zivilsenat des BGH in seinen jüngeren Entscheidungen eine Sonderbehandlung von Kreditinstituten als Leistungsmittler für geboten erachtet hat, müssen sich die Banken wohl keine allzu großen Sorgen machen, im Zahlungsverkehr aus § 133 InsO in Anspruch genommen zu werden. Gleichwohl stellt sich die Frage, ob die jüngere Entwicklung der Rechtsprechung überzeugen kann,

53 BGH WM 2013, 1044, 1046 = ZIP 2013, 1127, 1129 (Rdn. 28) m.w.N.
54 BGH WM 2013, 1044, 1046 = ZIP 2013, 1127, 1129 f. (Rdn. 30 f.).
55 BGH WM 2013, 1044, 1046 = ZIP 2013, 1127, 1130 (Rdn. 32).
56 BGH WM 2013, 1044, 1046 = ZIP 2013, 1127, 1130 (Rdn. 32).
57 BGH WM 2013, 1044, 1046 = ZIP 2013, 1127, 1130 (Rdn. 33).
58 BGH WM 2013, 1044, 1047 = ZIP 2013, 1127, 1130 (Rdn. 34).

ob die Urteilsgründe insbesondere in sich konsistent sind und damit für die zukünftige Anwendung im Einzelfall eine verlässliche Grundlage bilden können. Es reicht nicht aus, dass Urteile im konkreten Einzelfall zum richtigen Ergebnis gelangen (wobei auch dies – wie noch zu zeigen ist – nicht bei allen dargestellten Entscheidungen der Fall ist). Vielmehr muss ein entwickeltes Konzept auch in sich widerspruchsfrei sein, wenn die instanzgerichtliche Rechtsprechung daraus in späteren, partiell anders gelagerten Fällen die richtigen Schlüsse soll ziehen können. Dass genau dies jedoch bei den dargelegten Entscheidungen des IX. Zivilsenats des BGH nicht der Fall ist, soll nachfolgend aufgezeigt und sodann ein Alternativmodell entwickelt werden, welches die Leistungsmittler einem verlässlicheren und auch wertungsmäßig stimmigeren Regime unterwirft.

2.2.1 Widersprüche in Bezug auf die Verpflichtung zur Auftragsausführung

Ausgangspunkt der Betrachtung muss dabei der gesetzliche Tatbestand des § 133 Abs. 1 InsO sein. Dieser fordert neben der Rechtshandlung des Schuldners dessen Gläubigerbenachteiligungsvorsatz und die Kenntnis des Anfechtungsgegners von diesem Vorsatz.

In Bezug auf jene Kenntnis meint der IX. Zivilsenat, zwischen Kreditinstituten und sonstigen Leistungsmittlern differenzieren zu können. Er stützt sich dabei – wie dargelegt – u.a. auf das zuvor auch in der Literatur[59] angeführte Argument, die Kreditinstitute seien im Zahlungsverkehr aus § 675 Abs. 2 BGB zur Ausführung der Zahlungsaufträge verpflichtet, weshalb ihnen die Erfüllung dieser Pflicht nicht angelastet werden könne. Diesbezüglich ergeben sich jedoch gleich drei Unklarheiten bzw. Widersprüche:

Erstens wird die Kenntnis vom Benachteiligungsvorsatz nicht dadurch beeinflusst, dass jemand zur Mitwirkung verpflichtet ist.[60]

Zweitens misst der Senat der Verpflichtung zur Auftragsausführung nur im Regelfall, nicht aber dann Bedeutung bei, wenn das Kreditinstitut Sonderinteressen verfolgt, insbesondere auf eine selektive Befriedigung einzelner Gläubiger oder des Kreditinstituts selbst hinwirkt.[61] Dies zeigt dann aber deutlich, dass die Verpflichtung letztlich doch irrelevant für die Zulässigkeit der Vorsatzanfechtung gegen den Leistungsmittler ist, weil auch in jenen vom BGH ausgenommenen Fällen der Verfolgung von Sonderinteressen die Verpflichtung zur Ausführung

59 *Bork*, ZIP 2008, 1041, 1049.
60 Zutreffend *Ede*, ZInsO 2012, 1541, 1543.
61 Siehe oben bei Fn. 41.

des Zahlungsauftrags aus § 675 Abs. 2 BGB nicht einfach entfällt. Die vertragliche Verpflichtung besteht vielmehr unabhängig von dem Umstand, welches Ziel der Schuldner mit einem konkreten Zahlungsauftrag verfolgt. Es ist – von Fällen nichtiger Zahlungsaufträge einmal abgesehen[62] – grundsätzlich jeder Auftrag auszuführen, soweit eine ausreichende Deckung auf dem Konto vorhanden ist.

Drittens ist die rechtliche Verpflichtung zur Auftragsausführung nicht zur Abgrenzung zwischen Kreditinstituten und sonstigen Zahlungsmittlern geeignet, weil letztere selbstverständlich auch einer vergleichbaren Verpflichtung unterliegen können und sogar zumeist unterliegen werden.[63] War etwa die Steuerberatungsgesellschaft im Fall BGHZ 193, 129[64] nicht verpflichtet, die ihr nur treuhänderisch überlassenen Gelder genau jenen Empfängern weiterzuleiten, für deren Befriedigung ihr die Mittel überlassen wurden? Oder war jene Versicherungsmaklerin, die der IX. Zivilsenat am 25.4.2013 aus § 133 InsO zur Zahlung verurteilt hat[65], nicht dazu verpflichtet, die monatlich von ihr eingezogenen Beträge quartalsweise an den Versicherer weiterzuleiten? Gerade in jenem zuletzt genannten Fall überrascht die Abgrenzung zu den Kreditinstituten als Zahlungsmittler besonders, wenn der IX. Zivilsenat in den Entscheidungsgründen formuliert:

> „Sie [scl.: die Versicherungsmaklerin] ist kein Zahlungsdienstleister im Sinne des § 675o Abs. 2 BGB, der zur Ausführung eines Zahlungsauftrags der Schuldnerin im Sinne dieser Vorschrift verpflichtet gewesen wäre. Aufgrund Vereinbarung mit der Schuldnerin hatte sie sich bereit erklärt und verpflichtet, monatlich die anteiligen Versicherungsbeiträge bei der Schuldnerin einzuziehen, zu sammeln und bei Fälligkeit quartalsweise an den Versicherer weiterzuleiten."[66]

Obwohl der BGH hier selbst feststellt, dass die Versicherungsmaklerin ebenfalls zur Weiterleitung der Beträge an den Versicherer verpflichtet war, will er diesem Umstand offenbar nur deshalb keine Bedeutung zumessen, weil sich jene Verpflichtung nicht aus § 675o Abs. 2 BGB ergibt. Worin jedoch der Unterschied der Verpflichtung liegen soll, ist in keiner Weise erkennbar. Die Regelung in § 675o Abs. 2 BGB knüpft ja nur an die Bestimmung über den Zahlungsdiensterahmenvertrag in § 675f Abs. 2 S. 1 BGB an, in der es heißt: „Durch einen Zahlungsdiensterahmenvertrag wird der Zahlungsdienstleister verpflichtet, für den Zahlungs-

62 Zur Ausnahme sittenwidriger Weisungen und deren Nichtigkeit gemäß § 138 BGB siehe unten Ziff. 2.3.2.2).

63 Zutreffend *Trams*, NJW-Spezial 2012, 533: Aus einem Treuhandverhältnis folge regelmäßig die Verpflichtung, den das Treugut betreffenden Weisungen des Treugebers nachzukommen.

64 Dazu oben 2.1.4 ab Fn. 32.

65 Dazu oben 2.1.6 ab Fn. 48.

66 BGH WM 2013, 1044, 1046 = ZIP 2013, 1127, 1129 f. (Rdn. 31).

dienstnutzer einzelne und aufeinander folgende Zahlungsvorgänge auszuführen ...". Der Unterschied zwischen dem Zahlungsdienstleister und jener am 25.4.2013 verurteilten Versicherungsmaklerin besteht damit allein darin, dass die allgemeine Pflicht aus dem Zahlungsdiensterahmenvertrag noch durch eine spätere Weisung konkretisiert werden muss, während die Versicherungsmaklerin mit der Versicherungsnehmerin von vorneherein vereinbart hatte, dass die eingezogenen Beträge an den Versicherer weiterzuleiten sind. Der Auftrag an die Maklerin ist insoweit mit einem Dauerauftrag vergleichbar, wie er einem Zahlungsdienstleister – etwa zur Zahlung monatlich fälliger Mieten etc. – erteilt zu werden pflegt. Im Ergebnis war jedenfalls die Versicherungsmaklerin nicht weniger zur Ausführung des Zahlungsauftrags verpflichtet als das Kreditinstitut, weshalb der Hinweis auf § 675o Abs. 2 BGB die vom IX. Zivilsenat eingeführte Differenzierung nicht zu begründen vermag.

Aufgrund dieser Widersprüche ist dann aber die Entscheidung als Grundlage für die Beurteilung zukünftiger Fälle ungeeignet, weil niemand zu erkennen vermag, welche Verpflichtung zur Auftragsausführung nun relevant sein soll und welche nicht und warum die Verpflichtung selbst bei Kreditinstituten wiederum irrelevant sein soll, wenn sie Sonderinteressen verfolgen. Die Eingehung einer Verpflichtung zur Auftragsausführung ist daher im Ergebnis bei allen Zahlungsmittlern im Grundsatz irrelevant. Allenfalls kann sich die an späterer Stelle noch zu erörternde Frage stellen, ob die Schuldnerposition des Angewiesenen eine Besonderheit im Rahmen der Vorsatzanfechtung begründet. Doch geht es insoweit nicht um die spezielle Verpflichtung zur Weiterleitung von Beträgen, sondern um die allgemeine Pflicht zur *Erfüllung der Leistungspflicht*, ganz unabhängig davon, ob diese durch Leistung an den Gläubiger oder einen Dritten erfolgt.[67]

2.2.2 Widersprüche in Bezug auf die Insolvenzfestigkeit der Leistung im Valutaverhältnis

Ein weiteres Kriterium der Differenzierung zwischen Kreditinstituten und sonstigen Leistungsmittlern sieht der IX. Zivilsenat darin, dass die Kreditinstitute, weil sie nur als „bloße Zahlstelle" fungierten, regelmäßig nicht erkennen könnten, ob die Leistung im Valutaverhältnis „anfechtungsrechtlich beanstandungsfrei" sei.[68]

67 Dazu unten 2.3.2.2.
68 Siehe oben bei Fn. 37 und 56.

Auch diesbezüglich lässt sich jedoch kein grundsätzlicher Unterschied zwischen verschiedenen Leistungsmittlern feststellen. Ein sonstiger Leistungsmittler kann vielmehr über die Insolvenzfestigkeit der Befriedigung einzelner Gläubiger, etwa wegen bestehender Sicherungen des Empfängers oder wegen eines Bargeschäfts im Valutaverhältnis, ebenso wenig informiert sein wie die Bank. Der IX. Zivilsenat verfährt gegenüber den Banken als Zahlungsmittler offenbar großzügig, während er bei den sonstigen Leistungsmittlern detaillierte Kenntnisse im Insolvenzrecht voraussetzt, wie insbesondere das Urteil vom 25.4.2013 zeigt. Bei der Versicherungsmaklerin unterstellt der Senat eine vorhandene Kenntnis der das Valutaverhältnis betreffenden Rechtsprechung zur Deckungsanfechtung: Die Maklerin soll insbesondere gewusst haben, dass die Rechtsprechung zur Zahlung aus unpfändbarem Schonvermögen aufgrund der Rechtsform der Versicherungsnehmerin nicht eingreift und im Valutaverhältnis auch kein Bargeschäft in Betracht kommt, weil die von der Rechtsprechung aufgestellten Anforderungen an einen unmittelbaren zeitlichen Zusammenhang zwischen Leistung und Gegenleistung nicht vorlagen.[69] All diese insolvenzrechtlichen Kenntnisse, die nicht einmal zum Pflichtstoff des Ersten und Zweiten Juristischen Staatsexamens gehören, sollen bei einer Versicherungsmaklerin vorhanden sein.

Umgekehrt will der IX. Zivilsenat bei Kreditinstituten als Leistungsmittlern offenbar nicht näher nachprüfen, was diese über eine mögliche Anfechtbarkeit der Zahlung im Valutaverhältnis wissen. Erteilt der spätere Insolvenzschuldner etwa einen Auftrag zur Befriedigung staatlicher Gläubiger (insbesondere Finanzämter), so ist für eine Bank noch eher als für besagte Versicherungsmaklerin erkennbar, dass solche Zahlungen kaum „anfechtungsrechtlich beanstandungsfrei“ sein können. Staatliche Gläubiger sind nämlich weder durch (anfechtungsfeste) Absonderungsrechte gesichert noch kann ihnen gegenüber ein Bargeschäft vorliegen.[70] Warum aber von einer Versicherungsmaklerin detaillierte Kenntnisse im Insolvenzrecht verlangt werden, von Banken, die im Gegensatz zu Versicherungsmaklern immerhin regelmäßig über eine Rechtsabteilung verfügen, hingegen nicht, ist wenig überzeugend. Auch insoweit ist daher aus den Entscheidungen des BGH nur die Differenzierung erkennbar, nicht aber die Begründung dafür plausibel und damit keine klare Rechtsanwendung für die Zukunft gesichert.

---

69 BGH WM 2013, 1044, 1046 = ZIP 2013, 1127, 1130 (Rdn. 32).

70 Darauf mit Recht hinweisend *Ede*, ZInsO 2012, 1541, 1544 und 1545.

2.2.3 Irrelevanz der Kollusion im Rahmen des § 133 Abs. 1 InsO

Der vielleicht wichtigste Einwand gegen die jüngere BGH-Rechtsprechung ergibt sich aus dem vom BGH für die Anfechtungsmöglichkeit gegenüber Kreditinstituten formulierten Tatbestand des kollusiven Zusammenwirkens zwischen Leistungsmittler und anweisendem Schuldner[71], der auch in der Literatur partiell zur Eingrenzung der Vorsatzanfechtung gegenüber Zahlungsmittlern herangezogen wird.[72] Bei der Kollusion geht es um ein sittenwidriges *Wollen*, welches im Tatbestand des § 133 Abs. 1 InsO in Bezug auf den Anfechtungsgegner jedoch keinen Anknüpfungspunkt hat. Dieser Tatbestand stellt vielmehr auf ein *Wissens*element, nämlich die *Kenntnis* des Anfechtungsgegners vom Benachteiligungsvorsatz, ab.[73] Warum diese Kenntnis – das Wissenselement – vorhanden sein soll, wenn die Bank Sonderinteressen verfolgt und damit kollusiv mit dem anweisenden Zahler zusammenwirkt, trotz Kenntnis der (drohenden) Zahlungsunfähigkeit ihres Kunden aber nicht, wenn die Bank keine Sonderinteressen verfolgt, ist nicht ersichtlich. In Wahrheit hat der vom BGH für maßgeblich erklärte Tatbestand der Kollusion überhaupt nichts mit § 133 Abs. 1 InsO zu tun[74], wie es in Rechtsprechung und Literatur für das Zweipersonenverhältnis auch völlig unstreitig anerkannt ist[75]: Hat ein Schuldner seinem Gläubiger mit Benachteiligungsvorsatz etwas zugewendet und jener diesen Vorsatz gekannt, dann hat der Empfänger den erlangen Vorteil ganz unabhängig von einer Kollusion, einem „unlauteren Zusammenwirken von Schuldner und Gläubiger", herauszugeben.[76]

---

71 Siehe oben bei Fn. 27 und Fn. 39 bis 41; dazu kritisch schon *Bork*, ZIP 2008, 1041, 1046 und 1048; siehe auch *ders.*, in FS Gero Fischer, 2008, S. 37, 47; ferner *Ede*, ZInsO 2012, 1541, 1544.

72 So insbesondere bei *Burchard* (Fn. 1), S. 87 ff.

73 Näher zum Begriff der Kenntnis *Gehrlein*, in FS Ganter, 2010, S. 169, 171 ff. (zum Begriff des Vorsatzes ebendort S. 177 ff.); *Ganter*, WM 2009, 1441, 1444 ff. (zum Vorsatz S. 1441 ff.).

74 Ebenso *Bork*, ZIP 2008, 1041, 1048: Die Kollusion habe „hier nichts zu suchen"; zurückhaltender KPB/*Brinkmann* (Fn. 1), Anh. I zu § 145 Rdn. 42: „unklarer Rekurs des Senats auf die Kollusion".

75 Auf diesen Widerspruch hinweisend auch *Bork*, ZIP 2008, 1041, 1046; *Ede*, ZInsO 2012, 1541, 1544; tendenziell ferner KPB/*Brinkmann* (Fn. 1), Anh. I zu § 145 Rdn. 42.

76 Deutlich BGH ZIP 2003, 1799 = WM 2003, 1923 [Leitsatz 1 und Ziff. II. 1. c) aa) der Gründe]; ferner MünchKommInsO/*Kirchhof*, Band 2, 2. Aufl. 2008, § 133 Rdn. 13: „Würde man weitergehend [eine] abgestimmte Verhaltensweise von Gläubiger und Schuldner voraussetzen, so würde schon die Grenze zum Verbotsgesetz im Sinne von § 134 BGB und zur Sittenwidrigkeit erreicht oder überschritten"; siehe ausführlich *Kirchhof*, in FS Gero Fischer, 2008, S. 285 ff. mit dem Titel „Fraudulös, betrügerisch, unlauter – Versuche zur Einschränkung des Vorsatzbegriffs im Sinne von § 133 InsO".

Mit diesem Hinweis auf die anerkannten Grundsätze der Vorsatzanfechtung soll nicht gesagt sein, dass das Tatbestandsmerkmal einer Kollusion nicht in Fällen, in denen der Anfechtungsgegner ausnahmsweise nicht Gläubiger, sondern Schuldner des späteren Insolvenzschuldners ist, nicht sinnvoll das Risiko von Rückforderungsverlangen des Insolvenzverwalters zu begrenzen vermag.[77] Festzustellen ist an dieser Stelle allein, dass jenes Tatbestandsmerkmal nicht zu § 133 Abs. 1 InsO passt[78] und folglich die Rechtsanwendung für den Betroffenen – soweit er kein Kreditinstitut im Zahlungsverkehr ist – schwer vorhersehbar wird. Nach dem an die Rechtsprechung gerichteten Grundsatz der Bindung an Gesetz und Recht (Art. 20 Abs. 3 GG) darf der rechtsunterworfene Bürger erwarten, dass Gerichte unter die gesetzlich formulierten Tatbestände subsumieren und nicht *ad hoc* je nach Anfechtungsgegner differenziert Tatbestandsmerkmale formulieren und anwenden, die mit dem Gesetz nicht übereinstimmen. Wer im Zweipersonenverhältnis im Rahmen des § 133 Abs. 1 InsO tatbestandlich auf eine Kollusion und damit auf eine Absicht der Gläubigerbenachteiligung verzichtet, kann dies im Dreipersonenverhältnis nicht anders sehen. Durch solche inneren Widersprüche wird vielmehr die Rechtsanwendung unklar und unvorhersehbar.

Die Widersprüchlichkeit erhöht sich noch, wenn der BGH es bei einer Versicherungsmaklerin für die Verfolgung von Sonderinteressen ausreichen lässt, dass sie „jedenfalls ... Interessen der Schuldnerin“ verfolgt habe[79], während bei einem Kreditinstitut offenbar ganz unerheblich sein soll, dass es mit der Ausführung von Zahlungsaufträgen ebenfalls das Schuldnerinteresse verfolgt. Auch der vom BGH zur Unterscheidung ins Feld geführte „erhebliche eigene Handlungsspielraum“ der Versicherungsmaklerin ist nur behauptet. Woher sollte ein solcher Handlungsspielraum kommen, wenn sich die Maklerin – wie der BGH selbst feststellt – verpflichtet hatte, die monatlich abgebuchten Beträge lediglich „zu sammeln und bei Fälligkeit quartalsweise an den Versicherer weiterzuleiten“?[80] In Wahrheit hatte die Versicherungsmaklerin ebenso wenig einen Handlungsspielraum wie eine Bank, die einen Dauerauftrag in regelmäßigen Abständen ausführt. Die Versicherungsmaklerin hätte ggf. sogar die ihr treuhänderisch überlassenen Beträge veruntreut, wenn sie damit irgendetwas anderes getan hätte, als sie vertragsgemäß an den Versicherer weiterzuleiten.

---

77 Dazu unten 2.3.2.

78 Ähnlich *Bork*, ZIP 2008, 1041, 1046: „Die Kollusion kann ein Wertungskriterium sein, aber kein Tatbestandsmerkmal“.

79 BGH WM 2013, 1044, 1046 = ZIP 2013, 1127, 1130 (Rdn. 32).

80 BGH WM 2013, 1044, 1046 = ZIP 2013, 1127, 1129 f. (Rdn. 31).

Die Unvorhersehbarkeit zukünftiger Entscheidungen, welche der BGH in der nicht an § 133 Abs. 1 InsO orientierten Formulierung des Tatbestands angelegt hat, setzt sich damit in der konkreten Rechtsanwendung fort und genau darin liegt die Gefahr der jüngeren Rechtsprechung: Einmal – bei Kreditinstituten – wird eine Kollusion im Sinne eines unlauteren Wollens für die Vorsatzanfechtung gegen den Leistungsmittler vorausgesetzt und geprüft, ein anderes Mal – bei sonstigen Leistungsmittlern – geschieht dies in der Sache nicht. Schwerlich konnte man nämlich jener Versicherungsmaklerin, die die per Lastschrift eingezogenen Beträge sogar erst nach einer ausdrücklichen Zustimmung des vorläufigen Insolvenzverwalters[81] an den Versicherer weitergeleitet hatte, vorwerfen, sie habe kollusiv mit der Versicherungsnehmerin zum Nachteil aller anderen Gläubiger zusammengewirkt. Hier drängt sich vielmehr der Eindruck auf, der Tatbestand der Kollusion solle nur gegenüber den Kreditinstituten ernsthaft geprüft werden, um diese nicht einer als zu weitgehend empfundenen Haftungsgefahr im Zahlungsverkehr auszusetzen, während man jenen Tatbestand bei sonstigen Zahlungsmittlern nicht prüft, eben weil er im Rahmen des § 133 Abs. 1 InsO grundsätzlich keinen Platz hat. Eine überzeugende Rechtsanwendung mit Leitbildfunktion für die zukünftige Rechtsanwendung erreicht man auf diese Weise nicht.[82]

2.3 Eigener Ansatz: Trennung zwischen Insolvenzanfechtung und Deliktsrecht

Eine stimmige und in sich konsistente Lösung für die vom BGH entschiedenen Fälle lässt sich finden, wenn man zwischen der Insolvenzanfechtung einerseits und dem – das Tatbestandsmerkmal der Kollusion tragenden – Deliktsrecht (insbes. § 826 BGB) andererseits trennt. Die Insolvenzanfechtung sollte generell auf die Rückgewähr des erlangten Vorteils beschränkt werden [sog. Zuflussprinzip; dazu unten 2.3.1)], während der in der Insolvenzmasse des Schuldners eingetretene Verlust nur nach Deliktsrecht, insbesondere nach § 826 BGB ersatzfähig ist [sog. Abflussprinzip; dazu unten 2.3.2)][83]. Dann lassen sich die Ergebnisse des

81 Das Genehmigungsschreiben war auf Briefpapier des Insolvenzverwalters abgefasst und enthielt sowohl die Unterschrift des für die Schuldnerin handelnden Geschäftsführers sowie deren Firmendaten als auch die Unterschrift des mitbestimmenden vorläufigen Insolvenzverwalters; vgl. BGH WM 2013, 1044, 1045 f. = ZIP 2013, 1127, 1129 (Rdn. 21).

82 Kritisch zu der Abgrenzung zwischen Kreditinstituten und sonstigen Zahlungsmittlern auch *Ede*, ZInsO 2012, 1541.

83 Gänzlich anders das Konzept bei *Fridgen*, Die Rechtsfolgen der Insolvenzanfechtung, Vor-

BGH in einem widerspruchsfreien Konzept erzielen, das zugleich Rechtssicherheit für die Zukunft schafft.

2.3.1 Rückgewähr erlangter Vorteile im Insolvenzanfechtungsrecht

Die vom BGH in der Ausgangsentscheidung BGHZ 124, 298, 302[84] nur kurz thematisierte Frage, ob die Insolvenzanfechtung auf Ersatz des in der Masse fehlenden Wertes gerichtet ist oder sich der Anfechtungsanspruch an dem erlangten Vermögensvorteil des Anfechtungsgegners zu orientieren hat, ist bekanntlich seit langem umstritten[85] und genau hier liegt die Basis für die Widersprüche der aufgezeigten Rechtsprechungsentwicklung zu § 133 InsO.

In den ersten beiden Entscheidungen BGHZ 124, 298 und BGHZ 142, 284 hatte der IX. Zivilsenat noch maßgeblich darauf abgestellt, dass der Leistungsmittler selbst keinen (wirtschaftlichen) Vorteil erlangt habe.[86] Genau deshalb empfand es das Gericht als unbillig, den Zahlungsmittler einem Wertersatzanspruch auszusetzen, obwohl die Gelder nach der Weiterleitung im Vermögen des Empfängers angekommen waren. Nur jener Letztempfänger der Zahlung sollte folglich der Insolvenzanfechtung ausgesetzt sein, wie der Senat in BGHZ 142, 284, 288 allgemein im Hinblick auf die Rechtsfolgenanordnung des § 37 KO (heute § 143 InsO) formuliert: „Demzufolge entspricht es Sinn und Inhalt der Vorschrift des § 37 KO, dass Anfechtungsgegner nur diejenigen sind, die auf diese Weise im Ergebnis der Gläubigergesamtheit gegenüber bevorzugt wurden."[87] Begründen ließ sich dieses

---

satzanfechtung unter dem Gesichtspunkt des Schadensersatzes, 2009, der den Rückgewähranspruch des § 143 Abs. 1 S. 1 InsO (jedenfalls bei der Vorsatzanfechtung) entgegen der h.M. schadensersatzrechtlich versteht und ihn deshalb als Unterfall der Naturalrestitution einordnet (zusammenfassend S. 161 f.). Die (Vorsatz-)Anfechtung soll einen Tatbestand der Gefährdungshaftung darstellen (S. 148 ff.), bei dem der Anfechtungsgegner auf alle Schäden haftet, die sich aus der Verwirklichung der von ihm geschaffenen Gefahr für die Befriedigungsaussichten der Gläubiger ergeben (S. 151 ff.).

84 Dazu oben nach Fn. 13.

85 Dazu eingehend *Eckardt*, in FS Gerhardt, 2004, S. 145 ff.

86 Ebenso Kuhn/*Uhlenbruck*, KO, 11. Aufl. 1994, § 29 Rdn. 18c.; dazu auch *Lüke*, ZIP 2001, 1, 8; ferner *Neyses* (Fn. 1), S. 124 f. (zu § 132 InsO), S. 127 f. (zu § 133 InsO), nach deren Ansicht jedoch eine anfechtungsrechtliche Inanspruchnahme des angewiesenen Dritten trotz fehlenden Vorteils aus Gründen einer nicht näher benannten „Billigkeit" gerechtfertigt sein kann (S. 129 ff.); insgesamt a.A. *Thole*, Gläubigerschutz durch Insolvenzrecht, 2010, S. 353, der – m.E. zweifelhaft – einen Vorteil des Angewiesenen bereits darin sieht, dass er die geschuldete Leistung an einen Dritten erbringen darf.

87 BGHZ 142, 284, 288 = ZIP 1999, 1764, 1766 = WM 1999, 2179, 2181 unter Ziff. II. 2. c) aa) der

Ergebnis durch einen Rückgriff auf die im Bereicherungsrecht für Anweisungsfälle anerkannten Grundsätze[88], nach denen die Leistung „übers Dreieck" erfolgt: vom Angewiesenen an den Anweisenden und von jenem an den Empfänger. Ganz allgemein wird folglich in BGHZ 142, 284, 287 ausgesprochen: „Die Zuordnungskriterien [scl.: bei der Anfechtung] entsprechen denen des Leistungsbegriffs im bereicherungsrechtlichen Sinne"[89], zumal es auf dieser Grundlage – im Bereicherungs- wie im Anfechtungsrecht – auch zu einer sachgerechten Verteilung der Insolvenzrisiken kommt.[90]

Von diesem richtigen Ausgangspunkt hat sich der IX. Zivilsenat dann aber in BGHZ 174, 314 gelöst, indem er dort meinte, die bisher vom Senat anerkannten Grundsätze bezögen sich allein auf die Deckungsanfechtung. Ausgangspunkt jenes Meinungsumschwungs[91] war die zitierte Fundstelle aus den Materialien zur Konkursordnung, aus welcher sich in der Tat ergibt, dass die Vorsatzanfechtung auch bei Leistungen eines *Schuldners* des Gemeinschuldners möglich sein soll.[92] Was der IX. Zivilsenat in diesem Zusammenhang jedoch nicht beachtet, ist der damalige rechtliche Kontext jener Materialien zur Konkursordnung.

Wie *Eckardt* in der Festschrift für Gerhardt sehr sorgsam herausgearbeitet hat, gab es im gemeinen Recht eine Dreiteilung der Anfechtungsfolgen[93]: Hatte der Anfechtungsgegner als *particeps fraudis* (kollusiv) an der Verwirklichung des Anfechtungstatbestands teilgenommen, so galt die anfechtungsrechtliche Haftung als eine solche *ex delicto* mit der Folge, dass die Gläubiger bzw. die Masse mit der *actio pauliana* so zu stellen waren, wie sie gestanden haben würden, wenn die anzufechtende Handlung nicht vorgenommen wurde.[94] Es ging dann um den Ersatz des in der Masse entstandenen Nachteils (Abflussprinzip). Für die Haftung desjenigen Empfängers, der zwar wissentlich, aber nicht willentlich

---

Gründe (juris-Rdn. 18).

88 Siehe dazu auch noch unten bei Fn. 181.

89 BGHZ 142, 284, 287 = ZIP 1999, 1764, 1765 = WM 1999, 2179, 2180 unter Ziff. II. 2. a) der Gründe (juris-Rdn. 14).

90 Wie hier *Lüke*, ZIP 2001, 1, 7 f.; *Wittig*, NZI 2005, 606, 608; für die parallele Rechtslage in Österreich *Koziol*, JBl 1985, 586, 588 ff.; gegen die Übertragbarkeit der bereicherungsrechtlichen Grundsätze ins Anfechtungsrecht hingegen *Neyses* (Fn. 1), S. 70 ff., zu den Insolvenzrisiken insbes. S. 76 ff.

91 *Trams*, NJW-Spezial 2012, 533 spricht von „Paradigmenwechsel".

92 Oben bei Fn. 24, ferner bei Fn. 39; anders insoweit *Ganter*, NZI 2010, 835, 837, der offenbar eine Anfechtung nach § 133 InsO bei einer Barauszahlung direkt an den Kontoinhaber für ausgeschlossen hält.

93 *Eckardt*, in FS Gerhardt, 2004, S. 145, 158 ff.

94 Daran orientiert sich *Fridgen* (Fn. 83), S. 153 f. – zu einseitig – bei seinem schadensersatzrechtlichen Konzept der Vorsatzanfechtung (vgl. oben Fn. 83).

und damit nicht deliktisch erworben hatte, sollte hingegen eine Wertersatzpflicht eingreifen, die sich nach dem vom Anfechtungsgegner erlangten Vermögenswert richtete (Zuflussprinzip). In den verbleibenden Fällen, in denen eine Anfechtungsklage zulässig war, obwohl es an jeder Kenntnis des Anfechtungsgegners von der fraudulösen Handlung des Schuldners fehlte, richtete sich die Haftung schließlich nach Bereicherungsrecht.

Diese dreifach differenzierte Rechtslage, von der man teilweise sogar noch nach dem Inkrafttreten der Konkursordnung ausging[95], muss man in den Blick nehmen, will man aus heutiger Sicht jene vom BGH herangezogenen Materialien zur Konkursordnung interpretieren. Wenn es dort für möglich gehalten wird, dass auch die Erfüllung einer Schuld zur Vorsatzanfechtung berechtigt und folglich eine Person zum Ersatz verpflichtet wird, die nicht – als Gläubiger – etwas erhalten, sondern im Gegenteil – als Schuldner – etwas hingegeben hat, dann war eben dies im Rahmen der damaligen Dreiteilung der Rechtsfolgen der erstgenannte Fall einer anfechtungsrechtlichen Haftung *ex delicto* mit der Folge eines auf Ersatz des Verlustes/Schadens gerichteten Anspruchs. Ausdrücklich ist deshalb in den vom BGH zitierten Motiven auch von „betrügerischen Kollusionen" die Rede, bei denen allein ein Anspruch gegen einen *Schuldner* des Gemeinschuldners möglich sein solle.

Das Problem jener mit BGHZ 174, 314 begonnenen Rechtsprechungslinie liegt nun darin, dass der IX. Zivilsenat die Ausführungen in den Materialien zur Konkursordnung aus ihrem historischen Zusammenhang reißt und sie in den heutigen § 133 InsO transponiert, obwohl die frühere „Absichtsanfechtung" in mehr als 100 Jahren Rechtsentwicklung ein ganz anderes Gesicht erhalten hat. Schon zu Zeiten der Konkursordnung hatte sich die Erkenntnis durchgesetzt, dass die Absichtsanfechtung des § 31 KO keine böse Absicht voraussetzt, sondern einfacher Vorsatz reicht.[96] Entsprechend hat man den Anfechtungstatbestand in der Insolvenzordnung in „Vorsatzanfechtung" umbenannt.[97] Nur diesen Vorsatz muss folglich auch der Anfechtungsgegner zur Erfüllung des Tatbestandes kennen. Diese Reduzierung der Anforderungen im subjektiven Bereich ist solange überzeugend, wie es darum geht, dass ein Anfechtungsgegner einen von ihm erlangten Vorteil herauszugeben hat (Zuflussprinzip). Denn auf Rückgabe des erlangten Vorteils haftete er – wie dargelegt – auch schon vor dem Inkrafttreten der Konkursordnung bei schlichtem Vorsatz, d.h. ohne dolose Absicht.

---

95 Dazu *Eckardt*, in FS Gerhardt, 2004, S. 145, 160 f.

96 Dazu *Kirchhof*, in FS Gero Fischer, 2008, S. 285 ff.; *Gehrlein*, in FS Ganter, 2010, S. 169, 177 f.

97 BT-Drucks. 12/2443, S. 160; siehe zu dieser Entwicklung auch BGH ZIP 2003, 1799, 1800 = WM 2003, 1923, 1925 unter Ziff. II. 1. c) aa) der Gründe (juris-Rdn. 15).

Die Problematik der hier untersuchten Fälle, in denen ein Vermögenswert über einen Mittler zum Empfänger transportiert wird, liegt aber nun gerade darin, dass der durchleitende Mittler selbst keinen (wirtschaftlichen) Vorteil erlangt. Besonders deutlich wird dies, wenn man zum Vergleich den Fall einer Barzahlung betrachtet. Händigt der Insolvenzschuldner einem Mittelsmann (Boten) einen Briefumschlag mit Geldnoten aus und überbringt dieser die Geldnoten einem Empfänger, käme vermutlich auch niemand auf die Idee, den Mittler allein aufgrund seiner Kenntnis vom Benachteiligungsvorsatz des Schuldners aus § 133 InsO auf Rückgewähr der von ihm nur kurzzeitig in Besitz genommenen und dann weitergeleiteten Geldnoten haften zu lassen, eben weil er selbst keinen wirtschaftlichen Vorteil erlangt hat. Nichts anderes kann dann aber gelten, wenn das Geld nicht in Geldnoten, sondern bargeldlos über einen Mittler transferiert wird.[98]

Der IX. Zivilsenat des BGH hatte insoweit in den ersten beiden Urteilen noch das richtige Rechtsgefühl, wenn er den weiterleitenden Mittler/Treuhänder aus der anfechtungsrechtlichen Schusslinie nahm, eben weil nach dem Zuflussprinzip kein wirtschaftlicher Vorteil bei ihm festzustellen war.[99] Einen solchen Vorteil konnte der Senat vielmehr nur bei den endgültigen Empfängern der Zahlung feststellen, denen – auch im bereicherungsrechtlichen Sinne – die Leistung zugeflossen war.

2.3.2 Ersatz des beim Schuldner eingetretenen Verlustes nur nach Deliktsrecht

Dies bedeutet allerdings nicht – und insoweit ist der Entscheidung BGHZ 174, 314 im Ansatz zu folgen –, dass der Zahlungsmittler in Fällen vorsätzlicher Masseschmälerungen nun gänzlich jeglichem Anspruch des Insolvenzverwalters entzogen ist.

2.3.2.1 Betrügerische Kollusionen als Fall des § 826 BGB

Ganz richtig sagt der IX. Zivilsenat insoweit unter Hinweis auf die Materialien zur Konkursordnung, dass in Fällen „betrügerischer Kollusionen“ auch der *Schuld-*

---

98 *Kirstein/Sietz*, ZInsO 2008, 761, 763 sprechen davon, dass der Angewiesene beim Abfluss des Schuldnervermögens lediglich als eine Art „Gehilfe“ mitwirke.

99 Im Ergebnis ebenso Kuhn/*Uhlenbruck* (Fn. 86), § 29 Rdn. 18c; Ausnahmen „in gewissen Konstellationen“ für möglich haltend hingegen KPB/*Brinkmann* (Fn. 1), Anh. I zu § 145 Rdn. 33 und 42.

ner eines Insolvenzschuldners haften könne. Nur muss man diese Aussage nach der zwischenzeitlichen Fortentwicklung des (Anfechtungs-)Rechts richtig einordnen: Betrügerische Kollusionen sind Anwendungsfälle des – bei Schaffung der KO noch gar nicht in Kraft getretenen – § 826 BGB und dann ist die Rechtsfolge selbstverständlich ein Anspruch auf Schadensersatz: Nicht der vom Deliktstäter erlangte Vorteil ist zu ersetzen (Zuflussprinzip), sondern der in der Masse eingetretene Nachteil oder Schaden (Abflussprinzip). Und eben dieser Deliktsanspruch war in den vom BGH herangezogenen Materialien zur Konkursordnung gemeint, wie sich aus der dargestellten Analyse von *Eckardt* ergibt: Als *particeps fraudis* war der Schuldner des Gemeinschuldners *ex delicto* zum Ersatz des den anderen Gläubigern über die Masseschmälerung zugefügten Schadens verpflichtet, wenn er bei der Erfüllung seiner Schuld betrügerisch und kollusiv mit dem Gemeinschuldner zusammenwirkte.

Der Tatbestand der Kollusion gehört heute, nachdem sich das Insolvenzanfechtungsrecht von seinen deliktsrechtlichen Wurzeln emanzipiert hat[100], in § 826 BGB und passt eben nicht (mehr) zu § 133 InsO.[101] Und genau deshalb verursacht der IX. Zivilsenat des BGH die aufgezeigten, letztlich nicht lösbaren Friktionen, wenn er bei Zweipersonenverhältnissen, in denen der Anfechtungsgegner einen Vorteil aus der Masse erlangt hat, im Rahmen des § 133 InsO richtigerweise keine Kollusion als Haftungsvoraussetzung verlangt, während er das Tatbestandsmerkmal der Kollusion in den Anweisungsfällen im Verhältnis zum Leistungsmittler partiell zur Einschränkung der Vorsatzanfechtung – insbesondere gegenüber Kreditinstituten – doch wieder heranzieht.

Richtig und überzeugend wäre es demgegenüber gewesen, sauber zwischen der Insolvenzanfechtung und dem Deliktsrecht zu trennen, wie man es selbst noch in BGHZ 124, 298, 304 gesehen hat. Beschränkt man das Insolvenzanfechtungsrecht auf die Rückgewähr erlangter Vorteile, sind die Gläubiger – wie der Senat seinerzeit zutreffend ausgeführt hat und an früherer Stelle schon erwähnt wurde[102] – keineswegs schutzlos, weil ein in der Masse eingetretener Schaden

---

100 Zur frühen Rechtsprechung des Reichsgerichts, die jedenfalls bei der sog. Absichtsanfechtung noch von einer Deliktsnatur ausging, und zu der bereits damals an dieser Position geübten Kritik in der Literatur siehe *Bindseil*, Die Absichtsanfechtung außerhalb und innerhalb des Konkurses im Verhältnis zu den §§ 138 I, 823, 826 BGB, Diss. Heidelberg, 1965, S. 4 f., 42 f.

101 Dies übersieht neben dem BGH auch *Thole* (Fn. 86), S. 353, wenn er meint, der „fraudulös" Handelnde verdiene „nicht den Schutz des Anfechtungsrechts". Richtig ist nur, dass er keinen rechtlichen Schutz verdient. Aber die Anfechtung ist nicht der richtige Weg, den Schutz der betroffenen Gläubiger bei kollusivem Handeln sicherzustellen.

102 Siehe oben bei Fn. 15.

nach Deliktsrecht ersatzfähig ist.[103] Im Ergebnis entspricht dies den Wertungen, die der IX. Zivilsenat des BGH nunmehr im Verhältnis zu Kreditinstituten im Zahlungsverkehr anwenden will, wenn er dort für eine Anwendung des § 133 InsO eine „Kollusion" zwischen dem Zahler und seiner Bank verlangt. Mit § 826 BGB hätte er dieses Ergebnis problemlos begründen können. Stattdessen hat er den Tatbestand des § 133 InsO im Einzelfall mit einem Tatbestandsmerkmal aufgeladen, das dort nicht hineingehört und dadurch – wie dargelegt – erhebliche Rechtsunsicherheit geschaffen.[104]

2.3.2.2 Allgemeine Begrenzung der Anfechtung gegen Schuldner des Insolvenzschuldners

Durch die hier vorgeschlagene konzeptionelle Trennung zwischen Insolvenzanfechtung (Zuflussprinzip) und Deliktsrecht (Abflussprinzip) werden zudem auch missliche Rechtsfolgen vermieden, die sich ganz allgemein bei einer Insolvenzanfechtung gegenüber Schuldnern des Insolvenzschuldners ergeben können. Diese in den Materialien zur Konkursordnung angesprochene Thematik ist in Wahrheit keine „Vorfrage" für die Entscheidung der Zahlungsmittlerfälle[105], sondern die allein entscheidende Frage: Unter welchen tatbestandlichen Voraussetzungen soll ein *Schuldner*, der seine Verbindlichkeit – sei es durch Direktleistung an den Insolvenzschuldner oder durch eine auf dessen Weisung erfolgende Leistung an einen Dritten – erfüllt, Gefahr laufen, in der späteren Insolvenz seines Gläubigers noch einmal leisten zu müssen? Diese Frage wird in den Materialien zur Konkursordnung ausführlich diskutiert: Werde schon ein Drittkontrahent – so heißt es dort – von der Anfechtbarkeit befreit, wenn er nur eine der Leistung des Schuldners entsprechende Gegenleistung erbringt (heute sog. Bargeschäft), so könne der Schuldner des Gemeinschuldners, der bar und voll zahlt, der Anfechtung gewiss nicht ausgesetzt werden. Der Schuldner sei nämlich in einer noch ungünstigeren Lage als der Dritte, der aus freien Stücken mit dem Gemeinschuldner kontrahiere.[106] Es sei – so die Motive weiter – nicht sinnvoll, den Schuld-

103 BGHZ 124, 298, 304 = ZIP 1994, 218, 220 = WM 1994, 459, 461 unter Ziff. II. 3. b) bb) der Gründe (juris-Rdn. 28); auf § 826 BGB hinweisend auch *Bork*, ZIP 2008, 1041, 1046; allgemein auf das Deliktsrecht hinweisend *ders.*, in FS Gero Fischer, 2008, S. 37, 47.

104 Auf die Rechtsunsicherheit aufgrund einer „Gratwanderung normativer Art" hinweisend auch *Trams*, NJW-Spezial 2012, 533, 534.

105 So aber BGHZ 174, 314, 317 = ZIP 2008, 190, 192 = WM 2008, 223, 225 (Rdn. 18); dazu oben bei Fn. 23.

106 *Hahn* (Fn. 24), S. 121.

ner auf eine Hinterlegung seiner geschuldeten Leistung zu verweisen[107] und ihn zu einer solchen zu veranlassen. Durch das Ausbleiben der fälligen Zahlungen werde nämlich dem Gemeinschuldner „der letzte Stoß" versetzt und eine solche Beschleunigung der Konkurseröffnung sei nicht einmal immer im Interesse der Gläubiger. Alle vorsichtigen Schuldner würden, wenn ihnen die Gefahr der (Vorsatz-)Anfechtung bei Erfüllung ihrer Schuld drohe, die Zahlung ablehnen. Böswillige Schuldner könnten leicht Missbrauch treiben, indem sie sich auf eine Zahlungseinstellung ihres noch solventen Gläubigers berufen. In diesem Zusammenhang findet sich sodann der in BGHZ 174, 314 in Bezug genommene und hier nunmehr in voller Länge zitierte Satz: „Der Entwurf sieht daher in Übereinstimmung mit der großen Mehrzahl der Gesetzgebungen davon ab, auf Leistungen der Schuldner des Gemeinschuldners – unbeschadet der vollen Anfechtbarkeit betrügerischer Kollusionen – den allgemeinen Anfechtungsgrund des § 23 (scl: § 30 KO) anzuwenden".[108]

Die Zielrichtung jener Ausführungen lag – wie nunmehr deutlich wird – in der klaren *Begrenzung* der Anfechtung gegen Schuldner des (Gemein-)Schuldners, eben weil diese Anfechtungsmöglichkeit zu der misslichen Konsequenz führen würde, dass eine Person, die sich (möglicherweise) in Insolvenznähe befindet, überhaupt keine Leistungen mehr erhält, weil sich ihre Schuldner darauf berufen könnten, später ggf. noch einmal leisten zu müssen. Für den Schuldner, der direkt an seinen Gläubiger leisten soll und will, gilt insoweit nichts anderes als für denjenigen, der die von ihm geschuldete Leistung auf Weisung seines Gläubigers an einen Dritten bewirkt. Eben deshalb hat *Bork* schon mit Recht darauf hingewiesen, es sei kaum Sinn und Zweck des § 133 InsO, die Bank dazu anzuhalten, den Zahlungsverkehr zu verweigern.[109]

Dem sehr sinnvollen Anliegen der Materialien zur Konkursordnung, die Haftung eines Schuldners des Gemeinschuldners aus den genannten Gründen

---

107 Zudem ist zweifelhaft, ob die Hinterlegungsvoraussetzungen vorliegen; jedenfalls bei Zwangsvollstreckungsmaßnahmen des späteren Insolvenzschuldners ist eine Hinterlegung durch den Schuldner nicht möglich; vgl. *Koziol*, JBl 1985, 586, 589 f. mit Fn. 34 und *Koziol/Bollenberger*, in Buchegger (Hrsg.), Österreichisches Insolvenzrecht, Kommentar, Band 1, 4. Aufl. 2000, § 28 Rdnr. 6, für das österreichische Recht; für die Hinterlegung hingegen *König*, Die Anfechtung nach der Konkursordnung, 4. Aufl. 2009, Rdnr. 7/14, der der Gegenansicht aber immerhin „beachtliche Gründe" bescheinigt.

108 BGHZ 174, 314, 317 = ZIP 2008, 190, 192 = WM 2008, 223, 225 (Rdn. 18) mit Hinweis auf Hahn (Fn. 24), S. 121.

109 *Bork*, ZIP 2008, 1041, 1046; siehe auch *ders.*, in FS Gero Fischer, 2008, S. 37, 47; zur Verweigerung der Ausführung von Überweisungen als Strategie zur Vermeidung von Anfechtungsrisiken auch *Kirstein/Sietz*, ZInsO 2008, 761, 768.

auf „betrügerische Kollusionen“ zu begrenzen, kann man mit dem hier unterbreiteten Vorschlag Rechnung tragen: Die Haftung ist auf § 826 BGB und nicht auf § 133 InsO zu stützen, eben weil die Vorsatzanfechtung nach heutiger Lesart nicht mehr an eine Absicht oder betrügerische Kollusion anknüpft.[110]

Für die Anwendung des § 826 BGB spricht zudem der Gleichlauf mit § 138 BGB.[111] Die Problematik der Anweisungsfälle liegt ja – wie dargelegt – darin, dass der Angewiesene im Grundsatz zur Ausführung des Auftrags verpflichtet ist. Dies gilt für die Kreditinstitute aus § 675o Abs. 2 BGB und ebenso für die sonstigen Zahlungsmittler aus dem jeweils zugrunde liegenden Vertragsverhältnis.[112] Der Zahlungsmittler, der seinen Auftrag nicht ausführt, droht sich einem Schadensersatzanspruch seines Gläubigers, des Anweisenden, genauso auszusetzen wie jeder Schuldner des späteren Insolvenzschuldners, der seine Leistung nicht erbringt, wegen Nichterfüllung haften kann.[113] Der Schuldner befindet sich also ganz allgemein in der bereits in den Motiven zur Konkursordnung erkannten „noch ungünstigeren Lage“ als ein Drittkontrahent: Er ist bereits zu Leistung verpflichtet und gleichzeitig der Gefahr ausgesetzt, später noch einmal an den Insolvenzverwalter seines Gläubigers leisten zu müssen, wenn man ihn der Insolvenzanfechtung unterwirft.[114] So sah sich etwa unsere Versicherungsmaklerin in dem vom BGH am 25.4.2013 entschiedenen Fall[115] der großen Gefahr ausgesetzt, dass der Versicherer bei fehlender Weiterleitung der Versicherungsprämien den Versicherungsvertrag kündigt und anschließend die Versicherungsnehmerin, welche vertraglich Anspruch auf die Weiterleitung der Beträge hatte, die Versicherungsmaklerin für alle daraus resultierenden Schäden – insbesondere einen fehlenden Versicherungsschutz – gemäß §§ 280 ff. BGB in Anspruch nimmt.

Will man den Schuldner eines (drohend) zahlungsunfähigen Gläubigers in dieser Zwickmühle vom Damoklesschwert des Schadensersatzanspruchs aus Vertragsverletzung befreien, geht dies wohl kaum über die allgemeine Billigkeitsregel des § 242 BGB, indem man die drohende Haftung des Schuldners

---

110 Bedingter Vorsatz genügt, vgl. *Gehrlein*, in FS Ganter, 2010, S. 169, 178 f.; näher zur historischen Entwicklung von der Absichts- zur Vorsatzanfechtung *Kirchhof*, in FS Gero Fischer, 2008, S. 285 ff.

111 Der nachfolgende Gedanke beruht auf einem Diskussionsbeitrag von *Eyber* zu dem Vortrag von *Kayser* auf dem 9. Mannheimer Insolvenzrechtstag.

112 Dazu oben 2.2.1.

113 Eine – ohnehin zweifelhafte (vgl. Fn. 107) – Möglichkeit der Hinterlegung würde daran in den Anweisungsfällen nichts ändern, weil mit der Hinterlegung der Auftrag gerade nicht ausgeführt wäre.

114 Dazu auch *Bork*, in FS Gero Fischer, 2008, S. 37, 47.

115 Dazu oben 2.1.6.

aus § 133 InsO als ungeschriebenen Rechtfertigungsgrund für die Nichterfüllung ansieht.[116] Stimmig wird das System nur, wenn man die Inanspruchnahme eines Schuldners, der keinen Vorteil erlangt, sondern schlicht seine Leistung erbringt, auf § 826 BGB begrenzt, weil ein Vertragspartner niemals zu einer vorsätzlich sittenwidrigen Schädigung Dritter gezwungen werden kann. Stellt sich die Erfüllung eines Vertrags nämlich als Fall des § 826 BGB dar, dann wären der Vertrag und/oder die den Vertrag konkretisierende Weisung ebenfalls sittenwidrig, daher gemäß § 138 BGB nichtig und in der Konsequenz für den Schuldner unbeachtlich. Besteht aber keine Leistungspflicht, droht auch kein vertraglicher Schadensersatzanspruch. Nur das Abstellen auf §§ 826, 138 BGB führt also zu einem Gleichlauf der rechtlichen Pflichten des Schuldners im Verhältnis zu seinem Gläubiger und Dritten, hier den Gläubigern des Gläubigers, deren Zugriffsmasse nicht durch betrügerische Kollusionen zugunsten Einzelner geschmälert werden soll.

Im Ergebnis gelangt man damit zu einem **Stufenverhältnis zwischen der Vorsatzanfechtung des § 133 InsO einerseits und der Anwendung der §§ 138, 826 BGB andererseits**, von dem bereits die reichsgerichtliche Rechtsprechung und die frühe Rechtsprechung des BGH ausgegangen ist: Für die Erfüllung der zuletzt genannten Tatbestände sind danach über den Anfechtungstatbestand hinausgehende besondere Umstände erforderlich[117]. Diese liegen in den hier diskutierten Fällen in dem kollusiven Zusammenwirken zwischen Schuldner und Gläubiger[118], welches sodann auch weitergehende Rechtsfolgen rechtfertigt.

2.3.2.3 Gesamtschadensliquidation gemäß § 92 InsO

Der Schadensersatzanpruch aus § 826 BGB steht, wenn man ihn nicht wie der II. Zivilsenat des BGH in Fällen der Existenzvernichtung der Insolvenzschuldne-

---

116 In diese Richtung wohl *Burchard* (Fn. 1), S. 89 f.: Einem Zwang zur Ausführung der Weisung stehe der Grundsatz von Treu und Glauben des § 242 BGB entgegen; siehe auch *Neyses* (Fn. 1), S. 130.

117 Vgl. die ausführliche Analyse der Rechtsprechung bei *Bindseil* (Fn. 100), S. 11 ff., 21 ff. (Verhältnis der Absichtsanfechtung zu § 138 BGB in der Rspr. des RG bzw. BGH), S. 24 ff., 28 f. (Verhältnis der Absichtsanfechtung zum Deliktsrecht, insbesondere zu § 826 BGB, in der Rspr. des RG bzw. BGH) mit Stellungnahme S. 45 ff., insbes. S. 72 (Verhältnis der Absichtsanfechtung zu § 138 BGB), S. 84 ff., insbes. S. 102 f. (Verhältnis der Absichtsanfechtung zum Deliktsrecht, insbesondere zu § 826 BGB).

118 Dazu allgemein *Bindseil* (Fn. 100), S. 25 f., 47, 85, 88, ferner S. 31 mit Aufzählung weiterer in der Rechtsprechung genannter Merkmale, in denen ein über den Anfechtungstatbestand hinausgreifendes sittenwidriges Merkmal vorliegt.

rin zuspricht[119], im Grundsatz den jeweiligen Gläubigern zu. Durch den Entzug von Vermögen aus der späteren Insolvenzmasse im Wege „betrügerischer Kollusionen" wird deren Quotenerwartung geschmälert. Folglich handelt es sich im Sinne des § 92 InsO um „Ansprüche der Insolvenzgläubiger auf Ersatz eines Schadens, den diese Gläubiger gemeinschaftlich durch eine Verminderung des zur Insolvenzmasse gehörenden Vermögens vor oder nach der Eröffnung des Insolvenzverfahrens erlitten haben."[120] Derartige Gesamtschäden können während des Insolvenzverfahrens (nur) vom Insolvenzverwalter geltend gemacht werden (§ 92 S. 1 InsO). Die Anspruchsberechtigung liegt damit bei eröffnetem Insolvenzverfahren ebenso wie bei der vom BGH befürworteten Vorsatzanfechtung aus § 133 InsO beim Insolvenzverwalter.

2.4 Zwischenergebnis zur Vorsatzanfechtung gegen den Leistungsmittler

Zusammenfassend lässt sich damit festhalten: Auch ein Schuldner des späteren Insolvenzschuldners, der seine Leistung direkt an diesen oder – als Leistungsmittler – dadurch mittelbar erbringt, dass er auf Anweisung des Schuldners an einen Dritten leistet, kann einem Anspruch des Insolvenzverwalters ausgesetzt sein, wenn er bei seiner direkten oder mittelbaren Leistungserbringung kollusiv mit dem Insolvenzschuldner zur Schädigung von dessen Gläubigern zusammenwirkt. Da der Schuldner keine Leistung erhält, sondern im Gegenteil eine Leistung erbringt und folglich keinen wirtschaftlichen Vorteil aus der Leistungserbringung erlangt, haftet er jedoch nicht aus Insolvenzanfechtung (§ 133 InsO), sondern richtigerweise aus Delikt (insbesondere § 826 BGB). Unerheblich ist dabei, ob es sich bei dem Schuldner (als Direktleister oder Zahlungsmittler) um eine Bank im Zahlungsverkehr oder um eine sonstige Person handelt. Die vom IX. Zivilsenat des BGH eingeführte Differenzierung zwischen beiden Arten von Leistungsmittlern überzeugt nicht, weil sich sämtliche dafür vorgebrachten Differenzierungskriterien richtigerweise nicht auf Kreditinstitute als Zahlungsmittler begrenzen lassen.

---

119 BGHZ 173, 246, 260 f. = ZIP 2007, 1552, 1557 = WM 2007, 1572, 1576 (Rdn. 33) – „Trihotel"; dazu kritisch Scholz/*Bitter*, GmbHG, Band 1, 11. Aufl. 2012, § 13 Rdn. 159.

120 A.A. ohne erkennbare Begründung *Bork*, ZIP 2008, 1041, 1046.

3 Die Anfechtung unentgeltlicher Leistungen in der Insolvenz des Leistungsmittlers

Die Anfechtung unentgeltlicher Leistungen gemäß § 134 InsO, die unter dem – eher irreführenden[121] – Stichwort der „Schenkungsanfechtung“ bekannt ist, hat den IX. Zivilsenat ebenfalls nicht nur in Zweipersonenverhältnissen beschäftigt[122], sondern auch in Anweisungsfällen unter Einschaltung eines Leistungsmittlers.[123] Die Entwicklung der Rechtsprechung soll zunächst dargestellt werden (unten 3.1). Anschließend wird zu untersuchen sein, ob (auch) insoweit Anlass zur Sorge für die den Zahlungsverkehr durchführenden Kreditinstitute besteht, ob nämlich – wie eingangs dargestellt[124] – eine Empfängerbank, deren Kredit an den Kunden durch Zahlungen Dritter auf das Konto zurückgeführt wird, in der Insolvenz solcher Drittzahler der Anfechtung gemäß § 134 InsO ausgesetzt ist. Insoweit wird sich erweisen, dass sich die Sorgen der Kreditinstitute nur dann nachhaltig zerstreuen lassen, wenn ein grundsätzlicher Kurswechsel im Vergleich zur bisherigen Rechtsprechung erfolgt, der hier angemahnt wird (unten 3.2).

3.1 Die Entwicklung der Rechtsprechung

Die Entwicklung der Rechtsprechung zu § 134 InsO ist – nicht anders als jene zur Vorsatzanfechtung des § 133 InsO (oben 2.1) – von einer Tendenz zur Ausweitung der Anfechtungsmöglichkeiten geprägt. Insbesondere in Anweisungsfällen sind Leistungsempfänger einer sehr weit reichenden – wie zu zeigen sein wird: zu weit reichenden – Anfechtungsgefahr ausgesetzt, die bei konsequenter Fortsetzung der bisherigen Rechtsprechung den Geschäftsverkehr ernsthaft zu bedrohen in der Lage ist.

---

121 Der Begriff der „Schenkungsanfechtung“ ist zu eng und wird folglich von der Insolvenzordnung vermieden; vgl. *Kayser*, WM 2007, 1, 3.

122 Dazu umfassend, insbesondere im Hinblick auf den Phoenix-Fall *Heim*, Schenkungsanfechtung bei Auszahlungen im verdeckten Schneeballsystem: Eine Untersuchung anhand des Falles der Phoenix Kapitaldienst GmbH, 2011, S. 43 ff., 99 ff.

123 Überblick bei *Kayser*, WM 2007, 1 ff.

124 Siehe oben 1.2.

3.1.1 Das BGH-Urteil v. 3.3.2005 – IX ZR 441/00, BGHZ 162, 276

Ausgangspunkt der jüngeren Rechtsprechung zur Anfechtung unentgeltlicher Leistungen im Mehrpersonenverhältnis ist die Entscheidung BGHZ 162, 276 aus dem Jahr 2005. Der Sachverhalt jenes Urteils ereignete sich im Rahmen eines Unternehmensverbundes mit mehreren Konzerngesellschaften. Zur Abwicklung des Zahlungsverkehrs bestand dort die Praxis, dass fällige Verbindlichkeiten im Rahmen eines sog. „Cash-Pools" jeweils von dem Unternehmen beglichen wurden, das gerade über die erforderliche Liquidität verfügte. Entsprechend dieser Abrede entrichtete die G-GmbH, die spätere Insolvenzschuldnerin, die gegenüber ihrer Schwestergesellschaft, der L-GmbH, fälligen Sozialversicherungsbeiträge an die spätere Beklagte. Später wurde die zahlende G-GmbH insolvent und der Insolvenzverwalter focht die Zahlung als unentgeltliche Leistung mit der Begründung an, die Beklagte habe dafür keine Gegenleistung erbracht.

Der BGH gab dem Insolvenzverwalter Recht. Bei der Anfechtung unentgeltlicher Leistungen sei zwischen Zwei- und Dreipersonenverhältnissen zu unterscheiden.[125] Bei Einschaltung dritter Personen komme es nicht entscheidend darauf an, ob der spätere Insolvenzschuldner eine Gegenleistung für seine Verfügung erhalten habe; maßgeblich sei vielmehr, ob der Empfänger seinerseits eine Gegenleistung zu erbringen hatte. Dies entspreche der in § 134 InsO zum Ausdruck kommenden Wertung, dass der Empfänger einer Leistung dann einen geringeren Schutz verdient, wenn er keine ausgleichende Gegenleistung zu erbringen hat. Die Gegenleistung des Empfängers, dessen gegen einen Dritten gerichtete Forderung bezahlt wird, liege in der Regel darin, dass er mit der Leistung, die er gemäß § 267 Abs. 2 BGB nur bei Widerspruch seines Schuldners ablehnen kann, eine werthaltige Forderung gegen seinen Schuldner verliert. Grundsätzlich sei deshalb nicht der Leistungsempfänger, sondern dessen Schuldner der richtige Beklagte für eine Anfechtung wegen unentgeltlicher Zuwendung.[126]

Das gelte indessen nicht, wenn **die Forderung des Zuwendungsempfängers gegenüber seinem Schuldner wertlos war**. Dann nämlich habe der Empfänger durch das Erlöschen der Forderung wirtschaftlich nichts verloren, was als Gegenleistung angesehen werden könne. In solchen Fällen sei die Leistung auf eine fremde Schuld als unentgeltliche Verfügung anfechtbar, wobei der IX. Zivil-

---

125 BGHZ 162, 276, 279 f. = WM 2005, 853, 854 = ZIP 2005, 767 f. (juris-Rdn. 13); siehe auch die Darstellung der Rechtsprechung bei *Kayser*, WM 2007, 1 ff.; zur differenzierten Betrachtung von Tilgungsleistungen auf eigene und fremde Schuld auch *Wittig*, NZI 2005, 606 ff.

126 BGHZ 162, 276, 279 f. = WM 2005, 853, 854 = ZIP 2005, 767, 768 (juris-Rdn. 13).

senat des BGH insbesondere auf die frühere Entscheidung des VIII. Zivilsenats in BGHZ 41, 298, 302 verweist.[127]

Eine Kenntnis des Leistungsempfängers von der Wertlosigkeit seiner Forderung sei dabei nicht ausschlaggebend, weil der anfechtungsrechtliche Begriff der unentgeltlichen Verfügung wegen der Belange des Gläubigerschutzes weit auszulegen sei und eine Einigung über die Unentgeltlichkeit als solche nicht voraussetze.[128]

Ob der Leistungsempfänger im Valutaverhältnis seinem Schuldner zu einem früheren Zeitpunkt eine Leistung erbracht habe, sei für die Anfechtung nach § 134 InsO ohne Bedeutung.[129] Für die Beurteilung der Frage, ob der Leistungsempfänger eine werthaltige Gegenleistung erbringe, sei nur der Zeitpunkt der Vollendung des Rechtserwerbs maßgeblich; habe der Leistungsempfänger seine eigene vertragliche Leistung bereits erbracht, könne eine ausgleichende Gegenleistung nur nach dem Wert seiner bestehenden, aber noch nicht beglichenen Forderung bemessen werden. Sei diese im Zeitpunkt der Zahlung des Leistungsmittlers nicht (mehr) werthaltig, liege eine unentgeltliche Zuwendung vor.[130]

Im Ergebnis ist daher eine Leistung auf fremde Schuld immer dann gemäß § 134 InsO anfechtbar, wenn der Leistungsempfänger seine Gegenleistung bereits zuvor erbracht hatte und der getilgte Anspruch nicht mehr werthaltig[131] war.

3.1.2 Das BGH-Urteil v. 16.11.2007 – IX ZR 194/04, BGHZ 174, 228

Schon im Jahr 2007 sah sich der IX. Zivilsenat des BGH erneut mit einem ähnlichen Fall konfrontiert, der unter dem Stichwort „Krieg der Insolvenzverwalter" in die Literatur Eingang gefunden hat.[132] Wieder ging es um eine Unternehmensgruppe, die sog. „Bautzener Gruppe", in der eine Konzerngesellschaft die Schuld der anderen gegenüber einem Sozialversicherungsträger erfüllt hatte. Im Unterschied zu dem 2005 entschiedenen Fall waren aber nun beide Konzerngesellschaften insolvent und in der Folge nahmen beide Insolvenzverwalter das Recht der Anfechtung gegenüber dem Sozialversicherungsträger als Empfänger der Leistung für sich in Anspruch. Der Insolvenzverwalter des zahlenden Leistungs-

---

127 BGHZ 162, 276, 280 = WM 2005, 853, 854 = ZIP 2005, 767, 768 (juris-Rdn. 14).
128 BGHZ 162, 276, 280 f. = WM 2005, 853, 854 = ZIP 2005, 767, 768 (juris-Rdn. 14).
129 BGHZ 162, 276, 281 = WM 2005, 853, 854 f. = ZIP 2005, 767, 768 (juris-Rdn. 15).
130 BGHZ 162, 276, 281 f. = WM 2005, 853, 855 = ZIP 2005, 767, 768 (juris-Rdn. 17).
131 Zur Präzisierung der fehlenden Werthaltigkeit siehe unten bei Fn. 142.
132 So *M. Huber*, NZI 2008, 149.

mittlers ging auf der Basis der Vorentscheidung BGHZ 162, 276 aus § 134 InsO gegen den Sozialversicherungsträger vor, während der Insolvenzverwalter der (eigentlichen) Schuldnerin im Hinblick auf sein Recht zur Deckungsanfechtung als Streithelfer des Sozialversicherungsträgers intervenierte.

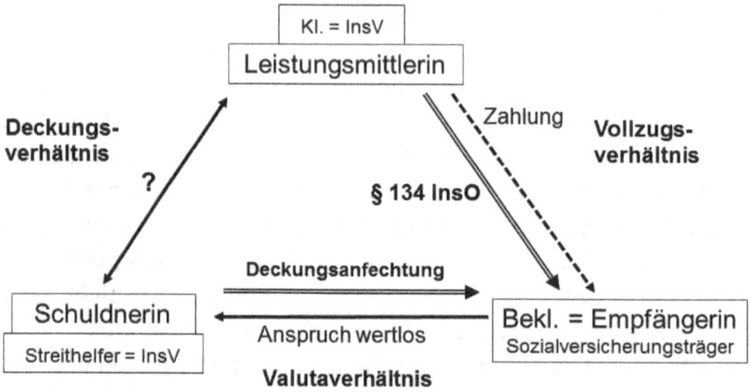

Grafik 5

Der IX. Zivilsenat des BGH hielt die Deckungsanfechtung im Valutaverhältnis für möglich, weil die Schuldnerin ihre Leistung als mittelbare Zuwendung über die Leistungsmittlerin an die Empfängerin erbracht habe: Von einer anfechtbaren mittelbaren Zuwendung sei insbesondere dann auszugehen, wenn der Schuldner einen Drittschuldner anweise, die von diesem geschuldete Leistung nicht ihm, sondern einem Gläubiger des Schuldners zu erbringen. Für die Anfechtbarkeit reiche in diesem Fall aus, dass der Gegenwert für das, was über die Mittelsperson an den Gläubiger gelangt ist, aus dem Vermögen des Leistenden stamme. Mittelbare Zuwendungen seien im Ergebnis so zu behandeln, als habe der Angewiesene an den Anweisenden geleistet und dieser sodann seinen Gläubiger befriedigt.[133] Darin zeigt sich (erneut) die bereits im Zusammenhang mit der Vorsatzanfechtung aufgezeigte Parallele zu den bereicherungsrechtlichen Zuordnungskriterien.

Da der IX. Zivilsenat jedoch in dem vorangegangenen Urteil BGHZ 162, 276 im Vollzugsverhältnis die – nicht den bereicherungsrechtlichen Leistungsbeziehungen folgende – Anfechtung aus § 134 InsO für möglich erachtet hatte, musste er nun über das Verhältnis beider Anfechtungsansprüche befinden.[134] Seine der

---

133 BGHZ 174, 228, 236 f. = WM 2008, 173, 176 = ZIP 2008, 125, 128 (Rdn. 25).
134 BGHZ 174, 228, 238 ff. = WM 2008, 173, 177 = ZIP 2008, 125, 128 ff. (Rdn. 29 ff., insbes. Rdn. 34 ff.).

Deckungsanfechtung im Valutaverhältnis den Vorrang gewährende Antwort ergibt sich aus dem ersten Leitsatz der Entscheidung:

> „Veranlasst ein Schuldner einen Drittschuldner, seine Leistung nicht an ihn, sondern an einen seiner Gläubiger zu erbringen, oder überträgt der Schuldner die zur Erfüllung seiner Verbindlichkeit erforderlichen Mittel in das Vermögen des Dritten, der sodann die Verbindlichkeit erfüllt, und fechten, nachdem sowohl der Schuldner als auch der Dritte in die Insolvenz geraten sind, die Insolvenzverwalter beider – jeder für sich mit Recht – die Erfüllungshandlung an, schließt die auf die mittelbare Zuwendung gestützte Deckungsanfechtung durch den Insolvenzverwalter des Schuldners eine Schenkungsanfechtung durch den Insolvenzverwalter des Dritten aus."

Nach Ansicht des IX. Zivilsenats des BGH genügt dabei zur Verdrängung der sog. Schenkungsanfechtung im Vollzugsverhältnis allerdings nicht allein die *Möglichkeit* einer Deckungsanfechtung im Valutaverhältnis. Es müsse vielmehr auch tatsächlich im Valutaverhältnis rechtzeitig angefochten worden sein.[135] Da der Senat zudem von dem aus § 134 InsO in Anspruch genommenen Anfechtungsbeklagten verlangt, dass er die Voraussetzungen des konkurrierenden Anfechtungsanspruchs darlegt und beweist[136], können sich aus dieser Rechtsprechung kuriose Prozessverhältnisse ergeben[137], wenn der Anfechtungsgegner einerseits die Möglichkeit der Deckungsanfechtung im Valutaverhältnis bestreiten will, er jedoch andererseits zur Abwehr der Anfechtung aus § 134 InsO im Vollzugsverhältnis darzulegen und zu beweisen sucht, dass exakt jener von ihm gegenüber dem anderen Insolvenzverwalter bestrittene Anspruch aus Deckungsanfechtung besteht. Eine einfache und für die Praxis leicht nachvollziehbare Rechtslage hat der IX. Zivilsenat damit sicher nicht geschaffen.[138]

3.1.3 Präzisierung der Rechtsprechung in Folgeentscheidungen

Die in BGHZ 162, 276 und BGHZ 174, 228 entwickelte Linie hat der IX. Zivilsenat anschließend beibehalten und nur noch geringfügig in diversen Folgeentschei-

135 BGHZ 174, 228, 243 = WM 2008, 173, 178 = ZIP 2008, 125, 130 (Rdn. 46).

136 BGHZ 174, 228, 243 = WM 2008, 173, 178 = ZIP 2008, 125, 130 (Leitsatz 3 und Rdn. 49).

137 Siehe auch *Thole*, KTS 2011, 219, 231, der gar von „absurden Prozesskonstellationen" spricht.

138 Vgl. die m.E. im Kern berechtigte, wenn auch scharf formulierte Kritik bei *Bork*, ZIP 2008, 1041, 1048: „Das ist nur noch schwer nachvollziehbar, jedenfalls hochkomplex und für den normalen Insolvenzverwalter nur noch mit äußerster Anstrengung handhabbar."; *M. Huber*, NZI 2008, 149, 151 spricht von dem „kompliziertesten aller bislang bekannten insolvenzrechtlich bestimmten Dreiecksverhältnisse"; siehe auch noch unten bei Fn. 188.

dungen präzisiert, von denen zwei besonders erwähnt seien, weil auf sie später noch zurückzukommen sein wird[139]:

In einem Urteil aus dem Jahr 2008 hat der IX. Zivilsenat des BGH klargestellt, dass eine Leistung, die der spätere Insolvenzschuldner zur Tilgung einer Forderung des Leistungsempfängers gegen einen Dritten erbringt, nicht unentgeltlich ist, soweit **der Empfänger (erst) anschließend die von ihm geschuldete ausgleichende Gegenleistung an den Dritten erbringt.**[140] Im Grunde ergab sich diese Aussage aber schon im Umkehrschluss aus BGHZ 162, 276, 281, weil der Senat dort – wie oben dargelegt – die fehlende Gegenleistung des Leistungsempfängers genau daraus hergeleitet hatte, dass er seine eigene vertragliche Leistung bereits vorher erbracht hatte und sich deshalb eine ausgleichende Gegenleistung nur nach dem Wert seiner bestehenden, aber noch nicht beglichenen Forderung richten könne.[141]

In einer Entscheidung aus dem Jahr 2009 hat der Senat sodann die Frage präzisiert, wann eine **Forderung wertlos** ist und folglich ihr Erlöschen nicht als Gegenleistung in Betracht kommt. Er hat sich insoweit auf die **Insolvenzreife des Schuldners** festgelegt, woraus sich der erste Leitsatz jenes Urteils ableitet, der die bisherige Rechtsprechungslinie des BGH auf den Punkt bringt:

> „Eine Drittzahlung ist unentgeltlich, wenn der Schuldner des Leistungsempfängers im Zeitpunkt der Bewirkung der Leistung insolvenzreif war.“[142]

Den Einwand des Berufungsgerichts, des Landgerichts Weiden, die lange Anfechtungsfrist des § 134 InsO werde bei solchen Drittzahlungen durch die nach der Insolvenz des Schuldners zu berechnenden Fristen der §§ 130, 131 InsO verdrängt, um dem Empfänger gegenüber dem Zuwendenden den gleichen Schutz wie gegenüber seinem Schuldner zuteilwerden zu lassen[143], lässt der BGH dabei nicht gelten. Vielmehr hält er im zweiten Leitsatz unmissverständlich fest:

---

139 Siehe neben den beiden nachfolgend im Text angeführten Urteilen auch noch die Entscheidungen BGH ZIP 2010, 36 = WM 2010, 129; BGH ZIP 2010, 1402 = WM 2010, 1421, auf die hier nicht eingegangen wird.

140 BGH ZIP 2008, 1385 = WM 2008, 1459.

141 Siehe oben bei Fn. 130.

142 BGH ZIP 2009, 2303 = WM 2009, 2283; kritisch zur Gleichsetzung von Insolvenzreife und Wertlosigkeit *Thole*, KTS 2011, 219, 231; a.A. auch *Wittig*, NZI 2005, 606, 608: Wertlosigkeit nur, wenn der Schuldner „praktisch vermögenslos, jedenfalls aber in ganz erheblichem Maße überschuldet war“.

143 Siehe die Darstellung der landgerichtlichen Erwägungen in BGH ZIP 2009, 2303, 2304 = WM 2009, 2283 (Rdn. 5); für eine (negative) Sperrwirkung der Deckungsanfechtung gegenüber der Schenkungsanfechtung auch *Jungclaus*, NZI 2008, 535, 536 f.; dazu unten bei Fn. 167.

> „**Auch im Fall einer Drittzahlung** des späteren Insolvenzschuldners auf eine nicht durchsetzbare Forderung des Leistungsempfängers **gilt die vierjährige Anfechtungsfrist.**“ [144]

Die geringe Bestandskraft unentgeltlichen Erwerbs rechtfertige es, den Anfechtungszeitraum im Vergleich zu den kürzeren Fristen der §§ 130 bis 132 InsO im Rahmen des § 134 InsO auf vier Jahre zu erstrecken.[145] Und bei mehreren Anfechtungsansprüchen sei jeder getrennt auf seine Begründetheit und Durchsetzbarkeit zu prüfen.[146]

3.2 Bedeutung der Rechtsprechung zu § 134 InsO für den Zahlungsverkehr

Bislang ist wenig diskutiert worden, ob die aufgezeigte Rechtsprechung zur Anwendung des § 134 InsO in Anweisungsfällen auch für die Praxis der Kreditinstitute bei der Durchführung des Zahlungsverkehrs von Bedeutung ist.[147] Einzugehen ist insoweit auf die oben unter Ziff. 1.2 in Grafik Nr. 4 vorgestellte Konstellation, in der auf einem debitorischen Bankkonto eines Kunden Zahlungen von Dritten eingehen und hierdurch der Kredit zurückgeführt wird. Da der Bankkunde seine Schuldner anweist, ihre Verbindlichkeiten durch Zahlung auf sein Bankkonto zu tilgen, könnte darin eine Drittzahlung jener Schuldner des Bankkunden an die kreditgewährende Bank liegen, die sodann in einer späteren Insolvenz des Zahlers gemäß § 134 InsO anfechtbar wäre, wenn der Kreditrückzahlungsanspruch der Bank gegen ihren Kunden wegen dessen Insolvenzreife zum Zeitpunkt des Zahlungseingangs wertlos war.

3.2.1 Die Ansicht von Wittig

Wittig[148] hat hierzu die Ansicht vertreten, die Rechtsprechung zur Insolvenzanfechtung nach § 134 InsO bei Leistungen Dritter gemäß § 267 BGB sei nicht auf die Verhältnisse im Zahlungsverkehr übertragbar. Die Zahlung auf ein Konto des Darlehensnehmers bei seinem Kreditinstitut sei im Rechtssinne keine Zahlung an

---

144 BGH ZIP 2009, 2303 = WM 2009, 2283; Hervorhebung durch den *Verfasser*.

145 BGH ZIP 2009, 2303, 2304 = WM 2009, 2283, 2284 (Rdn. 11) mit Hinweis auf BT-Drucks. 12/2443, S. 161.

146 BGH ZIP 2009, 2303, 2304 = WM 2009, 2283, 2284 (Rdn. 11).

147 Siehe aber die Überlegungen bei *Wittig*, NZI 2005, 606, 609; *Jungclaus*, NZI 2008, 535, 537.

148 *Wittig*, NZI 2005, 606, 609.

das Kreditinstitut; das Kreditinstitut sei nicht Empfänger einer Leistung des Zahlenden. Vielmehr handele es sich bei einer Kontozahlung – durch Bareinzahlung oder bargeldlos durch Überweisung, Lastschrifteinzug etc. – um eine Zahlung des Leistenden an den Kontoinhaber, bei der das kontoführende Kreditinstitut lediglich als Zahlstelle des Kontoinhabers fungiere. Sodann leiste der Kontoinhaber – zum Zeitpunkt des quartalsweisen Saldoabschlusses im Kontokorrent – an das Kreditinstitut. Es erfolgten also „zwei unabhängige Leistungen."

Nach Ansicht von *Wittig* gilt dies auch, wenn die Zahlungen auf das Konto des Darlehensnehmers im Rahmen eines Cash-Pools von verbundenen Unternehmen geleistet worden sind. Die oben näher dargestellte Entscheidung BGHZ 162, 276 stehe dem nicht entgegen. Bei einem echten Cash-Pool seien nämlich die einzelnen Überträge zu Gunsten des Zielkontos oder des debitorischen Kontos einer Konzerngesellschaft rechtlich Zahlungen des Kontoinhabers des Ursprungskontos an das betreffende verbundene Unternehmen und das Kreditinstitut fungiere auch in diesem Fall nur als Zahlstelle für den Inhaber des Kontos, dem die Zahlung gutgeschrieben wird.[149]

3.2.2 Würdigung

So sehr ich den Überlegungen von *Wittig* im Ergebnis zustimmen mag, habe ich doch Zweifel, ob mit den von ihm angeführten Argumenten eine Abgrenzung des Zahlungsverkehrs gegenüber den vom BGH entschiedenen Fällen gelingen kann. Wittig stellt maßgeblich darauf ab, dass es sich um „zwei unabhängige Leistungen" handele, einmal des Zahlers an den letztlich die bargeldlose Zahlung empfangenden Kontoinhaber und sodann jenes Kontoinhabers an sein kontoführendes Institut. Er greift damit die (bereicherungsrechtlichen) Leistungsbeziehungen auf[150], die – wie dargelegt – in der Tat „übers Dreieck" laufen. Weist der Zahlungsempfänger seinen Schuldner an, auf sein Konto bei einem Kreditinstitut zu zahlen, dann leistet der Schuldner als Zahler an den Kontoinhaber als Zahlungsempfänger und der Kontoinhaber als Anweisender an die Empfängerbank.

Die Problematik der Rechtsprechung zur Anwendung des § 134 InsO in Mehrpersonenverhältnissen liegt aber nun gerade darin, dass sie von den Leistungsbeziehungen (im bereicherungsrechtlichen Sinne) abstrahiert und stattdessen auf die *faktische* Zuwendung im Vollzugsverhältnis abstellt (siehe oben unter

---

149 *Wittig*, NZI 2005, 606, 609.
150 Deutlich *Wittig*, NZI 2005, 606, 608 bei Fn. 23.

Ziff. 1.1 die Grafik Nr. 2).[151] Und das Vollzugsverhältnis liegt bezogen auf den seine Schuldner zur Zahlung anweisenden Kontoinhaber im Verhältnis zwischen Zahler (bzw. seiner Bank) und der Empfängerbank (siehe oben Ziff. 1.2 die Grafik Nr. 4). Es kommt zu einem buchungstechnischen Zufluss beim Kreditinstitut des Empfängers von Seiten des Zahlers über die Zahlerbank und ggf. weitere Zwischenbanken. Stellt man folglich nicht auf die Leistungsbeziehungen, sondern auf jene faktischen Zuflüsse außerhalb der Leistungsbeziehungen ab, wie dies die Rechtsprechung im Rahmen des § 134 InsO tut, dann lässt sich kaum ein Argument finden, warum jene Rechtsprechung nicht auch im Zahlungsverkehr zur Anwendung kommen sollte. Der rein begriffliche Hinweis auf die Zahlstellenfunktion kann insoweit nicht ausreichen.

Allenfalls ließe sich darüber nachdenken, ob die Anfechtbarkeit gemäß § 134 InsO entfällt, wenn das Kreditinstitut den Kunden nach der Rückzahlung erneut über den Kontokorrentkredit verfügen lässt. Entweder kann man darin die „anschließende ausgleichende Gegenleistung" der Empfängerin im Sinne des klarstellenden Urteils aus dem Jahr 2008 sehen[152], oder man stellt auf eine Entreicherung ab, die (nur) bei der Insolvenzanfechtung gemäß § 134 InsO entlastend wirken kann (vgl. § 143 Abs. 2 InsO).[153]

3.3 Grundsatzkritik an der Rechtsprechung zu § 134 InsO

Die Problematik der Rechtsprechung zur Anwendung des § 134 InsO im anweisungsrechtlichen Dreieck liegt m.E. viel tiefer, als es der Differenzierungsversuch von *Wittig* vermuten lässt. Sie soll deshalb nachfolgend einer Grundsatzkritik unterzogen werden. Nur eine echte Kurskorrektur kann die wenig sachgerechten Ergebnisse vermeiden, die jene Rechtsprechung schon jetzt hervorgebracht hat und noch hervorzubringen droht.

---

151 Dazu auch *Jungclaus*, NZI 2008, 535: „Durchbrechung des grundsätzlichen Gleichlaufs von Anfechtungs- und Bereicherungsrecht"; ferner *Wiester/Kranz*, NZI 2012, 541, 542 ff.: Trennung zwischen „Leistungen im juristischen Sinne" und „faktischen Zuwendungen", die bereicherungsrechtlich als Vermögensverschiebung „in sonstiger Weise" erfasst werden.

152 Dazu oben Fn. 140.

153 Ausführlich zu § 143 Abs. 2 InsO *Heim* (Fn. 122), S. 245 ff.

3.3.1 Fehlinterpretation von BGHZ 41, 298 in BGHZ 162, 276

Zunächst einmal lässt sich feststellen, dass die Rechtsprechung zur Anwendung des § 134 InsO in Mehrpersonenverhältnissen eine – wohl unbewusste – Ausweitung dadurch erfahren hat, dass der IX. Zivilsenat (spätestens[154]) in BGHZ 162, 276 die von ihm herangezogene ältere Entscheidung BGHZ 41, 298 fehlinterpretiert.[155] Auch in dem Sachverhalt, der jener Entscheidung zugrunde lag, ging es – jedenfalls wirtschaftlich[156] – um die Tilgung einer fremden Schuld durch ein Schwesterunternehmen. Die **Feststellung einer Unentgeltlichkeit sollte** nach der damaligen Entscheidung des VIII. Zivilsenats des BGH jedoch **von der Erfüllung eines doppelten Tatbestands abhängen**, von dem der IX. Zivilsenat in BGHZ 162, 276 nur die zweite Hälfte übernimmt: Der VIII. Zivilsenat prüfte in einem ersten Schritt, ob der die Tilgungsleistung faktisch erbringende Insolvenzschuldner „(dem Schuldner, dem Gläubiger oder einem anderen gegenüber) verpflichtet ist. Denn dann tilgt er mit der fremden Schuld zugleich eine eigene."[157] Erst nachdem er im konkreten Fall festgestellt hatte, dass keine solche Verpflichtung bestand, ging der VIII. Zivilsenat im zweiten Schritt darauf ein, ob sich die Entgeltlichkeit aber daraus ergeben könne, dass der Zahlungsempfänger durch die Erfüllung eine (werthaltige) Forderung gegen seinen Schuldner verliert.[158]
Indem der IX. Zivilsenat des BGH – bewusst oder unbewusst – in BGHZ 162, 276 nur diesen zweiten Teil der Prüfung übernahm, dehnte er die Anwendung des § 134 InsO deutlich aus. Nach der älteren Entscheidung wäre nämlich die Anfechtung wegen unentgeltlicher Leistung in all jenen Fällen von vorneherein nicht möglich gewesen, in denen der Leistungsmittler im Deckungsverhältnis einer eigenen Verpflichtung unterlag[159], wie es in Anweisungskonstellationen zumeist der Fall sein wird. Auch für die in dieser Abhandlung in den Blick genommene

---

154 Siehe zuvor auch schon das Urteil des VIII. Zivilsenats v. 15.12.1982 – VIII ZR 264/81, NJW 1983, 1679 = ZIP 1983, 32 = WM 1983, 62, wo unter Ziff. I. 2. a) der Gründe (juris-Rdn. 10) mit Hinweis auf BGHZ 41, 298, 302 ebenfalls nur der Verlust einer wertlosen Forderung geprüft, allerdings im konkreten Fall verneint wird, und später unter Ziff. II. 2. a) der Gründe (juris-Rdn. 17) in Bezug auf eine Sicherheitenbestellung mit erneutem Hinweis auf BGHZ 41, 298, 302 ebenfalls nur verkürzend auf den Verlust einer wertlosen Forderung abgestellt, sodann aber immerhin noch geprüft wird, ob die gewährte Sicherheit vom Dritten oder Schuldner geschuldet war; vgl. zu diesem Urteil auch *Wiester/Kranz*, NZI 2012, 541, 545.

155 Zutreffend *Wazlawik*, NZI 2010, 881, 885; siehe dazu auch *Wiester/Kranz*, NZI 2012, 541, 545.

156 Siehe BGHZ 41, 298, 300 = WM 1964, 590 unter Ziff. 1. der Gründe (juris-Rdn. 13).

157 BGHZ 41, 298, 300 = WM 1964, 590 unter Ziff. 2. a) der Gründe (juris-Rdn. 15).

158 BGHZ 41, 298, 301 f. = WM 1964, 590 f. unter Ziff. 3. der Gründe (juris-Rdn. 19 f.).

159 Auf die Bedeutung des Deckungsverhältnisses hinweisend auch *Wazlawik*, NZI 2010, 881, 885.

Konstellation, in der die Schuldner eines Kontoinhabers auf dessen im Debet geführtes Girokonto zahlen, würden wir nicht einmal im Ansatz über die Anwendung des § 134 InsO nachdenken müssen, eben weil jene Schuldner dem Kontoinhaber gegenüber zur Zahlung verpflichtet sind.

3.3.2 Widersprüche beim Abstellen auf faktische Zuwendungen (Zahlungsflüsse)

Selbst wenn man aber die im Vergleich zur Entscheidung BGHZ 41, 298 (deutlich) ausgeweitete Rechtsprechung des IX. Zivilsenats einmal für sich betrachtet, zeigt sich rasch ihre Widersprüchlichkeit: Einerseits will der Senat im Rahmen des § 134 InsO nicht auf die (bereicherungsrechtlichen) Leistungsbeziehungen abstellen, die nur für die Deckungsanfechtung relevant sein sollen, sondern stattdessen auf die *faktische Zuwendung* im Vollzugsverhältnis. Gleichzeitig hält er diese Linie aber gar nicht konsequent durch. In den beiden Entscheidungen BGHZ 162, 276 und BGHZ 174, 228 erfolgte der faktische Zahlungsfluss ja gar nicht von den Schwestergesellschaften im Konzern zu dem später verklagten Sozialversicherungsträger, sondern in Wahrheit von den kontenführenden Kreditinstituten der zahlenden Schwestergesellschaften – ggf. über verschiedene Zwischenbanken – an das kontoführende Kreditinstitut des Sozialversicherungsträgers (siehe oben unter Ziff. 1.2 die Grafik Nr. 4). Damit aber offenbart sich erst die wirkliche Problematik – um nicht zu sagen: Dramatik – jener von den Leistungsbeziehungen abstrahierenden Rechtsprechung: In gleicher Weise müsste eine Anfechtung gemäß § 134 InsO auch in der Insolvenz der Zahlerbank durch deren Insolvenzverwalter möglich sein, weil auch jene Zahlerbank als Leistungsmittlerin in den Zahlungsvorgang eingeschaltet war und es folglich zu einem Vermögensabfluss von der Zahlerbank in Richtung der Empfängerbank und letztlich des Empfängers gekommen ist. *Jungclaus* hat bereits deutlich auf die Folgen hingewiesen: In der Insolvenz der Bank würde dem Insolvenzverwalter die uneingeschränkte Möglichkeit eingeräumt, rückwirkend für einen Zeitraum von vier Jahren sämtliche auf Weisung der Bankkunden getätigte Auszahlungen gegenüber den jeweiligen Empfängern anzufechten.[160]

Und dieses Anfechtungsrisiko zulasten des Zahlungsempfängers potenziert sich noch, wenn man bedenkt, dass in den Zahlungsverkehr regelmäßig mehrere Zwischenbanken eingeschaltet sind. In jeder Insolvenz einer Zwischenbank wäre die Anfechtung nach § 134 InsO möglich, weil es bei jeder die Leistung mittelnden

160 Darauf mit Recht hinweisend *Jungclaus*, NZI 2008, 535, 537.

Zwischenbank zu einem Vermögensabfluss in Richtung des Empfängers gekommen ist. Würden alle Zwischenbanken zugleich insolvent, hätte jeder Insolvenzverwalter der Banken die Möglichkeit der Anfechtung nach § 134 InsO, falls nur die befriedigte Forderung des Empfängers gegen den Schuldner wertlos war. Der BGH müsste dann nicht nur über das – ohnehin schon komplexe[161] – Verhältnis zwischen der Schenkungs- und der Deckungsanfechtung nachdenken[162], sondern auch über das Verhältnis der verschiedenen Schenkungsanfechtungen untereinander.

Abstrahiert man – mit dem BGH – von den Leistungsbeziehungen und stellt auf die faktische Zuwendung im Vollzugsverhältnis ab, stellt sich zudem die schwierige Frage, wer eigentlich der Empfänger der faktischen Zuwendung ist: Ist es in einer Leistungsmittlerkette mit mehreren Zwischenbanken nur der jeweils nächste Mittler in der Kette? Ist es die Bank des Empfängers oder ist es der letztliche Empfänger selbst?

Die voranstehenden Überlegungen und Fragen dürften hinreichend zeigen, dass man – wie schon bei der Vorsatzanfechtung[163] – auch bei der Anwendung des § 134 InsO „in Teufels Küche“ kommt, wenn man mit dem IX. Zivilsenat des BGH von den Leistungsbeziehungen abstrahiert und die faktischen Zuwendungen anfechtungsrechtlich sanktioniert.

Wenn der BGH in den Urteilen BGHZ 162, 276 und BGHZ 174, 228 nur auf die Schwestergesellschaften als Leistungsmittler und den Sozialversicherungsträger als Letztempfänger abstellt und die Banken als weitere Leistungsmittler und zwischenzeitliche Empfänger der Beträge außer Betracht lässt, wird nur das ganze Modell in sich unstimmig: Die Ausblendung der Banken lässt sich nur mit dem Argument rechtfertigen, an diese würde nicht (im bereicherungsrechtlichen Sinne) geleistet. Auf genau jene Leistungsbeziehungen soll es aber bei der Anfechtung gemäß § 134 InsO gerade nicht ankommen, weil auch die Schwestergesellschaften als faktisch die Zahlung erbringende erste Leistungsmittler des Schuldners keine Leistung (im bereicherungsrechtlichen Sinne) an den empfangenden Sozialversicherungsträger erbracht haben. Trotz vieler umstrittener Fragen in der bereicherungsrechtlichen Rückabwicklung von Mehrpersonenverhältnissen ist nämlich anerkannt, dass jedenfalls in Anweisungskonstellationen keine Leistung des Angewiesenen an den Empfänger im Vollzugsverhältnis vorliegt.[164] Die eher beliebig mal auf die Leistungsbeziehungen schauende, mal

---

161 Siehe oben Fn. 138.

162 Dazu oben Ziff. 2.1.2 nach Fn. 132.

163 Dazu oben Ziff. 2.

164 Siehe bereits oben bei Fn. 3; ausführlich Staudinger/*Lorenz* (Fn. 3), § 812 Rdn. 42 ff.

diese ausblendende Rechtsprechung zu § 134 InsO ist damit in sich widersprüchlich und folglich – wie schon die Rechtsprechung zur Anwendung des § 133 InsO gegenüber Leistungsmittlern[165] – nicht geeignet, für zukünftig in den Instanzen zu entscheidende Fälle sachgerechte Leitlinien anzubieten.

3.3.3 Unterschiedliche Anfechtungsrisiken bei Direkt- und Drittleistungen trotz fehlender Schutzmöglichkeit des Empfängers

Die Rechtsprechungslinie zur Anwendung des § 134 InsO in der Insolvenz des Leistungsmittlers kann jedoch auch deshalb nicht überzeugen, weil sich die Insolvenzrisiken für einen Leistungsempfänger bei einer Zuwendung durch Dritte im Vergleich zu einer direkten Zuwendung durch den Schuldner deutlich erhöhen, ohne dass sich der Leistungsempfänger dagegen in irgendeiner Weise schützen könnte.[166] Der Gläubiger kann nämlich die Leistung durch einen Dritten gemäß § 267 Abs. 2 BGB nur dann ablehnen, wenn der Schuldner widerspricht.

Eben deshalb ist in der Literatur gefordert worden, die Deckungsanfechtung im Valutaverhältnis müsse eine (negative) Sperrwirkung gegenüber der Schenkungsanfechtung im Vollzugsverhältnis entfalten, um eine Schlechterstellung des Zuwendungsempfängers bei der Drittzuwendung im Vergleich zu dem für das entsprechende Zweipersonenverhältnis normierten Schutzniveau zu verhindern.[167] Genau jenen Gedanken hatte das Landgericht Weiden im Blick, als es den – beim BGH erfolglosen – Versuch unternahm, wenigstens die Anfechtungsfristen im Vollzugsverhältnis denen des Valutaverhältnisses anzupassen.[168]

Die vom IX. Zivilsenat des BGH eingeschlagene Linie kann insoweit nicht überzeugen. Insbesondere *Paulus* hat mit Recht darauf hingewiesen, dass eine von den Insolvenzverwaltern geschätzte massefreundliche Anfechtungspraxis immer auch eine Kehrseite habe: die Einbuße an Rechtssicherheit im geschäftlichen Verkehr und damit der Privatautonomie; beide Faktoren hingen „voneinander ab wie der Wasserpegel in einer kommunizierenden Röhre".[169] So soll sich etwa nach der gesetzlichen Wertung des § 142 InsO ein Geschäftspartner „außerhalb der Risikozone" bewegen, wenn beide Leistungen im unmittelbaren zeitli-

165 Siehe die Kritik oben Ziff. 2.2.
166 Zutreffend *Wazlawik*, NZI 2010, 881, 885 f.; *Wiester/Kranz*, NZI 2012, 541, 543 ff.
167 *Jungclaus*, NZI 2008, 535, 536 f.
168 Dazu oben bei Fn. 143.
169 *Paulus*, in FS Gerhardt, 2004, S. 445, 451 f.

chen Zusammenhang miteinander ausgetauscht werden.[170] Diese Wertung kann nicht nur – wie schon die oben dargelegten Materialien zur Konkursordnung deutlich gemacht haben[171] – durch eine zu scharfe Vorsatzanfechtung gegen den Schuldner unterlaufen werden[172], sondern ebenso durch die an dieser Stelle diskutierte Anfechtung gemäß § 134 InsO in der Insolvenz des Leistungsmittlers.[173] Ein Geschäftspartner, der für einen Leistungsaustausch im unmittelbaren zeitlichen Zusammenhang sorgt, gerät nämlich doch wieder in die Risikozone der Anfechtung – und dies sogar für vier zurückliegende Jahre (!) –, wenn ihm die geschuldete Leistung (zufällig[174]) nicht direkt von seinem Schuldner, sondern auf dessen Anweisung durch einen Dritten zugewendet wird, obwohl er sich vor dieser Zuwendung durch den Dritten gemäß § 267 Abs. 2 BGB nicht schützen kann.

Die Dramatik der Rechtsprechung zeigt sich insbesondere bei Leistungen durch Subunternehmer, beispielsweise am Bau. Gibt ein Bauherr die Errichtung eines Gebäudes in Auftrag und leistet der Bauunternehmer – wie häufig – nicht in Person, sondern über Subunternehmer, handelt es sich dabei im Sinne der BGH-Rechtsprechung um Drittzuwendungen[175], die in der Insolvenz jener Subunternehmer der Anfechtung gemäß § 134 InsO unterliegen, wenn der Hauptunternehmer – wie in der Baubranche nicht selten – insolvenzreif ist.[176] Nur deshalb, weil der Bauunternehmer nicht in Person die Leistung erbringt, sondern über einen Dritten, wäre der Bauherr einem deutlich größeren Anfechtungsrisiko ausgesetzt, nämlich für alle Zuwendungen, die bis zu vier Jahre zurückliegen.

Diesem Szenario mag man zwar entgegenhalten, dass auf dem Bau oft erst nach der Leistungserbringung gezahlt werde und folglich nach der klarstellenden Entscheidung aus dem Jahr 2008 keine Anfechtung gemäß § 134 InsO in der

---

170 *Paulus*, ebenda, S. 453.

171 Siehe oben bei Fn. 106.

172 Darauf beziehen sich die Überlegungen von *Paulus*, a.a.O.

173 Ähnlich *Wazlawik*, NZI 2010, 881, 886.

174 Auf den Zufallsfaktor hinweisend auch *Wazlawik*, NZI 2010, 881, 885 f.; *Wiester/Kranz*, NZI 2012, 541, 544 mit dem Beispiel von „Überkreuzzahlungen".

175 Anderes würde nur gelten, wenn man die BGH-Rechtsprechung dahingehend verstehen wollte, dass sie nur bei „echten Drittzahlungen" i.S.v. § 267 BGB eingreift (vgl. dazu *Wiester/Kranz*, NZI 2012, 541, 546). Bislang ist eine solche Begrenzung jedoch nicht erfolgt, vielmehr auch in Anweisungsfällen § 134 InsO angewendet worden, woraus sich die in BGHZ 174, 228 diskutierten Probleme der Konkurrenz zwischen Deckungsanfechtung im Valutaverhältnis und Schenkungsanfechtung im Vollzugsverhältnis ergeben (dazu oben nach Fn. 132). Bei „echten Drittzahlungen" gäbe es diese Probleme nicht, weil dann der Dritte selbst leistet.

176 Siehe den oben bei Fn. 142 wiedergegebenen ersten Leitsatz des Urteils BGH ZIP 2009, 2303 = WM 2009, 2283.

Insolvenz des Leistungsmittlers möglich sei.[177] Doch kann man sich damit nicht wirklich für alle Subunternehmerfälle beruhigen. Auch auf dem Bau und insbesondere in anderen Branchen sind Vorschüsse keine Seltenheit und in all diesen Fällen wäre der Auftraggeber schutzlos, weil er gar nicht verhindern kann, dass die Leistung durch Subunternehmer erbracht wird, ja er oftmals nicht einmal weiß, wer nun auf seiner Baustelle oder dem sonstigen Ort der Leistungserbringung eine konkrete (Bau-)Leistung faktisch erbracht hat.

Die Abrede zwischen dem Hauptunternehmer und seinem Subunternehmer würde sich – bei Anwendung der vom IX. Zivilsenat des BGH entwickelten Anfechtungsgrundsätze – einem Vertrag zulasten Dritter, des Zuwendungsempfängers, annähern, weil statt der §§ 130, 131 InsO der zeitlich deutlich weiter zurückreichende und nicht von subjektiven Voraussetzungen abhängige Tatbestand des § 134 InsO zur Anwendung kommt. Da Verträge zulasten Dritter jedoch nach der Rechtsprechung des BVerfG im Hinblick auf Art. 2 Abs. 1 GG verfassungsrechtlich bedenklich sind[178] und sie zudem gegen den Grundsatz der Privatautonomie verstoßen[179], bleibt im Ergebnis nur die Feststellung: Entweder widerspricht die über 100 Jahre alte Vorschrift des § 267 Abs. 2 BGB, die den Gläubiger nur bei einem Widerspruch des Schuldners zur Ablehnung der Leistung berechtigt, der Verfassung und dem Grundsatz der Privatautonomie[180] oder die Rechtsprechung des BGH zur Anwendung des § 134 InsO ist unrichtig. Nach meiner Einschätzung liegt eher das Letztere nahe.

177 Siehe oben bei Fn. 140.

178 BVerfG 73, 261, 270 = NJW 1987, 827, 828 = WM 1987, 89, 91 unter Ziff. B. III. der Gründe (juris-Rdn. 31); siehe auch Staudinger/*Jagmann*, Neubearb. 2009, Vorbem. zu §§ 328 ff. Rdn. 44: „unüberbrückbarer Gegensatz zu dem Grundsatz der Privatautonomie und zur allgemeinen Handlungsfreiheit".

179 Dazu MünchKommBGB/*Gottwald*, Band 2, 6. Aufl. 2012, § 328 Rdn. 250; *Martens*, AcP 177 (1977), 113, 139 m.w.N.; zur Unzulässigkeit von Verträgen zu Lasten Dritter siehe – ohne dogmatische Begründung – auch BGHZ 54, 145, 147; BGHZ 58, 216, 220; BGHZ 61, 359, 361; von einer Begrenzung der Möglichkeit freier Vertragsgestaltung durch die Interessen Dritter sprechend BGHZ 58, 216, 219.

180 Gleiches würde, soweit keine (echte) Drittleistung i.S.v. § 267 BGB vorliegt, für die im BGB gegebene Möglichkeit gelten, eine Leistung auch ohne Zustimmung des Gläubigers durch Erfüllungsgehilfen (Subunternehmer) erbringen zu können.

3.3.4 Orientierung an den Leistungsbeziehungen

Ebenso wie bei der oben unter Ziff. 2 behandelten Vorsatzanfechtung lässt sich die aufgezeigte Problematik auch im Rahmen des § 134 InsO vermeiden, wenn man die (bereicherungsrechtlichen) Leistungsbeziehungen stärker in den Blick nimmt.[181] Bei einer Zuwendung auf Anweisung sind die anfechtungsrechtlichen Zuordnungskriterien – wie es der IX. Zivilsenat in BGHZ 142, 284, 287[182] selbst noch richtig gesehen hat – an jenen bereicherungsrechtlichen Grundsätzen zu orientieren. Für die Entwicklung dieser Grundsätze war nämlich insbesondere auch eine sachgerechte Verteilung der Insolvenzrisiken maßgeblich[183]: Jeder soll nur das Risiko der Insolvenz seines Vertragspartner tragen, nicht aber das Insolvenzrisiko Dritter, mit denen er nicht kontrahiert hat.[184] Genau das geschähe aber, wenn der Zuwendungsempfänger dem Insolvenzrisiko des Leistungsmittlers ausgesetzt würde und dies auch noch in gesteigerter Weise, weil er bei einer Direktleistung seines Schuldners nur für drei Monate die Insolvenzanfechtung gemäß §§ 130, 131 InsO zu fürchten hätte, während er bei einer Zuwendung des Leistungsmittlers für vier Jahre dem Risiko der Rückforderung aus § 134 InsO ausgesetzt wäre. Richtigerweise ist unter Heranziehung der Wertungen aus dem Bereicherungsrecht die Insolvenzanfechtung im Vollzugsverhältnis grundsätzlich ausgeschlossen.[185] Wo es keine Vermögensverschiebung gibt – im Vollzugs-

---

181 Wie hier auch *Prütting*, KTS 2005, 253, 259; *Wittig*, NZI 2005, 606, 608; ähnlich *Henckel*, ZIP 2004, 1671, 1674; allgemein für die vergleichbare Rechtslage in Österreich *Koziol*, JBl 1985, 586, 588 ff. (insbes. S. 589: „Auch im Anfechtungsrecht muss ... dem leider häufig anzutreffenden Bestreben entgegengewirkt werden, Sondergebiete ohne Rücksicht auf die allgemeinen Grundsätze des Privatrechts auszugestalten und dadurch ungerechtfertigte, die Einheit der Rechtsordnung zerstörende Wertungswidersprüche heraufzubeschwören"); a.A. *Thole*, KTS 2011, 219, 229 (Harmonisierung „keineswegs zwingend"), der aber in Anweisungsfällen gleichwohl zu dem auch hier vertretenen Ergebnis gelangt (unten Fn. 187); gegen die Übertragbarkeit der bereicherungsrechtlichen Grundsätze ins Anfechtungsrecht auch *Neyses* (Fn. 1), S. 70 ff.

182 BGHZ 142, 284, 287 = ZIP 1999, 1764, 1765 = WM 1999, 2179, 2180 unter Ziff. II. 2. a) der Gründe (juris-Rdn. 14).

183 Siehe schon oben bei Fn. 90.

184 Dazu MünchKommBGB/*Schwab* (Fn. 3), § 812 Rdn. 54 f.; siehe auch Staudinger/*Martinek*, Eckpfeiler des Zivilrechts, Neubearb. 2012, Kapitel S, Rdn. 17: „Wahrung der relativen Einwendungs- und Insolvenzrisiken".

185 A.A. *Thole*, KTS 2011, 219, 228 f. mit dem Argument, der Gläubiger müsse – zur Verhinderung der Wertlosigkeit seiner getilgten Forderung – nur Vorsorge gegen den Eintritt der Vermögenslosigkeit seines Schuldners treffen und damit das Insolvenzrisiko auf diesen Schuldner konzentrieren. Das überzeugt für die Praxis kaum, weil sich der Gläubiger dann auch bei einem Leistungsaustausch, der innerhalb kurzer Zeit erfolgt, stets aufwändig eine Sicherheit bestellen lassen muss. Oder er müsste sich *nach* der Erfüllung seines Anspruchs durch die Drittleistung

verhältnis –, da kann auch im Wege der Insolvenzanfechtung nichts rückgängig gemacht werden.[186]

Auch die Rechtsprechung zur Anwendung des § 134 InsO im Mehrpersonenverhältnis bedarf folglich einer grundsätzlichen Korrektur[187], will man nicht das fein austarierte Gefüge der Anfechtungstatbestände aus den Angeln heben und damit den Rechtsverkehr und die Privatautonomie in allzu starker Weise einschränken. Der Abschied von der Anfechtung wegen unentgeltlicher Leistung im Vollzugsverhältnis hat zudem den Vorteil größerer Rechtsklarheit, weil sich die in BGHZ 174, 228 zum Ausdruck gekommenen, letztlich für die Praxis viel zu komplexen Probleme der Konkurrenz mit der Deckungsanfechtung im Valutaverhältnis[188] dann ebenso wenig ergeben wie die aufgezeigte Problematik bei Leistungsmittlerketten, bei denen sich das Anfechtungsrisiko und das Konkurrenzproblem auf der Basis der BGH-Rechtsprechung potenziert.[189]

3.4 Zwischenergebnis zur Anfechtung unentgeltlicher Leistungen in der Insolvenz des Leistungsmittlers

Die BGH-Rechtsprechung zur Anfechtung unentgeltlicher Leistungen in der Insolvenz des Leistungsmittlers stellt auch für die Kreditinstitute im Zahlungsverkehr eine Gefahr dar, weil die Anfechtung gemäß § 134 InsO in der Sichtweise des

---

von seinem vormaligen Schuldner eine Sicherheit für den Fall gewähren lassen, dass der Dritte innerhalb der nächsten vier Jahre insolvent wird und sich dann das Risiko aus § 134 InsO realisiert. Letzteres dürfte faktisch nicht durchsetzbar sein.

186 Anderes gilt, wenn man dem Konzept von *Wiester/Kranz*, NZI 2012, 541, 545 f., folgend nur in Fällen der „echten Drittleistung" i.S.v. § 267 BGB die Anfechtung gemäß § 134 InsO befürwortet. Leistet der Dritte auch im bereicherungsrechtlichen Sinne selbst (vgl. Fn. 175), dann gibt es auch eine Vermögensverschiebung zwischen ihm und dem Empfänger. Für Anweisungsfälle gilt dies jedoch nicht.

187 In der Zielrichtung ebenso, jedoch mit unterschiedlicher Begründung *Henckel*, ZIP 2004, 1671, 1674; *Prütting*, KTS 2005, 253, 256 ff.; *Spahlinger/Maske*, BB 2008, 414; *Wazlawik*, NZI 2010, 881, 885 ff.; KPB/*Brinkmann* (Fn. 1), Anh. I zu § 145 Rdn. 62 ff.; *Thole*, KTS 2011, 219, 232 (Ausklammerung der Anweisungsfälle) m.w.N. zu kritischen Stimmen S. 226 in Fn. 31; siehe auch *Wiester/Kranz*, NZI 2012, 541 ff., die der Rechtsprechung jedoch im Ergebnis in Bezug auf einzelne Sachverhalte zustimmen (S. 545).

188 Siehe auch die in Fn. 138 zitierte Kritik von *Bork*, ZIP 2008, 1041, 1048.

189 Ähnlich *Spahlinger/Maske*, BB 2008, 414; ferner *Prütting*, KTS 2005, 253, 259; im Ergebnis auch KPB/*Brinkmann* (Fn. 1), Anh. I zu § 145 Rdn. 62 ff., der aber die Direktanfechtung aus § 134 InsO bei Drittleistungen auf *unentgeltlich* erlangte Forderungen doch zulassen will (Rdn. 65). Auch dort ergeben sich aber die aufgezeigten Konkurrenzprobleme, die es zu vermeiden gilt.

IX. Zivilsenats von den Leistungsbeziehungen abstrahiert und faktische Zuwendungen sanktioniert. Eine solche faktische Zuwendung ohne Leistungscharakter erfolgt in der Leistungsmittlerkette des Zahlungsverkehrs jedenfalls an die Empfängerbank. Wird bei dieser mit der Zahlung eine Kreditrückzahlungsforderung gegen ihren Kunden getilgt, die wegen Insolvenzreife des Kunden nicht mehr werthaltig war, droht eine Insolvenzanfechtung gemäß § 134 InsO zumindest in der Insolvenz des Zahlers, bei konsequenter Fortsetzung der BGH-Rechtsprechung aber auch in der Insolvenz der Zahlerbank und/oder weiterer Zwischenbanken.

Die BGH-Rechtsprechung zur Anwendung des § 134 InsO im Drei- oder Mehrpersonenverhältnis bedarf jedoch einer grundsätzlichen Korrektur, weil sie die Anfechtungsrisiken eines Leistungsempfängers bei Zuwendungen durch Dritte deutlich im Vergleich zur direkten Zuwendung durch den Schuldner erhöht, ohne dass sich der Gläubiger dagegen wehren könnte (vgl. § 267 Abs. 2 BGB). Legt man die BGH-Rechtsprechung zugrunde, gleicht die Abrede zwischen dem Schuldner und dem Leistungsmittler, insbesondere einem Subunternehmer, einem Vertrag zulasten des Gläubigers, woraus sich erhebliche Bedenken gegen die Linie der Rechtsprechung ergeben.

Richtigerweise sollten die anfechtungsrechtlichen Zuordnungskriterien bei einer Zahlung auf Anweisung – wie es der IX. Zivilsenat in BGHZ 142, 284, 287 selbst noch gesehen hat[190] – denen des Leistungsbegriffs im bereicherungsrechtlichen Sinne entsprechen. Dann fehlt es an einer Vermögensverschiebung zwischen dem angewiesenen Leistungsmittler und dem Empfänger, weshalb eine Insolvenzanfechtung im Vollzugsverhältnis generell auszuscheiden hat.

4 Zusammenfassende Thesen

Die Zwischenergebnisse zur Vorsatzanfechtung gegen den Leistungsmittler (oben 2.4) sowie zur Anfechtung unentgeltlicher Leistungen in der Insolvenz des Leistungsmittlers (oben 3.4). lassen sich zu folgenden gemeinsamen Thesen zusammenfassen:

1. Die Bestimmung der „Zuwendungsverhältnisse“ im Insolvenzanfechtungsrecht sollte sich zur Vermeidung von Rechtsunsicherheit und wertungsmäßig

190 BGHZ 142, 284, 287 = ZIP 1999, 1764, 1765 = WM 1999, 2179, 2180 unter Ziff. II. 2. a) der Gründe (juris-Rdn. 14).

unstimmigen Ergebnissen generell nicht vom allgemeinen Zivilrecht lösen, insbesondere nicht von den bereicherungsrechtlichen Grundsätzen.

2. Die bereicherungsrechtlichen Wertungen nehmen insbesondere die Insolvenzrisiken in den Blick, die im Insolvenzanfechtungsrecht erst recht berücksichtigt werden sollten, um bedenkliche Ergebnisse zu vermeiden.
3. Da der Leistungsmittler als Schuldner des anweisenden Gläubigers keinen wirtschaftlichen Vorteil erlangt, sondern im Gegenteil eine Leistung an den späteren Insolvenzschuldner, seinen Gläubiger, erbringt, ist er der Insolvenzanfechtung aus § 133 InsO nicht ausgesetzt. Für eine Schädigung der Gläubiger durch eine Verringerung der späteren Insolvenzmasse im Wege eines betrügerischen und kollusiven Zusammenwirkens mit dem Insolvenzschuldner haftet der Leistungsmittler wie jeder Schuldner des Insolvenzschuldners jedoch aus Deliktsrecht, insbesondere aus § 826 BGB.
4. Die faktische Zuwendung des Leistungsmittlers an den Empfänger stellt keine anfechtbare Vermögensverschiebung in ihrem (Vollzugs-)Verhältnis dar. Die Insolvenzanfechtung ist auf die Leistungsbeziehungen zwischen dem angewiesenen Leistungsmittler und dem Anweisenden (Deckungsverhältnis) und zwischen dem Anweisenden und dem Leistungsempfänger (Valutaverhältnis) beschränkt.
5. Bei einer Orientierung an den bereicherungsrechtlichen Grundsätzen erledigen sich im Recht der Insolvenzanfechtung die Probleme der Konkurrenz mehrerer Insolvenzverwalter bei der Anfechtung unentgeltlicher Leistungen (§ 134 InsO) ebenso wie die Gesamtschuld bei der Vorsatzanfechtung (§ 133 InsO). Damit wird zugleich eine Überkomplexität des Anfechtungsrechts vermieden.
6. Eine Grundsatzkorrektur der Rechtsprechung zur Anwendung der §§ 133, 134 InsO im Mehrpersonenverhältnis ist auch zur Vermeidung von inneren Widersprüchen der bisherigen Rechtsprechung erforderlich.

2. Abteilung: **Kapitalanlagegesetzbuch, Honorarberatung**

Dr. Edgar Wallach, Rechtsanwalt, Frankfurt am Main

Die Regulierung offener Fonds im Kapitalanlagegesetzbuch

1 Ausgangspunkt: Die Umsetzung der AIFM-Richtlinie in deutsches Recht

Die Richtlinie 2011/61/EU des Europäischen Parlaments und des Rates vom 8. Juni 2011 über die Verwalter alternativer Investmentfonds („alternative investment fund managers" – „AIFM"), auch kurz als „AIFM-Richtlinie" bezeichnet, ist vor dem Hintergrund der Finanzkrise zu sehen, aus der die politische Forderung resultierte, alle Marktakteure, von denen ein potentielles systemisches Risiko ausgeht, müssten reguliert und insbesondere Hedgefonds verpflichtet werden, ihre Strategien, Methoden und den eingesetzten Leverage offen zu legen.[1] Konsequent verfolgt die AIFM-Richtlinie daher den umfassenden Ansatz, sämtliche Verwalter bisher größtenteils unregulierter alternativer Investmentfonds zu regulieren, sie einem einheitlichen europäischen Aufsichtsrecht zu unterwerfen und durch die Auferlegung von Transparenzpflichten potentielle systemische Risiken zu erfassen. Zugleich verfolgt die AIFM-Richtlinie den Zweck, einen europäischen Binnenmarkt für die Tätigkeiten von AIFM zu schaffen, indem sie mit Hilfe einer Zulassung in einem Mitgliedstaat europaweit tätig werden können.[2]

Die AIFM-Richtlinie stellt damit einen historisch einmaligen Einschnitt in das europäische Investmentrecht dar. Der neue Rechtsrahmen zwingt alle Marktteilnehmer und Aufsichtsbehörden zu einem radikalen Umdenken.[3]

Die Mitgliedstaaten mussten die AIFM-Richtlinie bis zum 22. Juli 2013 in ihre nationalen Rechte umsetzen. In Deutschland ist das AIFM-Umsetzungsgesetz vom 4. Juli 2013 pünktlich zum 22. Juli 2013 in Kraft getreten. Hauptbestandteil des AIFM-Umsetzungsgesetzes ist die Einführung eines neuen Kapitalanlagegesetzbuches, das erstmals eine umfassende und in sich geschlossene Kodifizierung des gesamten deutschen Investmentrechts darstellt und an die Stelle des bisherigen Investmentgesetzes (InvG) tritt.

Neben dem Kapitalanlagegesetzbuch („KAGB") ist die unmittelbar geltende Delegierte Verordnung (EU) Nr. 231/2013 der Kommission vom 19. Dezember 2012[4]

---

1 Siehe Larosière Report 25. Februar 2009 Recommendation 7, abrufbar unter http://ec.europa.eu/internal_market/finances/docs/de_larosiere_report_en.pdf; Entschließung des Europäischen Parlaments Nr. 12 vom 21. April 2009 zu den Beschlüssen des G20 Gipfels vom 2. April 2009 in London, abrufbar unter http://www.europarl.europa.eu/sides/getDoc.do?pubRef=-//EP//TEXT+MOTION+P6-RC-2009-0185+0+DOC+XML+V0//DE.

2 Zu den Motiven der AIFM-Richtlinie siehe deren Erwägungsgründe (2) bis (4).

3 Siehe die inhaltliche Zusammenfassung von *Wallach*, Recht der Finanzinstrumente (RdF) 2011, 80 ff.

4 Amtsblatt der EU vom 22.03.2013, L 83/1 ff.

(„AIFM-VO") zu berücksichtigen, welche die AIFM-Richtlinie „im Hinblick auf Ausnahmen, die Bedingungen für die Ausübung der Tätigkeit, Verwahrstellen, Hebelfinanzierung, Transparenz und Beaufsichtigung" ergänzt. Weitere Level-2 Verordnungen der Kommission sind in Arbeit. Schließlich sind für die Auslegung und Anwendung des KAGB die verschiedenen Guidelines und technischen Standards der European Securities Markets Authority (ESMA) zu beachten. Publiziert und in Kraft getreten sind die „Leitlinien zu Schlüsselbegriffen der Richtlinie über die Verwalter alternativer Investmentfonds (AIFMD)" vom 13. August 2013[5] („ESMA-Leitlinien zu Schlüsselbegriffen") sowie die (noch nicht in die deutsche Sprache übersetzen) „Guidelines on sound renumeration policies under the AIFMD" vom 3. Juli 2013[6].

2 Anwendungsbereich und Regelungsumfang des Kapitalanlagegesetzbuchs

2.1 Investmentvermögen

Der Anwendungsbereich des KAGB ist eröffnet, wenn ein „Investmentvermögen" i.S. des § 1 Abs. 1 KAGB vorliegt. Es ist entsprechend dem umfassenden Ansatz der AIFM-Richtlinie sehr weit definiert als „jeder Organismus für gemeinsame Anlagen, der von einer Anzahl von Anlegern Kapital einsammelt, um es gemäß einer festgelegten Anlagestrategie zum Nutzen dieser Anleger zu investieren und der kein operativ tätiges Unternehmen außerhalb des Finanzsektors ist".

Die BaFin hat in einem Auslegungsschreiben vom 14. Juni 2013[7] Hinweise gegeben, wie die einzelnen Definitionsmerkmale auszulegen sind:

Entsprechend den ESMA-Leitlinien zu Schlüsselbegriffen sieht die BaFin das entscheidende Merkmal des „*Organismus*" in der verselbständigten Bündelung des von Anlegern eingesammelten Kapitals. Daher begründen Individualrechtsbeziehungen (wie z.B. bei Managed Accounts) oder die parallele Beteili-

5 Abrufbar unter http://www.esma.europa.eu/system/files/esma_2013_00600000_de_cor.pdf.
6 Abrufbar unter http://www.esma.europa.eu/system/files/2013-232_aifmd_guidelines_on_remuneration_-_en.pdf.
7 BaFin Auslegungsschreiben zum Anwendungsbereich des KAGB und zum Begriff des „Investmentvermögens" vom 14. Juni 2013, abrufbar unter http://www.bafin.de/SharedDocs/Veroeffentlichungen/DE/Auslegungsentscheidung/WA/ae_130614_Anwendungsber_KAGB_begriff_invvermoegen.html.

gung von Anlegern an einem Objekt ohne Verbindung der Vermögen (wie z.B. bei Club Deals) keinen „Organismus" i.S.d. § 1 Abs. 1 KAGB. Auf eine bestimmte Rechtsform des Organismus (Kapitalgesellschaft, Personengesellschaft, rechtlich unselbständiges Sondervermögen) kommt es hierbei nicht an.

Auch die Art der Beteiligung des Anlegers ist unerheblich. Daher können die Anteile an dem Investmentvermögen gesellschaftsrechtlicher, mitgliedschaftlicher und schuldrechtlicher Natur sein.[8] Die BaFin knüpft hierbei an ihre bisherige Verwaltungspraxis zur Auslegung des Begriffs „ausländische Investmentanteile" i.S.d § 2 Abs. 9 InvG an. Auch hier kam es darauf an, ob der Anleger in unmittelbare Rechtsbeziehungen zu dem Investmentvermögen tritt, wobei diese Rechtsbeziehungen nicht mitgliedschaftlicher Natur sein mussten, sondern vielmehr auch schuldrechtlich begründet werden konnten.[9] Es ist daher nach wie vor nicht möglich, durch bloße Bezeichnung des Anteils als „Zertifikat", „Genussrecht", „Namensschuldverschreibung", „Bond" oder dergleichen dem Anwendungsbereich des KAGB zu entkommen.

Das Merkmal *„für gemeinsame Anlagen"* setzt nach Auffassung der BaFin voraus, dass die Anleger an den Chancen und Risiken des Organismus beteiligt sind.[10] Dabei muss die Gewinn- und Verlustbeteiligung der Anleger nicht proportional zur Wertentwicklung der vom Organismus gehaltenen Vermögensgegenstände verlaufen,[11] sondern kann auch vertraglich begrenzt sein. An dem Merkmal „für gemeinsame Anlagen" fehlt es hingegen, wenn der Rückzahlungsanspruch der Anleger betragsmäßig fixiert ist. Einen Grenzfall dürfte es darstellen, wenn die Bedingungen des Instrumentes zwar einen festen Zinssatz versprechen, jedoch der Zinsanspruch unter dem Vorbehalt ausreichender Liquidität des Emittenten steht. Die BaFin führt in ihrem Auslegungsschreiben aus, dass das Merkmal „für gemeinsame Anlagen" nicht erfüllt ist, wenn die Anleger einen unbedingten Rückzahlungsanspruch haben; allerdings lässt die Formulierung offen, ob es sich insoweit um eine Mindestvoraussetzung für das Nichtvorliegen des Merkmals handeln muss. Denn das Merkmal „für gemeinsame Anlagen" soll nicht schon dann erfüllt sein, wenn der Rückzahlungsanspruch mit einem qualifizierten Rangrücktritt verknüpft ist, bei dem sich die Anleger verpflichten, ihren Rückzahlungsanspruch nicht geltend zu machen, wenn dadurch ein Grund für

---

8 BaFin Auslegungsschreiben (Fußn. 7), Ziff. I.1.

9 BaFin Rundschreiben 14/2008 (WA) zum Anwendungsbereich des Investmentgesetzes nach § 1 Satz 1 Nr. 3 InvG vom 22. Dezember 2008, abrufbar unter http://www.bafin.de/SharedDocs/Veroeffentlichungen/DE/Rundschreiben/rs_0814_wa.html.

10 BaFin Auslegungsschreiben (Fußn. 7), Ziff. I.2.

11 Anders noch vor Veröffentlichung des BaFin Auslegungsschreibens *Klebeck / Krause*, RdF 2013, 4, 12.

die Eröffnung des Insolvenzverfahrens des Emittenten herbeigeführt würde. Das ist deshalb bemerkenswert, weil die BaFin in einem anderen Zusammenhang, nämlich der Auslegung des Tatbestandes des Einlagengeschäfts i.S. des § 1 Abs. 1 Satz 2 Nr. 1 KWG, den qualifizierten Rangrücktritt als erforderlich und ausreichend ansieht, um die unbedingte Rückzahlbarkeit der Gelder – und damit auch das Vorliegen eines Einlagengeschäfts – zu verneinen.[12] Damit fallen Emittenten, die ihren Anlegern einen betragsmäßig fixierten Zins- und Rückzahlungsanspruch gewähren und diesen unter den Vorbehalt eines qualifizierten Rangrücktritts stellen, in eine aufsichtsrechtliche Lücke, da sie weder das Einlagengeschäft noch das Investmentgeschäft betreiben.

Im Ergebnis zutreffend führt die BaFin aus, dass die Abgabe einer Mindestzahlungszusage durch eine OGAW-Kapitalverwaltungsgesellschaft (§ 20 Abs. 2 Nr. 7 KAGB)[13] nicht dazu führt, dass das Merkmal „für gemeinsame Anlagen" zu verneinen ist. In der Begründung hätte die BaFin indes nicht auf das beim Anleger verbleibende Solvenzrisiko der Kapitalverwaltungsgesellschaft abstellen sollen, denn dieses besteht auch bei Fremdkapitalinstrumenten, die eindeutig nicht Anteile an einem Investmentvermögen darstellen. Richtigerweise müssen Garantien und sonstige Finanzierungszusagen Dritter aus Mitteln, die außerhalb des Organismus stammen, bei der Frage, ob der Organismus als solcher ein Investmentvermögen darstellt, außen vor bleiben. Es ist daher unabhängig von Mindestzahlungszusagen darauf abzustellen, ob die Rechtsbeziehung zum Organismus eine Gewinn- und Verlustbeteiligung vermittelt.

Die *„Einsammlung von Kapital"* ist gegeben, wenn der Organismus oder eine für ihn handelnde Person direkte oder indirekte Schritte unternimmt, um gewerblich bei einem oder mehreren Anlegern Kapital zu beschaffen. Mit Hilfe dieses Merkmals werden im Einklang mit Erwägungsgrund (7) der AIFM-Richtlinie[14] Family Offices vom Anwendungsbereich des KAGB ausgenommen. Die dogmatische Begründung ist, dass es sich hierbei um eine „bereits bestehende Gruppe" (pre-existing group) i.S. der ESMA-Leitlinien zu Schlüsselbegriffen[15] handelt, die in einen Organismus investiert. Etwas verwirrend ist, dass sich dieser nichtssagende Begriff lediglich auf eine Gruppe von Familienmitgliedern (group of family

---

12 BaFin Merkblatt – Hinweise zum Tatbestand des Einlagegeschäfts (Stand August 2011), Ziff. 1.b)bb), abrufbar unter http://www.bafin.de/SharedDocs/Veroeffentlichungen/DE/Merkblatt/mb_110607_tatbestand_einlagengeschaeft.html.

13 Die Möglichkeit, Mindestzahlungszusagen abzugeben, ist nur OGAW-Kapitalverwaltungsgesellschaften vorbehalten.

14 Allerdings ist dieser Erwägungsgrund nicht im Text der AIFM-Richtlinie umgesetzt worden.

15 Siehe dort unter Ziff. II. - Begriffsbestimmungen. Siehe hierzu ferner BaFin Auslegungsschreiben (Fußn. 7), Ziff. I.3.a).

members) bezieht, die näher eingegrenzt wird, aber auch nicht ausschließt, dass weitere Familienmitglieder hinzutreten können. Den Leitlinien der ESMA ist demnach zu entnehmen, dass ein von Mitgliedern einer Familie konstituierter Organisationsverbund, der nur für Mitglieder dieser Familie offen ist und nur für das Vermögen dieser Mitglieder Anlagen tätigt, kein „Investmentvermögen" i.S.d. § 1 Abs. 1 KAGB darstellt.

Konsequent erweitert die BaFin[16] diesen Gedanken auf sog. Investmentclubs, bei denen sich natürliche Personen (ohne gewerblich angeworben worden zu sein) zusammenfinden, um ihr privates Vermögen anzulegen.

Das KAGB definiert in § 1 Abs. 1 Satz 2 selbst, wann eine *„Anzahl von Anlegern"* gegeben ist. Abzustellen ist nicht auf die tatsächlich investierte Anzahl, sondern ob Satzung, Gesellschaftsvertrag oder Anlagebedingungen mehr als einen Anleger zulassen. Ist formal nur ein Anleger an einem Organismus beteiligt, handelt er aber für Rechnung mehrerer Anleger, so schaut die BaFin durch.[17] Dies ist z.B. bei Treuhand- und Nomineekonstruktionen sowie Master-Feeder-Strukturen der Fall.

Die Anlage des eingesammelten Kapitals „gemäß einer festgelegten Anlagestrategie" setzt voraus, dass die Kriterien, nach denen das Kapital investiert werden soll, konkreter als eine allgemeine Unternehmensstrategie oder Finanzierung der allgemeinen Geschäftstätigkeit schriftlich fixiert sind.[18] Die Anlagekriterien müssen daher genau bestimmt sein und schränken den Handlungsspielraum der Verwaltungsgesellschaft ein.

Ferner muss das eingesammelte Kapital *„zum Nutzen der Anleger"* angelegt werden. Die BaFin[19] sieht hierin ein Abgrenzungsmerkmal zum Handeln zum eigenen Nutzen. Ein solches eigennütziges Handeln soll vorliegen, wenn z.B. eine Bank ein Zertifikat emittiert, dessen Wertentwicklung an bestimmte Vermögenswerte oder an einen selbst erstellten Index geknüpft ist, die Bank aber in der Verwendung der Anlegergelder frei ist und nicht dem Anleger verspricht, die Anlegergelder in die zugrundeliegenden Vermögenswerte anzulegen. Ein Handeln zum Nutzen der Anleger soll regelmäßig auch dann nicht vorliegen, wenn die Investition in die zugrundeliegenden Vermögenswerte lediglich zu dem Zweck erfolgt, die eigenen Verlustrisiken abzudecken. Es liegt auf der Hand, dass die genann-

---

16 BaFin Auslegungsschreiben (Fußn. 7), Ziff. I.3.ab).

17 BaFin Auslegungsschreiben (Fußn. 7), Ziff. I.4. in Übereinstimmung mit den ESMA-Leitlinien zu Schlüsselbegriffen, Ziff. VIII.18f.

18 BaFin Auslegungsschreiben (Fußn. 7), Ziff. I.5. Siehe auch ESMA-Leitlinien zu Schlüsselbegriffen, Ziff. IX, 20. – 22.

19 BaFin Auslegungsschreiben (Fußn. 7), Ziff. I.6.

ten Abgrenzungskriterien noch unscharf sind und der weiteren Konkretisierung in der Praxis bedürfen. Die Problematik liegt insbesondere in der Subjektivität solcher Merkmale wie „zum eigenen Nutzen“ oder „zur eigenen Absicherung“. Es wäre wünschenswert, wenn die BaFin in naher Zukunft objektive Kriterien entwickelt, anhand derer das Vorliegen einer Investition „zum Nutzen der Anleger“ vs. „zum eigenen Nutzen“ beurteilt werden kann. Dringend klärungsbedürftig ist etwa die Einordnung sog. Exchange Traded Commodities (ETC), bei denen eine ausländische Zweckgesellschaft Schuldverschreibungen emittiert, deren Wert an zugrundeliegende Assets geknüpft ist; die Emittentin verspricht zwar nicht den Inhabern, in die zugrundeliegenden Assets zu investieren, macht aber tatsächlich nichts anderes. Der Inhaber der Schuldverschreibungen wiederum hat nur einen Zahlungsanspruch soweit die Assets im Vermögen der Zweckgesellschaft werthaltig sind.

Das negative Tatbestandsmerkmal, wonach es sich bei dem Organismus nicht um ein *„operativ tätiges Unternehmen außerhalb des Finanzsektors“* handeln darf, ist in der Definition des AIF in der AIFM-Richtlinie nicht enthalten.[20] Da es dem deutschen Gesetzgeber nicht erlaubt ist, die AIFM-Richtlinie nur unzureichend umzusetzen, indem er den Begriff des „Investmentvermögens“ enger fasst als derjenigen des „AIF“ i.S. der Richtlinie, ist das negative Tatbestandsmerkmal als Kehrseite des Merkmals „festgelegte Anlagestrategie“ aufzufassen. Auch die ESMA grenzt in ihren Leitlinien zu Schlüsselbegriffen innerhalb des Merkmals „festgelegte Anlagestrategie“ Organismen, die einen „allgemein-kommerziellen oder allgemein-industriellen Zweck“ verfolgen, aus dem Anwendungsbereich der AIFM-Richtlinie aus.[21]

Mit Hilfe dieses negativen Abgrenzungsmerkmals soll klargestellt werden, dass Unternehmen, die Immobilien errichten oder entwickeln, Güter und Handelswaren produzieren oder handeln oder sonstige Dienstleistungen außerhalb des Finanzsektors anbieten, nicht als „Investmentvermögen“ anzusehen sind. Auch hier ergeben sich in der Praxis schwierige Abgrenzungsprobleme, insbesondere wenn im Organismus Immobilien oder sonstige illiquide Vermögensgegenstände gehalten und bewirtschaftet werden.[22]

---

20 Siehe Art. 4 Abs. 1 lit. a) AIFM-Richtlinie.

21 ESMA-Leitlinien zu Schlüsselbegriffen, Ziff. IX.21.

22 Siehe hierzu BaFin Auslegungsschreiben (Fußn. 7), Ziff. I.7 und den Fragenkatalog unter Ziff. II.1. und 2.

2.2 OGAW und AIF

Entsprechend der AIFM-Richtlinie unterscheidet das KAGB zwischen Investmentvermögen, die Organismen für die gemeinsame Anlage in Wertpapieren („OGAW“) sind und allen anderen Investmentvermögen, die als „Alternative Investmentfonds“ („AIF“) bezeichnet werden (§ 1 Abs. 2 und 3 KAGB). OGAW sind solche Investmentvermögen, die unter die Richtlinie 2009/65/EG des Europäischen Parlaments und des Rates vom 13. Juli 2009 zur Koordinierung der Rechts- und Verwaltungsvorschriften betreffend bestimmte Organismen für gemeinsame Anlagen in Wertpapieren (sog. OGAW-Richtlinie) fallen. Die OGAW-Richtlinie stellt einen europarechtlich harmonisierten Rechtsrahmen für offene Publikumsfonds dar, deren Anlagemöglichkeiten stark begrenzt sind und deren Verwalter strenge aufsichtsrechtliche Pflichten (wie z.B. eine Erlaubnispflicht für den Geschäftsbetrieb, die Bestellung einer Verwahrstelle, Prospekt- und sonstige Publizitätspflichten) zum Schutze der Anleger erfüllen müssen. OGAW stellen daher den konventionellen Fondstypus dar, der insbesondere an Privatanleger vertrieben wird.

2.3 Offene und geschlossene Investmentvermögen

Die Unterscheidung zwischen offenen und geschlossenen Investmentvermögen ist von erheblicher Bedeutung, weil die Produktregulierungen des KAGB an diese Unterscheidung anknüpfen. Als „offene Investmentvermögen“ bezeichnet § 1 Abs. 4 KAGB zum einen OGAW und zum anderen alle AIF, bei denen die Anleger oder Aktionäre mindestens einmal im Jahr das Recht zur Rückgabe der Anteile oder Aktien haben, wobei Mindesthaltefristen (sog. *lock-up periods*) und Möglichkeiten, die Rücknahme auszusetzen oder zu beschränken, nicht berücksichtigt werden. Die Anknüpfung an die Rückgabemöglichkeit innerhalb einer Jahresfrist erfolgte in Übereinstimmung mit den *„Draft regulatory technical standards on types of AIFMs“* der ESMA vom 2. April 2013.[23]

Recht überraschend wandte sich jedoch die Kommission mit Schreiben vom 8. Juli 2013[24] gegen diese Abgrenzung zwischen offenen und geschlossenen AIF und meinte, jeder AIF, der Anlegern ein Recht zur Rückgabe der Anteile einräume

23 Final Report der ESMA vom 2.4.2013 (ESMA/2013/413), abrufbar unter http://www.esma.europa.eu/system/files/2013-413_0.pdf; s. dort Art 1 Abs. 2.

24 Abrufbar unter http://www.esma.europa.eu/system/files/ec_letter_to_esma_re_draft_rts_on_types_of_aifmd_4_july_2013.pdf.

– und sei dies auch weniger häufig als einmal im Jahr –, müsse als „offen" klassifiziert werden. Die Kommission ist der Ansicht, dass die für AIF des offenen Typs geltenden Bestimmungen der AIFM-Richtlinie über die Einrichtung eines Liquiditätsmanagements[25] und über die Häufigkeit der Bewertung der Vermögensgegenstände und der Berechnung des Nettoinventarwerts[26] auch für solche AIF gelten müssen, die Ihren Anlegern weniger häufig als einmal im Jahr ein Rückgaberecht einräumen.

Die ESMA reagierte mit einer Stellungnahme vom 13. August 2013[27], in der sie mit überzeugenden Argumenten ihren ursprünglichen Entwurf verteidigte. Insbesondere hebt sie zutreffend hervor, dass die AIFM-Richtlinie auch bei geschlossenen AIF eine mindestens einmal jährliche Bewertung und Nettoinventarbewertung vorschreibt[28] und sowohl die AIFM-Richtlinie als auch die AIFM-VO davon ausgehen, dass selbst AIF des geschlossenen Typs ihr Kapital durch Ausgabe und Rücknahme von Anteilen verändern können. Schließlich sei unter Berücksichtigung des Proportionalitätsgrundsatzes bei AIF, die ihren Anlegern ein Rückgaberecht nur einmal im Jahr oder seltener gewähren, nicht in gleicher Weise wie bei offenen AIF ein Liquiditätsmanagement vorzuhalten.

Gleichwohl änderte die ESMA im Interesse einer zeitnahen Umsetzung der AIFM-Richtlinie ihre *Draft regulatory technical standards* ab und schlägt nunmehr vor, dass AIF des offenen Typs alle solchen sind, deren Aktien oder Anteile auf Anforderung der Aktionäre oder Anleger aus den Mitteln des AIF zurückgekauft oder zurückgenommen werden, bevor die Liquidierungs- oder Abwicklungsphase des AIF beginnt. Dabei sollen Ausschüttungen, die das Kapital herabsetzen und auf den Statuten des AIF oder einem Beschluss der Aktionäre oder Anleger beruhen, nicht berücksichtigt werden.[29]

Abgesehen von dem ungünstigen Timing des ablehnenden Schreibens der Kommission so kurz vor dem Ende der Umsetzungsfrist der AIFM-Richtlinie, nachdem die Auffassung der ESMA schon lange bekannt war und sich die nationalen Regierungen im Rahmen der Umsetzung darauf eingestellt hatten, ist es bedauerlich, dass den Marktteilnehmern ein klare und sachgerechte Abgrenzung zwischen offenen und geschlossenen AIF genommen wurde. Sollte die Kommission dem neuen Entwurf der ESMA zustimmen, wovon wohl auszugehen ist, wird

---

25 Art. 16 Abs. 1 AIFM-Richtlinie.

26 Art. 19 Abs. 3, Unterabsatz 3 AIFM-Richtlinie.

27 ESMA Opinion "*Draft regulatory standards on types of AIFMs under Article 4(4) of Directive 2011/61/EU*" vom 13. August 2013, abrufbar unter http://www.esma.europa.eu/system/files/2013-1119_opinion_on_draft_rts_on_types_of_aifms.pdf.

28 Art. 19 Abs. 3, Unterabsatz 4 AIFM-Richtlinie.

29 ESMA Opinion (Fußn. 27); siehe dort Art. 1 Abs. 2.

der Begriff offener AIF erheblich erweitert, aber auch konturloser. Der deutsche Gesetzgeber wird § 1 Abs. 4 KAGB entsprechend ändern müssen. Für die Anbieter geschlossener Fonds wird sich die Frage stellen, inwieweit sie ihre Produkte weiterhin auflegen können. Denn die Rechtsformen und Anlagebestimmungen geschlossener Fonds erfüllen zumeist nicht die strengeren Produktregeln offener Investmentvermögen. Es bleibt zu wünschen, dass sich der Gesetzgeber bei einer Änderung des § 1 Abs. 4 KAGB von pragmatischen Erwägungen leiten lässt, etwa indem Kündigungen, deren Wirksamkeit vom Eintritt bestimmter Voraussetzungen abhängt (Zustimmung der Verwaltungsgesellschaft, Eintritt einer wirtschaftlichen Notlage, Auseinandersetzung einer Erbengemeinschaft etc.), nicht als „Rückgabe" gewertet werden.

2.4 Publikums-Investmentvermögen und Spezial-AIF

Unterschiedliche Produktregeln und Vertriebsvorschriften knüpfen ferner an die Unterscheidung zwischen Publikums-Investmentvermögen und Spezial-AIF an. Gemäß § 1 Abs. 6 KAGB sind Spezial-AIF solche AIF, deren Anteile nur von professionellen und semi-professionellen Anlegern erworben werden können. Wegen des Begriffs des professionellen Anlegers verweist § 1 Abs. 19 Nr. 32 KAGB auf Anhang II der Richtlinie über Märkte für Finanzinstrumente.[30] Erfasst werden hiermit insbesondere Kreditinstitute, Wertpapierfirmen, Versicherungen, Investmentgesellschaften, große Unternehmen sowie Regierungen und supranationale Einrichtungen.

Abweichend von der AIFM-Richtlinie führt der deutsche Gesetzgeber die Kategorie des „semi-professionellen Anlegers" ein, um auch Stiftungen, kirchlichen Gemeinden, berufsständischen Versorgungskammern, Family Offices und hochvermögenden Privatpersonen den Zugang zu Spezial-AIF zu ermöglichen. Gemäß § 1 Abs. 19 Nr. 33 KAGB ist „semi-professioneller Anleger" jeder Anleger,
- der sich verpflichtet, mindestens EUR 200.000 zu investieren, schriftlich bestätigt, sich der Risiken des Investments bewusst zu sein, und dessen Sachkunde von der AIF-Verwaltungsgesellschaft oder der Vertriebstelle nach entsprechender Prüfung schriftlich bestätigt wird;
- der sich verpflichtet, mindestens EUR 10.000.000 zu investieren, ohne dass eine Sachkundebestätigung abgegeben werden muss; oder

30 Richtlinie 2004/39/EG vom 21. April 2004 über Märkte für Finanzinstrumente.

- der bei der Verwaltungsgesellschaft, die den AIF verwaltet, in dem der Anleger investiert ist, eine leitende Position oder eine Position als Risikoträger bekleidet.

Die Beschränkung auf professionelle und semi-professionelle Anleger muss sich aus einer schriftlichen Vereinbarung mit der Verwaltungsgesellschaft oder aus den konstituierenden Dokumenten des AIF ergeben.

2.5 Materieller Investmentbegriff

Dem InvG lag ein formeller Investmentbegriff zugrunde, wonach der Anwendungsbereich des InvG nur dann eröffnet war, wenn die im InvG vorgesehenen Fondstypen verwaltet wurden. Alle übrigen Fondsprodukte waren zulässig und wurden nur ausschnittsweise von anderen Gesetzen erfasst (z.B. dem Tatbestand der Anlageverwaltung in § 1 Abs. 1a Satz 2 Nr. 11 KWG oder dem Vermögensanlagegesetz).[31]

Im Gegensatz dazu liegt dem KAGB ein materieller Investmentbegriff zugrunde. Der Gesetzgeber[32] beruft sich hierbei auf die AIFM-Richtlinie, wonach Investmentvermögen entweder OGAW oder AIF sind und demzufolge die Vorgaben der OGAW-Richtlinie oder der AIFM-Richtlinie erfüllen müssen. Da das KAGB sowohl die OGAW-Richtlinie als auch die AIFM-Richtlinie umsetzt, hält der Gesetzgeber es für konsequent, dass sämtliche Investmentvermögen die Anforderungen des KAGB erfüllen müssen. Tun sie dies nicht, würde die Kapitalverwaltungsgesellschaft ein unerlaubtes Investmentgeschäft betreiben, gegen das die BaFin gemäß § 15 KAGB einschreiten kann.

Diese auf den ersten Blick logisch erscheinende Deduktion hat für die Praxis einschneidende Konsequenzen, da sich der Gesetzgeber nicht darauf beschränkt hat, die OGAW- und AIFM-Richtlinien umzusetzen, sondern durch Begrenzung der zulässigen Rechtsformen und Anlagen zahlreiche Produktregeln im KAGB eingeführt hat, deren Nichteinhaltung über die Vorgaben der Richtlinien hinaus zu einem unerlaubten Investmentgeschäft führt.

31 Siehe nur *Verfürth/Emde*, in: Emde/Dornseifer/Dreibus/Hölscher, InvG, 2013, § 1 Rn. 13.

32 Regierungsentwurf eines Gesetzes zur Umsetzung der Richtlinie 2011/61/EU über die Verwalter alternativer Investmentfonds (AIFM-Umsetzungsgesetz – AIFM-UmsG) vom 06.02.2013 („Regierungsentwurf AIFM-UmsG“), BT-Drs. 17/12294, S. 188.

3 Änderungen der Regeln über die Verwahrung und die Bewertung bei offenen Investmentvermögen

Das KAGB unterteilt offene Publikums-Investmentvermögen in OGAW (§§ 192 ff. KAGB) und offene Publikums-AIF (§§ 214 ff. KAGB). Obwohl die AIFM-Richtlinie gerade nicht für OGAW gilt, wendet der Gesetzgeber bestimmte Regeln der AIFM-Richtlinie auf sämtliche Investmentvermögen, einschließlich der OGAW, an.

Das betrifft zum einen die Vorschriften über die Verwahrung der Vermögensgegenstände. Hier ergeben sich tiefgreifende Änderungen sowohl für OGAW als auch für offene Publikums-AIF und offene Spezial-AIF. Der Gesetzgeber hat die strengen Anforderungen der AIFM-Richtlinie an eine Unterverwahrung[33] und an die Haftung der Verwahrstelle[34] sowohl auf OGAW-Verwahrstellen als auch auf AIF-Verwahrstellen übertragen. So ist die Übertragung von Verwahraufgaben auf einen Unterverwahrer nur zulässig, wenn sie nicht der Umgehung von Vorschriften des KAGB dient, es einen objektiven Grund für die Unterverwahrung gibt (z.B. geringere Kosten, Vermögensgegenstand muss im Staat seiner Belegenheit verwahrt werden), der Unterverwahrer sorgfältig ausgewählt und regelmäßig überprüft wird und die Fachkenntnisse, Organisationstrukturen und aufsichtsrechtlichen Pflichten des Unterverwahrers dem Standard einer Verwahrstelle entsprechen (§§ 73 und 82 KAGB). Die Verwahrstelle muss bei der Auswahl des Unterverwahrers eine umfangreiche rechtliche und wirtschaftliche Due Diligence durchführen.[35]

Ferner haftet die Verwahrstelle grundsätzlich für das Abhandenkommen von Finanzinstrumenten, und zwar auch dann, wenn die Finanzinstrumente bei einem Unterverwahrer abhanden gekommen sind (§§ 77 und 88 KAGB). Eine Haftung ist nur dann ausgeschlossen, wenn die Verwahrstelle nachweisen kann, dass der Verlust auf unabwendbare äußere Ereignisse zurückzuführen ist. Die Haftung für das Abhandenkommen von Finanzinstrumente bei einem Unterverwahrer kann die Verwahrstelle nur abwenden, wenn sie nachweist, dass

- alle Bedingungen für eine Auslagerung der Verwahrung auf den Unterverwahrer erfüllt sind,
- in einem schriftlichen Vertrag zwischen der Verwahrstelle und dem Unterverwahrer die Haftung auf den Unterverwahrer übertragen wird und der OGAW-

---

33 Art. 21 Abs. 11 AIFM-Richtlinie.

34 Art. 21 Abs. 12 bis 14 AIFM-Richtlinie.

35 Zu den Einzelheiten siehe Art. 98 Abs. 2 und 3 und Art. 99 AIFM-VO.

Verwaltungsgesellschaft bzw. der AIF-Verwaltungsgesellschaft ein unmittelbarer Anspruch gegen den Unterverwahrer eingeräumt wird und
- der schriftliche Verwahrstellenvertrag zwischen der OGAW-Verwaltungsgesellschaft bzw. der AIF-Verwaltungsgesellschaft und der Verwahrstelle die Haftungsbefreiung ausdrücklich gestattet und einen objektiven Grund hierfür nennt (insbesondere weil die Verwahrstelle keine andere Wahl hatte als die Finanzinstrumente dem Unterverwahrer anzuvertrauen).[36]

Die vorgenannten Haftungsregelungen stellen eine signifikante Verschärfung des bisherigen Haftungsregimes für Depotbanken dar, das gemäß Nr. 19 Abs. 2 der Sonderbedingungen für Wertpapiergeschäfte lediglich eine Haftung für Auswahl- und Unterweisungsverschulden vorsah.[37] Es ist allerdings davon auszugehen, dass die Anwendung der verschärften Haftungsregeln auf OGAW-Verwahrstellen europaweit durch eine entsprechende Änderung der OGAW-Richtlinie vorgeschrieben wird.[38] Der deutsche Gesetzgeber hat diese Rechtsentwicklung im KAGB bereits vorweggenommen.

Ferner hat der Gesetzgeber auch die Bestimmungen der AIFM-Richtlinie[39] und der AIFM-VO[40] über das Bewertungsverfahren gleichermaßen auf OGAW und offene Publikums- und Spezial-AIF übertragen (§§ 169, 278 KAGB). Die Bestimmungen enthalten Regelungen über den unabhängigen externen Bewerter, der anstelle einer Bewertung durch die OGAW-Verwaltungsgesellschaft bzw. AIF-Verwaltungsgesellschaft bestellt werden kann, über die Sicherstellung der Unabhängigkeit der Bewertung, falls diese durch die Verwaltungsgesellschaft selbst erfolgt, sowie zahlreiche Details zum Bewertungsprozess.

36 Siehe hierzu Art. 102 Abs. 3 AIFM-VO.

37 *Kobbach/Anders*, NZG 2012, 1171. Siehe auch BaFin-Rundschreiben 6/2010 (WA) zu den Aufgaben und Pflichten der Depotbank nach den §§ 20 ff. InvG vom 2.7.2010 (Depotbankrundschreiben), Ziffern V. und VI, abrufbar unter http://www.bafin.de/SharedDocs/Veroeffentlichungen/DE/Rundschreiben/rs_1006_wa_depotbank_invg.html;jsessionid=B2C926734FA7CD3CF36F455889186391.1_cid390.

38 Siehe den Entwurf der Kommission für eine OGAW V – Richtlinie vom 3. Juli 2012, abrufbar unter http://ec.europa.eu/internal_market/investment/docs/ucits/20120703-proposal_en.pdf. Die vorgeschlagene Neufassung des Art. 24 OGAW-Richtlinie sieht sogar eine weitere Verschärfung vor, weil sie keine vertragliche Haftungsbefreiung erlaubt.

39 Art. 19 AIFM-Richtlinie

40 Art. 67 bis 74 AIFM-VO.

4 Änderungen der Produktregeln für offene Investmentvermögen

4.1 Offene Publikums-Investmentvermögen

Hinsichtlich der zur Verfügung stehenden Rechtsformen offener Publikums-Investmentvermögen ändert sich im Vergleich zum bisherigen InvG nichts: Auch das KAGB sieht für offene Publikums-Investmentvermögen nur die Rechtsformen des rechtlich unselbständigen Sondervermögens und der Investmentaktiengesellschaft mit veränderlichem Kapital vor (§ 91 Abs. 1 KAGB).

Die Produktregeln für OGAW (§§ 192 ff. KAGB) sind nahezu unverändert geblieben. Lediglich bei Wertpapierdarlehen und Pensionsgeschäften wird abweichend vom InvG nunmehr vorgeschrieben, dass die OGAW-Verwaltungsgesellschaft jederzeit zur Kündigung des Wertpapierdarlehens bzw. des Pensionsgeschäfts berechtigt sein muss (§ 200 Abs. 1 Satz 3 und § 203 Satz 4 KAGB) und als Sicherheit entgegengenommene Guthaben nur in eingeschränkter Weise wieder anlegen darf (§ 200 Abs. 2 Satz 3 KAGB).[41]

Offene Publikums-AIF (§§ 214 ff. KAGB) sind im KAGB nur noch in den Fondstypen der Gemischten Investmentvermögen, der Sonstigen Investmentvermögen, der Dach-Hedgefonds und der Immobilien-Sondervermögen vorgesehen. Die bisherigen Investmentfondstypen Mitarbeiterbeteiligungs-Sondervermögen und Altersvorsorge-Sondervermögen sind mangels Praxisrelevanz ersatzlos gestrichen und Infrastruktur-Sondervermögen nur noch als geschlossene AIF gestattet. Single-Hedgefonds dürfen unter dem KAGB nicht mehr an Privatanleger vertrieben werden und sind daher nur noch als Spezial-AIF zulässig.

Auch bei den Gemischten Investmentvermögen und den Sonstigen Investmentvermögen gab es herbe Einschnitte hinsichtlich der erlaubten Anlagegegenstände: Sie dürfen künftig nicht mehr Anteile an Immobilienfonds oder Hedgefonds erwerben (§§ 219 Abs. 1, 221 Abs. 1 KAGB); Sonstige Investmentvermögen dürfen darüber hinaus auch nicht mehr in Unternehmensbeteiligungen investieren (§ 221 Abs. 1 KAGB). Zur Begründung verweist der Gesetzgeber darauf, dass es sich bei Immobilienfonds und Beteiligungen um illiquide Vermögensanlagen handelt und Hedgefonds für Privatanleger aus Anlegerschutzgründen nur über

---

41 Mit der letztgenannten Anforderung setzt der deutsche Gesetzgeber Nr. 43 j) der ESMA Guidelines on ETFs and other UCITS issues vom 18. Dezember 2012 um, abrufbar unter http://www.esma.europa.eu/system/files/2012-832en_guidelines_on_etfs_and_other_ucits_issues.pdf.

Dach-Hedgefonds erwerbbar sein sollen.[42] Auch mit dieser Begründung ist die Einschränkung des Anlagehorizontes für Gemischte Investmentvermögen und Sonstige Investmentvermögen nicht zu rechtfertigen. Die Anlageentscheidungen werden für Gemischte und Sonstige Investmentvermögen von AIF-Kapitalverwaltungsgesellschaften getroffen, die als professionelle Anleger gelten und über ein effizientes Risikomanagement verfügen, kraft dessen sie in der Lage sind, mit der illiquiden Natur von Immobilien-Sondervermögen und Beteiligungen sowie mit den Risiken von Hedgefonds umzugehen. Das ist geradezu ihre gesetzliche Aufgabe. Ferner hatte das InvG diese Risiken durch entsprechende Anlagegrenzen für Gemischte Sondervermögen und Sonstige Sondervermögen begrenzt, die sich in der Praxis bewährt haben und ohne Weiteres hätten übernommen werden können.[43]

Erleichterung gab es in der Fondsbranche, dass die Kategorie des offenen Immobilienfonds entgegen dem Diskussionsentwurf des KAGB vom 20. Juli 2012 fortgeführt wird. Allerdings wird die bislang nach dem AnsFuG[44] gegebene Möglichkeit gestrichen, dass Anleger Beträge von bis zu EUR 30.000 pro Kalenderhalbjahr ohne Mindesthalte- oder Kündigungsfrist zurückgeben können. Stattdessen können Anteile zukünftig nur noch zu bestimmten Rücknahmeterminen, zwischen denen mindestens zwölf Monate liegen müssen, zurückgegeben werden (§ 255 Abs. 2 KAGB). Für alle Anteile, welche vor dem Inkrafttreten des KAGB erworben wurden, gelten aber die bisherigen Regelungen fort (§ 346 KAGB). Dies führt zu der bemerkenswerten Situation, dass es in einem Immobilien-Sondervermögen auf zeitlich unbegrenzte Dauer zwei Gruppen von Anlegern gibt, solche, die bis zu EUR 30.000 im Kalenderhalbjahr jederzeit liquidieren können, und solche, die nicht dieses Recht haben.

4.2 Offene Spezial-AIF

Für offene Spezial-AIF stellt das KAGB neben dem Sondervermögen und der Investmentaktiengesellschaft mit veränderlichem Kapital in Gestalt der offenen Investmentkommanditgesellschaft eine weitere Rechtsform zur Verfügung (§ 91 Abs. 2 KAGB). Die offene Investmentkommanditgesellschaft ist in das KAGB eingeführt worden, um erstmals in Deutschland ein effizientes Investmentvehikel

42 Regierungsentwurf AIFM-UmsG, BT-Drs. 17/12294, S. 190 f, 264 f.

43 Siehe §§ 85 und 90h Abs. 3 und 4 InvG.

44 Gesetz zur Stärkung des Anlegerschutzes und Verbesserung der Funktionsfähigkeit des Kapitalmarktes vom 5. April 2011, Bundesgesetzblatt 2011 Teil I, Nr. 14, S. 538 ff.

zur Bündelung von Pensionsvermögen, die in verschiedenen Ländern verwaltet werden, bereit zu stellen (sog. *Pension Asset Pooling*).[45] Bisher konnten in Deutschland Spezialfonds nur in den Rechtsformen des Sondervermögens und der Investmentaktiengesellschaft errichtet werden. Beide Rechtsformen sind jedoch für ein grenzüberschreitendes Pooling ungeeignet, da sie für Zwecke der Doppelbesteuerungsabkommen („DBA") als steuerlich intransparent gelten und damit dem ausländischen Anleger (z.B. einem holländischen Pensionsfonds) die Vorteile seines DBA im Verhältnis zum Zielstaat des Investments nehmen.[46] Die Möglichkeit, ein effizientes *Pension Asset Pooling* anbieten zu können, ist für den deutschen Fondsstandort im internationalen Wettbewerb von großer Bedeutung, zumal andere europäische Rechtsordnungen wie Großbritannien, Irland, Luxemburg und die Niederlande derartige Pension Pooling Vehikel bereits eingeführt haben.

Die offene Investmentkommanditgesellschaft ist jedoch nur dann ein geeignetes Vehikel zur Bündelung von international verstreutem Pensionsvermögen, wenn begleitende steuerrechtliche Regelungen im Investmentsteuergesetz (InvStG) einerseits die steuerrechtliche Transparenz sicherstellen und andererseits den deutschen Anleger nicht schlechter als bei einem Spezial-Sondervermögen stellen. Der Regierungsentwurf eines AIFM-Steuer-Anpassungsgesetzes[47] hatte entsprechende Regelungen vorgesehen, die indes vom Bundesrat - auch nachdem seinen Bedenken wegen befürchteter Steuergestaltungen durch geänderte Formulierungen Rechnung getragen wurde[48] – abgelehnt wurden.[49] Da der Gesetzesentwurf in der vergangenen Legislaturperiode nicht mehr im Vermittlungsausschuss verhandelt wurde, ist er hinfällig geworden. Damit fehlen in Deutschland die steuerrechtlichen Rahmenbedingungen, um ein effizientes Pooling von Pensionsvermögenswerten anbieten zu können. Wenn größere deutsche Konzerne hieraus die Konsequenz ziehen, ihre im Inland verwalteten Pensionsvermögenswerte in Milliardenhöhe in ein anderes europäischen Land

---

45 Regierungsentwurf AIFM-UmsG, BT-Drs. 17/12294, S. 190.

46 Siehe hierzu *Wallach*, Stellungnahme für den Finanzausschuss des Bundestages vom 17. Februar 2011, abrufbar unter http://www.bundestag.de/bundestag/ausschuesse17/a07/anhoerungen/2011/044/Stellungnahmen/28-Wallach.pdf.

47 Entwurf eines Gesetzes zur Anpassung des Investmentsteuergesetzes und anderer Gesetze an das AIFM-Umsetzungsgesetz (AIFM-Steuer-Anpassungsgesetz – AIFM-StAnpG), BT Drs. 17/12603; siehe dort insbes. Art. 1 Nr. 2 AIFM-StAnpG, BT-Drs. 17/12603, S. 9.

48 Siehe Bericht des Finanzausschusses vom 16. Mai 2013, BT Drs. 17/13562.

49 Siehe Empfehlungen des Finanzausschusses des Bundesrates vom 27. Mai 2013, BR Drs. 376/1/13.

zu verlagern, um sie dort mit ihren im Ausland verwahrten Vermögenswerten zu bündeln, droht dem deutschen Fondstandort ein immenser Schaden.

Die Blockade des Bundesrates hat die weitere Folge, dass insgesamt eine Anpassung des Investmentsteuergesetzes (InvStG) an das KAGB unterblieben ist. Bis zur Anpassung gilt nunmehr ein Schreiben des Bundesministeriums der Finanzen vom 18. Juli 2013[50], wonach sowohl auf bereits bestehende als auch auf nach dem KAGB neu aufgelegte Investmentvermögen das unveränderte InvStG Anwendung findet. Das InvStG verweist jedoch für seinen Anwendungsbereich auf das Vorliegen eines inländischen und ausländischen Investmentvermögens i.S. des aufgehobenen InvG (§ 1 Abs. 1 InvStG). Dadurch ist im Investmentsteuerrecht die recht kuriose Situation entstanden, dass für die Ermittlung der Steuerlast eines deutschen Anlegers nach den Kriterien eines aufgehobenen Gesetzes geprüft werden muss, ob das betreffende Investmentvehikel ein „Investmentvermögen“ darstellt. Ob eine solche Anordnung durch ein Schreiben des Bundesministeriums der Finanzen getroffen werden kann, ist eine auch unter rechtsstaatlichen Gesichtspunkten zu beleuchtende Frage.

Weitere Rechtsformen sieht das KAGB für offene Spezial-AIF nicht vor. Neu ist allerdings, dass wegen des materiellen Investmentbegriffes[51] offene Spezial-AIF auch nicht außerhalb des KAGB in anderen Rechtsformen gebildet werden können. Die z.B. in Luxemburg für den Spezialfonds zulässige[52] Kommanditgesellschaft auf Aktien ist damit eine in Deutschland für offene (und auch geschlossene) Spezialfonds verbotene Rechtsform. Das ist bedauerlich, weil durchaus ein praktisches Bedürfnis für die Kommanditgesellschaft auf Aktien besteht. Sie gibt Fondsinitiatoren durch eine entsprechende gesellschaftsvertragliche Ausgestaltung, die dem Komplementär bestimmte Zustimmungsvorbehalte bei wesentlichen Entscheidungen einräumt, die Möglichkeit, die Fondsgesellschaft besser zu kontrollieren.

Angesichts der weiten Definition des „AIF“ in der AIFM-Richtlinie und des „Investmentvermögens“ im KAGB sowie der Tatsache, dass professionelle und semi-professionelle Anleger eines geringeren Schutzes vor Risiken eines Investments bedürfen, hätte ein möglicher Ansatz darin bestehen können, auf einschränkende Produktregeln bei Spezial-AIF gänzlich zu verzichten. Dennoch hat

---

50 Abrufbar unter http://www.bundesfinanzministerium.de/Content/DE/Downloads/BMF_Schreiben/Steuerarten/Investmentsteuer/2013-07-18-AIFM-fortgeltung-bisheriges-recht.pdf?__blob=publicationFile&v=1.

51 Siehe oben 2.4.

52 Siehe Art. 25 Law of 13th February, 2007 relating to specialised investment funds, abrufbar unter http://www.fdc.lu/fileadmin/file/fdc/Organisation/Law_of_13_February_2007_relating_to_SIF__CSSF_.pdf.

der Gesetzgeber für offene Spezial-AIF die Mindestanforderungen aufgestellt, dass nur Vermögensgegenstände erworben werden können, deren Verkehrswert ermittelt werden kann (§ 282 Abs. 2 KAGB) und die Mittel eines offenen Spezial-AIF nach dem Grundsatz der Risikomischung angelegt werden müssen (§ 282 Abs. 1 KAGB). Die letztgenannte Anforderung führt dazu, dass – anders als beispielsweise in der Schweiz - kein Spezial-AIF aufgelegt werden kann, der in weniger als vier verschiedene Edelmetalle investiert. Eine Begründung für die Aufrechterhaltung des Prinzips der Risikomischung bei offenen Spezial-AIF bleibt der Gesetzgeber schuldig.[53]

Darüber hinaus sieht das KAGB die besondere Kategorie der „Spezial-AIF mit festen Anlagebedingungen" vor (§ 284 KAGB). Diese Kategorie entspricht den bisherigen Spezial-Sondervermögen nach dem InvG. § 284 KAGB übernimmt nahezu unverändert § 91 InvG. Der Gesetzgeber kommt damit einem Bedürfnis der Investmentbranche entgegen, die im Interesse der Produktkontinuität eine Fortgeltung des gewohnten Spezialfonds forderte.[54] Mit dieser Forderung war zugleich die Erwartung verbunden, dass sich auch die steuerliche Behandlung der Spezialfonds im alten Gewand nicht ändern werde.[55]

5 Neue Vertriebsregeln für offene Investmentvermögen

5.1 Allgemeines zum Vertrieb und Privatplatzierungen

Einschneidende Änderungen bringt die AIFM-Richtlinie für den Vertrieb von Anteilen an AIF in den Mitgliedstaaten der EU und den Vertragsstaaten des EWR. Die bisher in diesen Ländern geltende[56] erlaubnisfreie Platzierung an bestimmte Gruppen von qualifizierten Anlegern (sog. Private Placement) wird abgeschafft. Jeglicher Vertrieb von Anteilen an einem AIF bedarf daher der vorherigen Anzeige an die zuständige Aufsichtsbehörde des Herkunftsmitgliedstaates des AIFM.[57]

53 Siehe Regierungsentwurf AIFM-UmsG, BT-Drs. 17/12294, S. 275.
54 Siehe Regierungsentwurf AIFM-UmsG, BT-Drs. 17/12294, S. 276.
55 Dem wurde im Regierungsentwurf des AIFM-StAnpG (Fußn. 47) auch Rechnung getragen, siehe Art. 1 Nr. 2 AIFM-StAnpG, BT-Drs. 17/12603, S. 8.
56 Siehe für das deutsche Investmentrecht § 2 Abs. 11 Satz 2 InvG.
57 Siehe Art. 31 f. AIFM-Richtlinie.

Dieses Anzeigeverfahren ist durch die Gewährung des Europäischen Passes, der aufgrund der Zulassung als AIFM lediglich eine Anzeige an die Heimataufsichtsbehörde für den Vertrieb an professionelle Anleger in beliebig vielen anderen Mitgliedstaaten verlangt, erleichtert. Der Europäische Pass wird auch AIFM außerhalb der EU („Nicht-EU-AIFM") gewährt. Voraussetzung hierfür ist, dass ihnen ein Mitgliedstaat als Referenzmitgliedstaat zugewiesen wird und sie eine Zulassung durch die zuständige Aufsichtsbehörde dieses Referenzmitgliedstaates erlangt haben.[58] Allerdings wird dieser sog. Drittstaatenpass voraussichtlich erst Ende 2015 eingeführt werden.[59] Der Drittstaatenpass umfasst auch den Vertrieb von AIF außerhalb der EU („Nicht-EU-AIF") durch einen AIFM mit Sitz innerhalb der EU („EU-AIFM") an professionelle Anleger in der EU.[60]

Als Folge eines politischen Kompromisses ist den Mitgliedstaaten jedoch ausnahmsweise die Möglichkeit eingeräumt, auf ihrem Territorium den Vertrieb von AIF auch ohne Pass des betreffenden AIFM zu gestatten.[61] Diese Privatplatzierungsausnahmen sind jedoch in der AIFM-Richtlinie als temporäre Regelungen angelegt und werden voraussichtlich (frühestens) Ende 2018 außer Kraft gesetzt.[62]

Der deutsche Gesetzgeber hat von der Option, vorübergehend die erlaubnisfreie Privatplatzierung im Inland zu gestatten, keinen Gebrauch gemacht. Er verlangt vielmehr für jeglichen Vertrieb von AIF eine vorherige Anzeige an die BaFin (§§ 294 f. KAGB).[63] Der weite Vertriebsbegriff des KAGB umfasst jegliches direkte oder indirekte Anbieten oder Platzieren von Anteilen oder Aktien eines Investmentvermögens (§ 293 Abs. 1 Satz 1 KAGB) unabhängig von der Art des Investmentvermögens und dem angesprochenen Anlegerkreis. Der Gesetzgeber versteht den Begriff des „Anbietens" nicht nur im zivilrechtlichen Sinne des BGB, sondern in einem weiten Sinne, der auch die *invitatio ad offerendum* und die Werbung für ein Investmentvermögen umfasst.[64] Da jeglicher Vertrieb vom KAGB

---

58 Art. 37, 39, 40 AIFM-Richtlinie.

59 Siehe Art. 67 AIFM-Richtlinie.

60 Art. 35 AIFM-Richtlinie.

61 Art. 36 und 42 AIFM-Richtlinie.

62 Siehe Art. 68 AIFM-Richtlinie.

63 Zum Vertrieb siehe auch *Emde/Dreibus*, BKR 2013, 97 ff.; *Loff/Klebeck*, BKR 2012, 353 ff.

64 Beschlussempfehlung und Bericht des Finanzausschusses zu dem Gesetzentwurf der Bundesregierung (AIFM-UmsG), BT-Drs. 17/13395, S. 656; übernommen von der BaFin in ihrem FAQ „Häufige Fragen zum Vertrieb und Erwerb von Investmentvermögen nach dem KAGB" vom 4. Juli 2013 („BaFin FAQ Vertrieb und Erwerb von Investmentvermögen nach dem KAGB"), unter Ziff. 1.1., abrufbar unter http://www.bafin.de/SharedDocs/Veroeffentlichungen/DE/FAQ/faq_kagb_vertrieb_erwerb_130604.html.

erfasst werden soll, wird auch auf das bisherige Merkmal der „Öffentlichkeit" des Vertriebs verzichtet.[65]

In Übereinstimmung mit der AIFM-Richtlinie wird der Begriff des Vertriebs an semi-professionelle und professionelle Anleger jedoch enger gefasst und setzt voraus, dass dieser auf Initiative der Verwaltungsgesellschaft oder in deren Auftrag erfolgt und sich an diesen Anlegerkreis richtet (§ 293 Abs. 1 Satz 3 KAGB). Daraus ist zu folgern, dass Vertriebsaktivitäten, die nicht auf einer Initiative der Verwaltungsgesellschaft beruhen, der sog. passiven Dienstleistungsfreiheit zuzurechnen sind.

5.2 Vertrieb von OGAW

Das KAGB übernimmt die Vorgaben des InvG für den Vertrieb von OGAW in Deutschland nahezu unverändert.[66] Der Vertrieb von inländischen OGAW im Inland erfordert daher nach wie vor kein Anzeigeverfahren. Der Vertrieb von EU-OGAW erfolgt weiterhin einheitlich für alle Anlegerkategorien auf der Grundlage des Europäischen Passes entsprechend den Anforderungen der OGAW-IV-Richtlinie und der OGAW-IV-Durchführungsverordnung[67] (§ 310 Abs. 1 KAGB). Die Anforderungen an das Anzeigeverfahren hat die BaFin in einem Merkblatt vom 17. Juli 2013 zusammengefasst.[68]

---

65 Regierungsentwurf AIFM-UmsG, BT-Drs. 17/12294, S. 277.

66 *Emde/Dreibus*, BKR 2013, 98.

67 Verordnung (EU) Nr. 584/2010 zur Durchführung der OGAW-IV-Richtlinie vom 1. Juli 2010, Amtsblatt der EU vom 10.07.2010, L 176/16 ff..

68 BaFin Merkblatt (2013) zum Vertrieb von Anteilen an EU-OGAW in der Bundesrepublik Deutschland gemäß § 310 KAGB „Incoming UCITS-Notification bzw. Incoming UCITS-Update" vom 17. Juli 2013, abrufbar unter http://www.bafin.de/SharedDocs/Downloads/DE/Merkblatt/WA/dl_130722_merkbl_310KAGB_wa.html.

5.3 Vertrieb von AIF an professionelle und semi-professionelle Anleger

5.3.1 Vertrieb von Spezial-AIF, EU-AIF und ausländischen AIF durch eine AIF-Kapitalverwaltungsgesellschaft

Mit der Abschaffung des Privatplatzierungsregimes in Deutschland ist auch für den Vertrieb von Spezial-AIF an professionelle und semi-professionelle Anleger durch eine AIF-Kapitalverwaltungsgesellschaft ein Anzeigeverfahren bei der BaFin durchzuführen (§ 321 KAGB). Gleiches gilt für den Vertrieb von EU-AIF an professionelle und semi-professionelle Anleger in Deutschland.

In vergleichbarer Weise hat die AIF-Kapitalverwaltungsgesellschaft eine Anzeige zu erstatten, wenn sie nach der Einführung des Drittstaatenpasses AIF mit Sitz außerhalb der EU oder des EWR (in § 1 Abs. 9 KAGB definiert als „ausländische AIF") an professionelle und semi-professionelle Anleger in Deutschland vertreiben will. Zusätzlich ist jedoch erforderlich, dass,
1. zwischen der BaFin und den für den ausländischen AIF zuständigen Aufsichtsbehörden eine Kooperationsvereinbarung hinsichtlich der gemeinsamen Zusammenarbeit besteht,[69]
2. der Herkunftsstaat des AIF nicht auf der Liste der nicht-kooperativen Länder der Financial Action Task Force steht und
3. mit dem Herkunftsstaat des AIF wirksame Vereinbarungen bezüglich eines wirksamen Informationsaustauschs in Steuerangelegenheiten (Steuervereinbarungen) getroffen wurden.

Die Punkte (1) bis (3) werden nachfolgend als „Drittstaatenanforderungen" bezeichnet. Weitere Voraussetzung ist, dass die AIF-Kapitalverwaltungsgesellschaft bei der Verwaltung des ausländischen AIF die Vorgaben der AIFM-Richtlinie einhält (§ 322 Abs. 1 KAGB).

Eine AIF-Kapitalverwaltungsgesellschaft kann ausländische AIF auch bereits vor Einführung des Drittstaatenpasses an professionelle und semi-professionelle Anleger in Deutschland vertreiben. Voraussetzung hierfür ist zunächst, dass die Drittstaatenanforderungen (mit Ausnahme der Steuervereinbarungen) erfüllt

69 Die BaFin hat eine Liste der Länder, mit denen sie bilaterale Kooperationsvereinbarungen abgeschlossen hat, in ihrem „Merkblatt zu Vereinbarungen über die Zusammenarbeit zwischen der Bundesanstalt und zuständigen Stellen eines Drittstaates im Rahme der AIFM-Richtlinie 2011/61/EU" vom 22. Juli 2013, abrufbar unter http://www.bafin.de/SharedDocs/Veroeffentlichungen/DE/Merkblatt/WA/mb_130722_internat_koopvereinbarungen_kagb.html, veröffentlicht.

sind. Ferner muss die AIF-Kapitalverwaltungsgesellschaft und ihre Verwaltung des ausländischen AIF mit den Bestimmungen des KAGB im Einklang stehen. Hinsichtlich der Anforderungen an die Verwahrung wird allerdings ein wichtiger Unterschied zwischen dem Vertrieb lediglich an professionelle Anleger und dem Vertrieb (auch) an semi-professionelle Anleger gemacht: Im erstgenannten Fall muss die AIF-Kapitalverwaltungsgesellschaft lediglich eine von ihr unabhängige Stelle, die Verwahrungsfunktionen wahrnimmt, bestellen, während sie im letztgenannten Fall eine regulierte Verwahrstelle im Sinne des KAGB bestellen muss (§ 329 Abs. 1 Nr. 1 und 2 KAGB).

5.3.2 Vertrieb von Spezial-AIF, EU-AIF und ausländischen AIF durch eine EU-AIF-Verwaltungsgesellschaft

Für den Vertrieb von Spezial-AIF und EU-AIF durch EU-AIF-Verwaltungsgesellschaften steht ab Inkrafttreten des KAGB der europäische Vertriebspass zur Verfügung (§ 323 KAGB). Der Vertrieb setzt damit lediglich eine Anzeige an die Aufsichtsbehörde des Herkunftsstaats der Verwaltungsgesellschaft voraus, die der BaFin innerhalb von 20 Tagen die AIFM-Bescheinigung und das AIF-Anzeigeschreiben übermittelt und die Verwaltungsgesellschaft über diese Übermittlung unterrichtet. Mit der Unterrichtung kann der Vertrieb aufgenommen werden. Einzelheiten des Anzeigeverfahrens hat die BaFin in einem Merkblatt vom 17. Juli 2013 zusammengefasst.[70]

Der Vertrieb von ausländischen AIF durch EU-AIF-Verwaltungsgesellschaften ist vor Einführung des Drittstaatenpasses unter den gleichen Voraussetzungen zulässig wie der Vertrieb durch eine AIF-Kapitalverwaltungsgesellschaft,[71] mit der Abweichung, dass die EU-AIF-Verwaltungsgesellschaft das für sie geltende Umsetzungsgesetz der AIFM-Richtlinie beachten muss (§ 329 KAGB).

Mit Einführung des Drittstaatenpasses wird die Anzeige der Vertriebsabsicht nicht mehr an die BaFin, sondern an die Aufsichtsbehörde des Herkunftsstaats der EU-AIF-Verwaltungsgesellschaft gerichtet (§ 324 Abs. 2 KAGB). Das weitere

70 BaFin Merkblatt (2013) zum Vertrieb von Anteilen oder Aktien an EU-AIF oder inländischen Spezial-AIF, die von einer EU-AIF-Verwaltungsgesellschaft verwaltet werden, an semi-professionelle und professionelle Anleger in der Bundesrepublik Deutschland gemäß § 323 KAGB vom 17. Juli 2013, abrufbar unter http://www.bafin.de/SharedDocs/Downloads/DE/Merkblatt/WA/dl_130722_merkbl_323KAGB_wa.html.

71 Siehe oben 5.3.1.

Verfahren entspricht demjenigen des europäischen Vertriebspasses zuzüglich der Drittstaatenforderungen für den AIF.

5.3.3 Vertrieb von Spezial-AIF, EU-AIF und ausländischen AIF EU-AIF durch eine ausländische AIF-Verwaltungsgesellschaft

AIF-Verwaltungsgesellschaften mit Sitz in einem Drittstaat (in § 1 Abs. 18 KAGB definiert als „ausländische AIF-Verwaltungsgesellschaften") dürfen Spezial-AIF und EU-AIF auch schon vor Einführung des Drittstaatenpasses an professionelle und semi-professionelle Anleger in Deutschland vertreiben. Voraussetzung ist, dass die ausländische AIF-Verwaltungsgesellschaft bestimmte Informations- und Offenlegungspflichten erfüllt und eine von ihr unabhängige Stelle benennt, die die Verwahrstellenfunktionen wahrnimmt (§ 330 Abs. 1 Nr. 1 KAGB). Ist ein Vertrieb auch an semi-professionelle Anleger beabsichtigt, muss die Verwaltungsgesellschaft und die Verwaltung des AIFs den Anforderungen der AIFM-Richtlinie vollständig entsprechen (§ 330 Abs. 1 Nr. 2 KAGB). In beiden Fällen müssen ferner die Drittstaatenanforderungen (mit Ausnahme der Steuervereinbarung) erfüllt sein.

Nach Einführung des Drittstaatenpasses gelten grundsätzlich die Regeln des europäischen Vertriebspasses.[72] Die Vertriebsanzeige ist bei der zuständigen Aufsichtsbehörde des jeweiligen Referenzmitgliedstaates einzureichen (§§ 325, 327 KAGB).

Für den Vertrieb von ausländischen AIF durch ausländische AIF-Verwaltungsgesellschaften gilt das zu 5.3.2) Gesagte entsprechend (§§ 326, 328 KAGB). Zu beachten ist aber, dass die Drittstaatenanforderungen sowohl hinsichtlich der Verwaltungsgesellschaft als auch hinsichtlich des ausländischen AIFs erfüllt sein müssen.

5.4 Vertrieb von AIF an Privatanleger

Der Vertrieb von AIF an das Publikum in Deutschland wird ebenfalls grundlegend neu gestaltet. Der Vertrieb eines inländischen Publikums-AIF durch eine AIF-Kapitalverwaltungsgesellschaft erfordert ein Anzeigeverfahren, das spätestens 20 Arbeitstage nach Eingang der vollständigen Anzeige bei der BaFin abgeschlossen sein muss (§ 316 KAGB).

---

72 Siehe oben 5.3.2.

Für den Vertrieb von EU-AIF oder ausländischen AIF an Privatanleger in Deutschland gilt nicht der Europäische Vertriebspass bzw. der Drittstaatenpass. Vielmehr nutzte der Gesetzgeber die in der AIFM-Richtlinie[73] eingeräumte Möglichkeit, für den Vertrieb an Privatanleger zusätzliche Anforderungen zu stellen. So fordert der Gesetzgeber für die Zulässigkeit des Vertriebs von EU-AIF und ausländischen AIF an Privatanleger, dass der AIF und die Verwaltungsgesellschaft ihren Sitz in demselben Staat haben müssen (§ 317 Abs. 1 Nr. 1 KAGB) und begründet dies mit Risiken grenzüberschreitender Verwaltung von Publikums-AIF angesichts der fehlenden Produktharmonisierung.[74] Dies steht nicht im Widerspruch zur Möglichkeit von AIF-Kapitalverwaltungsgesellschaften und AIF-Verwaltungsgesellschaften, AIF in einem anderen Mitgliedstaat oder in einem Drittstaat zu verwalten (europäischer Pass bzw. Drittstaatenpass für Verwaltungsgesellschaften, vgl. §§ 53 ff. KAGB). Wenn dieser Pass jedoch genutzt wird, ist ein Vertrieb des AIF an Privatanleger im Inland ausgeschlossen.

Zu den weiteren besonderen Zulässigkeitsvoraussetzungen des Vertrieb von EU-AIF an Privatanleger im Inland gehören, dass die EU-AIF-Verwaltungsgesellschaft und ihre Verwaltung des EU-AIF den Anforderungen der AIFM-Richtlinie entsprechen müssen, ein Repräsentant und eine Zahlstelle in Deutschland benannt sowie eine Verwahrstelle bestellt werden müssen. Die Anlagebedingungen oder Gesellschaftsverträge des EU-AIFs müssen Regelungen wie für vergleichbare inländische AIFs beinhalten (§ 317 Abs. 1 Nr. 7 KAGB). Nach Eingang der vollständigen Anzeige bei der BaFin gilt eine dreimonatige Bearbeitungsfrist (§ 320 Abs. 2 Nr. 1 KAGB).

Für die Zulässigkeit des Vertriebs ausländischer AIF an Privatanleger im Inland ist darüber hinaus erforderlich, dass die Drittstaatenanforderungen erfüllt sind. Beabsichtigt eine ausländische AIF-Verwaltungsgesellschaft, ausländische AIF an Privatanleger im Inland zu vertreiben, muss sie die Anforderungen einer Erlaubnis als inländische AIF-Kapitalverwaltungsgesellschaft erfüllen (§ 320 Abs. 1 Satz 2 Nr.1.b) KAGB). Die Frist für die Bearbeitung der Anzeige ausländischer AIF beträgt sechs Monate (§ 320 Abs. 2 Nr. 2 KAGB). Sie verkürzt sich aber nach Einführung des Drittstaatenpasses auf drei Monate (§ 320 Abs. 2 Nr. 1 KAGB). Einzelheiten des Anzeigeverfahrens finden sich in einem BaFin Merkblatt vom 19. Juli 2013.[75]

---

73 Art. 43 Abs. 1 AIFM-Richtlinie.

74 Regierungsentwurf AIFM-UmsG, BT-Drs. 17/12294, S. 286.

75 BaFin Merkblatt für Anzeigen beim beabsichtigten Vertrieb von EU-AIF oder ausländischen AIF an Privatanleger in der Bundesrepublik Deutschland nach § 320 KAGB vom 19. Juli 2013, abrufbar unter http://www.bafin.de/SharedDocs/Downloads/DE/Merkblatt/WA/dl_130719_merk-

Zusammenfassend lässt sich feststellen, dass der Vertrieb von EU-AIF und ausländischen AIF an Privatanleger in Deutschland nur aussichtsreich erscheint, wenn der AIF speziell für den deutschen Markt strukturiert wird. Erfolgt die Verwaltung durch eine ausländische AIF-Verwaltungsgesellschaft, muss diese in vollem Umfang AIFM-richtlinienkonform sein. Das kommt nur für solche ausländischen Fondsanbieter in Betracht, die für ihre Verwaltungsgesellschaft eine Zulassung als AIF-Verwaltungsgesellschaft in einem Referenzmitgliedstaat anstreben.

6 Übergangsvorschriften für offene Investmentvermögen

Je gravierender die Einschnitte einer neuen gesetzlichen Regelung sind, desto bedeutsamer werden die Übergangsvorschriften, die den Normadressaten Bestandsschutz und Fristen gewähren, die neuen Regelungen umzusetzen. So sieht auch das KAGB umfangreiche Übergangsvorschriften vor, die sich auf das Erfordernis einer Erlaubnis als Kapitalverwaltungsgesellschaft, die Anpassung der Fondsbedingungen und die Fortgeltung des Vertriebsrechtes beziehen.

6.1 Ebene der Kapitalverwaltungsgesellschaft

AIF-Kapitalverwaltungsgesellschaften, die bereits vor dem 22. Juli 2013 die kollektive Vermögensverwaltung i.S. des § 20 KAGB i.V.m. § 1 Abs. 19 Nr. 24 KAGB[76] ausgeübt haben, müssen vor Ablauf des 21. Juli 2014 die Erlaubnis als Kapitalverwaltungsgesellschaft gemäß §§ 20 und 22 KAGB beantragen (§ 343 Abs. 1 KAGB). Um die Fortführung ihres Geschäftsbetriebes während des Erlaubnisverfahrens zu gewährleisten, dürfen sie bis zum 21. Januar 2015 neue AIF – dann aber nach den Vorschriften des KAGB – auflegen und verwalten. Nach der Konzeption des KAGB sollen die AIF-Kapitalverwaltungsgesellschaft bereits ab Inkrafttreten des

bl_320_kagb.html.

76 Zur Frage, was in § 343 Abs. 1 Satz 1 KAGB genau unter „Tätigkeiten im Sinne des § 20" zu verstehen ist, siehe BaFin FAQ „Häufige Fragen zu den Übergangsvorschriften nach den §§ 343 ff. des KAGB" vom 18. Juni 2013 („BaFin FAQ Übergangsbestimmungen KAGB"), abrufbar unter http://www.bafin.de/SharedDocs/Veroeffentlichungen/DE/FAQ/faq_kagb_ubergangsvorschriften_130618.html, unter Ziff"I.9.

KAGB Maßnahmen zur Anpassung an das KAGB vornehmen (§ 343 Abs. 12 Satz 1 KAGB).[77] Mit dieser Begründung erscheint es konsequent, wenn das KAGB anordnet, dass bereits ab Eingang des Erlaubnisantrages, spätestens aber ab dem 22. Juli 2014 die Vorschriften des KAGB auf die AIF-Verwaltungsgesellschaft anzuwenden sind (§ 345 Abs. 2 Satz 3 KAGB).

6.2 Ebene der offenen Investmentvermögen

Soweit die Anlagebedingungen von OGAW wegen der verschärften Anforderungen im Zusammenhang mit Wertpapierdarlehen und Pensionsgeschäften[78] geändert werden müssen, sind diese Änderungen bis zum 22. Dezember 2013 der BaFin zur Genehmigung einzureichen. Im Übrigen müssen rein redaktionelle Änderungen bis zum 31. Dezember 2014 vorgenommen werden (§ 355 Abs. 2 KAGB).

Die Anlagebedingungen offener Publikums-AIF und offener Spezial-AIF müssen bis zum 21. Juli 2014 an das KAGB angepasst und zusammen mit dem Erlaubnisantrag gemäß § 22 KAGB eingereicht werden (§ 345 Abs. 1 Sätze 1 und 6, Abs. 3 Satz 1 sowie § 351 Abs. 1 Sätze 1 und 3 KAGB).[79] Eine Ausnahme gilt für offene Immobilien-Sondervermögen, deren Anteilsrücknahme gemäß § 81 InvG ausgesetzt ist: Solange die Rücknahme ausgesetzt ist, sollen nach dem Willen der BaFin die Anlagebedingungen nicht geändert werden.[80]

Für Gemischte Investmentvermögen und Sonstige Investmentvermögen, die Anlagen getätigt haben, die nach dem KAGB nicht mehr zulässig sind,[81] gilt Bestandsschutz, d.h. sie müssen diese Anlagen nicht veräußern, sofern sie vor dem 22. Juli 2013 erworben wurden. Ein Erwerb unzulässiger Anlagen ist jedoch selbst dann ab dem 22. Juli 2013 nicht mehr zulässig, wenn die Anlagebedingungen noch nicht angepasst wurden.[82]

---

77 BaFin FAQ Übergangsbestimmungen KAGB unter Ziff. I.1.

78 Siehe oben 4.1.

79 Das Erfordernis der Zeitgleichheit der Einreichung der geänderten Anlagebedingungen und des Erlaubnisantrages bestätigt auch die BaFin, siehe BaFin FAQ Übergangsbestimmungen KAGB unter Ziff. II.1.

80 BaFin FAQ Übergangsbestimmungen KAGB unter Ziff. II.6.

81 Siehe oben 4.1.

82 BaFin FAQ Übergangsbestimmungen KAGB unter Ziff. II.6.

6.3 Ebene des Vertriebs

Auch hinsichtlich des Vertriebsrechtes sieht das KAGB maximal zwölfmonatige Übergangsfristen vor: Bereits vor dem 22. Juli 2013 aufgelegte inländische Publikums- oder Spezial-AIF können weiterhin und längstens bis zum 21. Juli 2014 oder bis zum Inkrafttreten der angepassten Anlagebedingungen nach den Vorgaben des InvG vertrieben werden (§ 345 Abs. 6 und 7 KAGB). Anschließend ist ein Vertrieb nur noch nach erfolgreichem Anzeigeverfahren gemäß dem KAGB statthaft. AIF-Verwaltungsgesellschaften können außerdem nach § 139 InvG vertriebsberechtigte AIF bis zum 21. Juli 2014 weiter vertreiben. Ab diesem Zeitpunkt ist für den weiteren Vertrieb dann aber ebenfalls ein erfolgreiches Anzeigeverfahren notwendig (§ 345 Abs. 8 KAGB). Gleiches gilt für bislang erlaubnisfrei (privat) platzierte EU-AIF oder ausländische AIF (§ 345 Abs. 9 KAGB) sowie für EU-AIF oder ausländische AIF, die bislang nicht als Investmentvermögen im Sinne des InvG zu qualifizieren waren (§ 351 Abs. 5 KAGB).

7 Fazit

Mit dem Kapitalanlagegesetzbuch hat der Gesetzgeber erstmals ein umfassendes und in sich geschlossenes Regelwerk für das deutsche Investmentrecht vorgelegt. Das ist zu begrüßen, weil nunmehr die in unterschiedlichen Gesetzen – und teilweise nur unvollkommen – regulierten Fondsprodukte und deren Verwalter und Verwahrstellen in einem Gesetz erfasst und einheitlichen oder – wo sachlich angemessen – abgestuften aufsichtsrechtlichen Anforderungen unterworfen werden.

Die Hauptkritik gegen das neue Fondsregime des KAGB richtet sich gegen die Einführung beschränkender Produktregeln, die von der AIFM-Richtlinie, die eine reine Regulierung der Verwalter alternativer Investmentfonds bezweckte, nicht vorgegeben war. Die Produktregeln betreffen zum einen die Beschränkung auf bestimmte erlaubte Rechtsformen bei Spezial-AIF und zum anderen Begrenzungen der Anlagemöglichkeiten, insbesondere bei Gemischten Investmentvermögen und Sonstigen Investmentvermögen. Diese Einschränkungen sind auch unter dem Gesichtspunkt des Anlegerschutzes nicht zu rechtfertigen. In anderen europäischen Ländern wie Irland und Luxemburg finden sich derartige Einschränkungen nicht. Die Folge ist, dass der deutsche Anleger im Vergleich zu seinen europäischen Nachbarn eine geringere Palette von Fondsanlageprodukten angeboten bekommt. Eine solche Entscheidung sollte indes nicht vom Gesetzgeber – zumal wenn nicht europarechtlich vorgegeben –, sondern vom Markt getroffen werden. Einschränkende gesetzliche Produktregeln passen auch nicht zu dem sonstigen Trend europäischer (vgl. die derzeitigen Vorschläge zur Überarbeitung der Richtlinie über Märkte für Finanzinstrumente) und nationaler (vgl. das Honoraranlageberatungsgesetz) Gesetzgebung, die darauf abzielt, die Beratungsqualität zu erhöhen und den Anleger in die Lage zu versetzen, eine informierte Investmententscheidung zu treffen.

Produkteinschränkende gesetzliche Maßnahmen im nationalen Alleingang schwächen auch den deutschen Fondsstandort im internationalen Wettbewerb. Denn ausländische Fondsanbieter werden sich selbstverständlich eine Jurisdiktion als Sitzland ihrer Fondsplattform aussuchen, in der sie eine möglichst große Vielzahl unterschiedlicher Fondsprodukte auflegen und verwalten können.

Eine weitere signifikante Schwächung des deutschen Fondsstandorts droht durch die Hängepartie im Investmentsteuerrecht. Da ein neuer Gesetzesentwurf, der das Investmentsteuerrecht an die AIFM-Richtlinie anpasst, von einer neuen Bundesregierung erst in den Gesetzgebungsprozess eingebracht werden muss, ist mit der Verabschiedung eines solchen Gesetzes frühestens erst in der zweiten Hälfte des Jahres 2014 zu rechnen. Bis dahin wird die Möglichkeit einer effizienten Bündelung von Pensionsvermögen in Deutschland hinausgeschoben, und es herrscht unter allen Marktteilnehmern eine erhebliche Rechtsunsicherheit über die steuerliche Behandlung von Anlagen in Investmentfonds.

Dr. Markus Escher, Rechtsanwalt, München

Die Regulierung der geschlossenen Fonds im Kapitalanlagesetzbuch

1 Einführung

Die Regulierung der Verwalter geschlossener Fonds und deren Wirkungen für geschlossene Fonds ändert sich durch das Inkrafttreten des *Kapitalanlagegesetzbuchs* (KAGB)[1], das der Umsetzung der europäischen Richtlinie über Manager

1 Gesetz zur Umsetzung der Richtlinie 2011/61/EU über die Verwalter alternativer Investment-

Alternativer Investmentfonds (AIFM-Richtlinie, „AIFMD“)[2] dient, ab 22.07.2013 erheblich. Der öffentliche Vertrieb von Anteilen an geschlossenen Fonds zog bis dahin nach dem Vermögensanlagengesetz im Wesentlichen die Einhaltung formeller Standards bei Erstellung des Fondsprospektes und einer vor Vertriebsaufnahme erforderlichen Prospektbilligung der BaFin nach § 8 VermAnlG, die Erstellung und die Veröffentlichung von Jahresberichten mit Prüfungen nach § 23 VermAnlG nach sich. Auch wertpapierhandelsrechtliche Wohlverhaltenspflichten im Vertrieb durch Wertpapierdienstleistungsunternehmen nach den §§ 31 ff. WpHG bzw. der Finanzanlagenvermittlerverordnung bei Finanzvertrieb durch gewerberechtlich regulierte Vermittler waren in diesen Fällen bislang schon gegeben. Im Gegensatz hierzu werden sich die Aufsichtsanforderungen an geschlossene Fonds nach dem 22.07.2013 sprunghaft ändern. Das KAGB sieht neben einer grundsätzlich bestehenden Erlaubnispflicht für Verwalter geschlossener Fonds auch eine laufende Aufsicht durch die Bundesanstalt für Finanzdienstleistungsaufsicht (BaFin) als zuständiger Behörde vor. Neben anderen Fondsgestaltungen werden künftig geschlossene Fonds bezeichnet als Alternativer Investmentfonds (AIF) und die Verwalter als AIF-Kapitalverwaltungsgesellschaft (AIF-KVG), § 1 Abs. 16 KAGB. An eine AIF-KVG wird das KAGB Anforderungen zur Vorhaltung ausreichender Eigenmittel, Anforderungen an eine zuverlässige und erfahrene Geschäftsführung, Organisationspflichten, insbesondere die Bewältigung von Interessenskonflikten, die Einrichtung von Risiko- und Liquiditäts-Management- sowie Vergütungssystemen entsprechend den Vorgaben in Anhang II der AIFMD[3] stellen. Darüber hinaus wird eine Pflicht zur Bestellung einer Verwahrstelle, bei Publikumsfonds werden besondere fondsbezogene Produktvorgaben, neue Vertriebs- und Prospektpflichten, Bewertungspflichten, Prüf- und Berichtspflichten eingeführt.

Zur Kommentierung der Regulierung geschlossener Fonds auf dem Bankrechtstag stellt sich die Frage, ob eine Beteiligung an, die Verwaltung oder die Investition durch einen geschlossenen Fonds als *Bestandteile des Bankrechts* zu sehen sind. Anteile an geschlossenen Fonds sind in Deutschland im Regelfall als Anteile an einer GmbH & Co. KG emittiert, diese Anteile sind aber – anders als Anteile an offenen Investmentvermögen – nicht wertpapiermäßig verbrieft und sind damit auch nicht Wertpapiere nach § 1 DepG. Das Phänomen des geschlossenen Fonds spielte in der bankrechtlichen Literatur bislang nur eine untergeord-

---

fonds vom 04.07.2013 (BGBl. 2013 S. 1981), Art. 1 Kapitalanlagegesetzbuch (KAGB).

2 EU-Richtlinie 2011/61/EU vom 08. Juni 2011.

3 Insbesondere Kapitel II – VI der AIFM-Richtlinie 2011/61/EU vom 08. Juli 2011.

nete und nicht ernsthaft abgedeckte Rolle[4]. Aus Sicht der bankrechtlichen Wissenschaft sollte sich dies jedoch spätestens mit Inkrafttreten des KAGB ändern und es ist zu überlegen, ob nicht mit einer aufsichtsrechtlichen Begründung eine Finanzdienstleistung dann richtigerweise dem Bankrecht zugeordnet werden sollte, soweit eine Finanzmarktregulierung eine Erlaubnispflicht zum Geschäftsbetrieb vorsieht, wie dies nach § 20 KAGB für die Verwaltung von AIF der Fall ist. Eine Bestätigung für diese wissenschaftliche Einordnung lässt sich schließlich auch der Neufassung des § 1 Abs. 19 KWG entnehmen. Hiernach knüpft das KWG aufsichtsrechtliche Konsequenzen an die Zugehörigkeit eines Unternehmens zur „Finanzbranche" an und nach Inkrafttreten des KAGB werden auch AIF-KVG *de lege lata* zur „Finanzbranche" gehören.

Bei einer unvoreingenommenen *Betrachtung des bisherigen Markts* der geschlossenen Fonds in Deutschland fällt bereits auf, dass das Vorurteil, dass es sich gegebenenfalls bei geschlossenen Fonds ausschließlich um Publikumsfonds handeln könnte, unzutreffend ist:

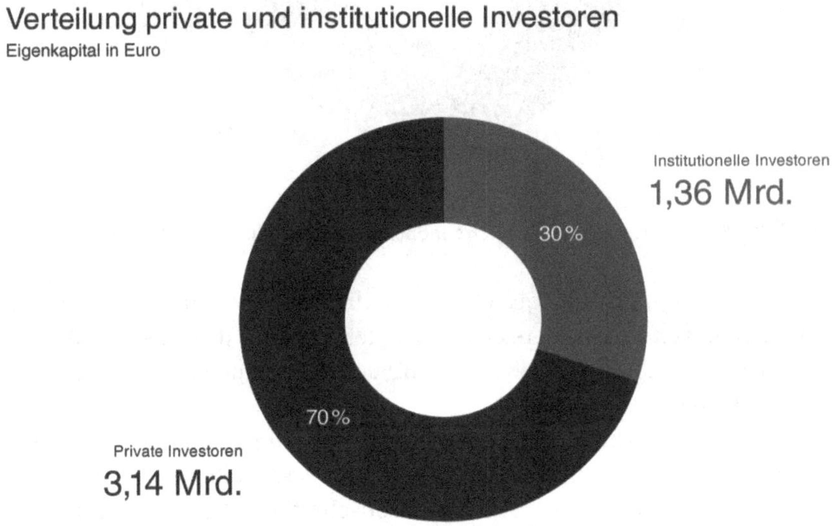

Quelle: © VGF Branchenzahlen, 2012, mit freundlicher Genehmigung VGF/BSI

4 S.Seyfried, in Kümpel/Wittig, Bank- und Kapitalmarktrecht, 4. Aufl., 2011, 3.69; Köndgen/Schmies, in Schimansky/Bunte/Lwowski, Bankrechtshandbuch, Band II, 4. Aufl., 2011 nur mit Erwähnung angelsächsischer closed-ended funds; Jakovou, in Langenbucher/Bliesener/Spindler, Bankrechtskommentar, 2013, 39. Kapitel, Rz. 15; Dötz/Weth, ZfgKredW 2013, 620

Neben der Bedeutung institutioneller Investoren in Höhe von etwa einem Drittel des Marktvolumens in Deutschland ist auch die Verteilung des platzierten Eigenkapitals auf die unterschiedlichen Asset-Klassen bemerkenswert[5]:

Platziertes Eigenkapital nach Assetklasse
in Millionen Euro

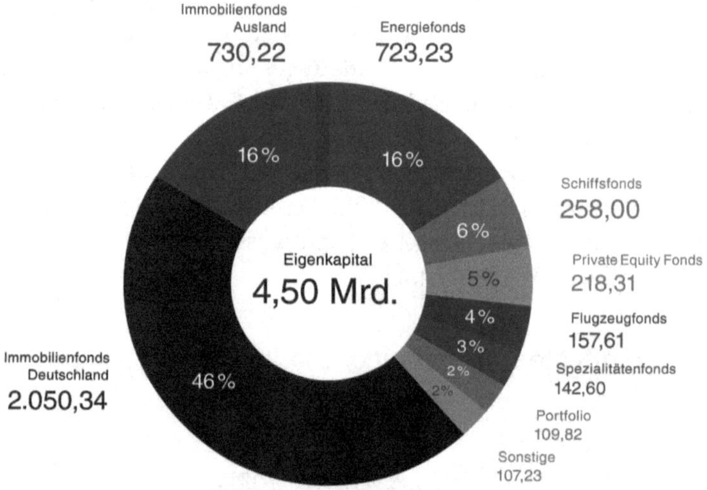

Quelle: © VGF Branchenzahlen, 2012, mit freundlicher Genehmigung VGF/BSI

Während Flugzeug-, Private Equity- oder Schiffsfonds nach diesen Ermittlungen nur im einstelligen Prozentbereich Marktanteile haben, dominierten als Asset-Klassen neben Immobilienfonds mit ca. 62% Anteil am platzierten Eigenkapital Energiefonds in Höhe von ca. 16%.

Aufgrund des Facettenreichtums der geschlossenen Fonds im Hinblick auf Anlegertypen und Assetklassen sowie der sehr weitgreifenden Regulierungsdichte nach dem KAGB ist eine rechtswissenschaftliche Gesamtabdeckung der Regulierung geschlossener Fonds im Rahmen dieses Beitrages nicht denkbar. Er konzentriert sich daher auf einführende Überblicke, sowie auf die Vertiefung ausgewählter Spezialaspekte von bank- und gesellschaftsrechtlicher Bedeutung für die fortgeschrittene rechtswissenschaftliche Diskussion.

5 Verband geschlossener Fonds (VGF, Branchenzahlen 2012, nunmehr firmierend als „BSI“, Bundesverband für Sachwerte und Investmentvermögen).

2 Der geschlossene Fonds nach dem KAGB

2.1 Grundlagen

Eine präzise Legaldefinition des geschlossenen Fonds hielt bislang auch das Vermögensanlagengesetz nicht vor, sondern bezog sich knapp auf *„Anteile, die eine Beteiligung am Ergebnis eines Unternehmens gewähren“* oder *„Anteile an sonstigen geschlossenen Fonds“*, § 1 Abs. 2 Nr. 1, 3 VermAnlG.

2.1.1 Marktverständnis

Im bisherigen Marktverständnis definierte sich ein geschlossener Fonds als kollektive Anlage mit einer begrenzten, durch den Zeichnungsschluss üblicherweise definierten Zeichnungsfrist, die im Regelfall als Personengesellschaft, aus steuerlichen Gründen häufig als GmbH & Co. KG organisiert war, ohne dass die Anteile an dieser Personengesellschaft in der Direktbeteiligung oder bei einer treuhänderisch gehaltenen Beteiligung ausdrücklich fungibel mit liquiden Zweitmarkt- oder Rückgabemöglichkeiten an die Beteiligungsgesellschaft ausgestattet waren.

2.1.2 KAGB-Abgrenzung geschlossene/offene Fonds

Das neue (deutsche) Recht definiert „geschlossene AIF“ als alle AIF, die keine offenen AIF sind (§ 1 Abs. 5 KAGB). Als offener AIF qualifizierten sich nach (bisherigem) Verständnis des deutschen Gesetzgebers neben OGAWs nur offene Investmentvermögen, deren Investoren mindestens einmal pro Jahr ein Rückgaberecht haben (§ 1 Abs. 4 Nr. 2 KAGB). Diese, nach dem deutschen AIFM-Umsetzungsgesetz eindeutige Definition des „geschlossenen“ Fonds (zunächst bezogen auf das Merkmal „geschlossen“) läuft allerdings schon wenige Tage nach Inkrafttreten des KAGB Gefahr, europarechtswidrig zu sein.

2.1.3 ESMA-Definition

Abweichend vom Entwurf der Europäischen Wertpapieraufsichtsbehörde ESMA zu *regulatory technical standards on types of AIFMs* vom 02.04.2013 mit entsprechender Anknüpfung an die auch im deutschen Gesetz niedergelegte jährliche Rückgabemöglichkeit, veröffentlichte die ESMA am 13.08.2013 nach erheblicher

Kritik der EU-Kommission am ersten ESMA-Entwurf einen diesbezüglich neuen Entwurf einer EU-Verordnung, nach der zur Abgrenzung offener und geschlossener Fonds die jährliche Rückgabemöglichkeit keine Rolle mehr spielen soll. Nach Abstimmung mit der EU-Kommission soll nach Art. 1 Abs. 2 des Verordnungsentwurfes vom 13.08.2013 ein offener AIF vielmehr immer dann vorliegen, wenn nach den Anlagebedingungen oder dem Gesellschaftsvertrag zu irgendeinem Zeitpunkt für Investoren ein Rückgaberecht gegen den AIF besteht. [6] Auch wenn die marktpraktische Bedeutung dieses neu entworfenen Regulierungsstandards in Deutschland begrenzt sein mag, wäre damit doch die im KAGB enthaltene eindeutige Definition nicht mehr verwendbar und es müsste die dann in der finalen Verordnungsfassung niedergelegte Abgrenzungsdefinition europaweit zugrunde gelegt werden. Welche Auswirkungen dies auf bisher nach dem KAGB getroffene Übergangsbestimmungen getrennt nach Regelungen für offene und geschlossene AIF haben kann, ist gegenwärtig noch nicht abzusehen. Die nachlaufend freischaffenden und unter demokratischen Gesichtspunkten höchst zweifelhaften Definitionsbemühungen der EU-Kommission und der ESMA bei Festlegung von europaweit verbindlichen Regulierungsstandards nach Art. 4 Abs. 4 AIFMD werden allerdings zwingend bei der Arbeit mit geschlossenen Fonds zu beachten sein.

2.1.4 Kollektivrechtliche Differenzierung

Lässt man die künftig über den Entwurf des ESMA-Standards verbindlich werdende Abgrenzung offener und geschlossener Fonds zunächst dahingestellt und betrachtet die in der weit überwiegenden Anzahl im deutschen Markt praktizierten Fälle von offenen und geschlossenen Fonds, so müssen in dieser Abgrenzung wichtige kollektivrechtliche Differenzierungen erkannt werden:

Während bei offenen Fonds in der Vergangenheit und auch zukünftig im Regelfall – mit Ausnahme der Investment-AG mit veränderlichem Kapital und der offenen Investment-KG – ein nicht rechtlich verselbständigtes Sondervermögen besteht, wird bei einem geschlossenen Fonds in der Rechtsform einer GmbH & Co. KG oder einer Investment-AG mit fixem Kapital das Vermögen in gesellschaftsrechtlich begründeter Form gehalten. Beim offenen Fonds wird stets ein Sondervermögen gebildet, das bei Immobilienfonds[7] im treuhänderischen Eigentum der

6 ESMA draft regulatory technical standards on types of AIFMs under article 4 (4) of directive 2011/61/EU, 13.08.2013 (2013/ESMA/1119).
7 Bisher nach § 75 InvG, künftig § 245 KAGB.

KAG/KVG gehalten wird und im Regelfall eines Wertpapier-Sondervermögens der Gemeinschaft der Anleger zu unmittelbarem Miteigentum zusteht. Anders als bei geschlossenen Fonds wird also bei offenen Fonds das Sondervermögen nicht gesellschaftsrechtlich, sondern gemeinschaftsrechtlich organisiert. Mangels rechtlicher Verselbständigung des Sondervermögens unterhalten die Anleger eines offenen Fonds auch keine Vertragsbeziehungen, insbesondere keine Anlagebedingungen mit dem **Sondervermögen**, sondern sind an diesem nur sachenrechtlich als Miteigentümer beteiligt. Die Anlagebedingungen der Anleger werden im offenen Fondsmodell stets mit der KAG/KVG als Verwalter geschlossen.

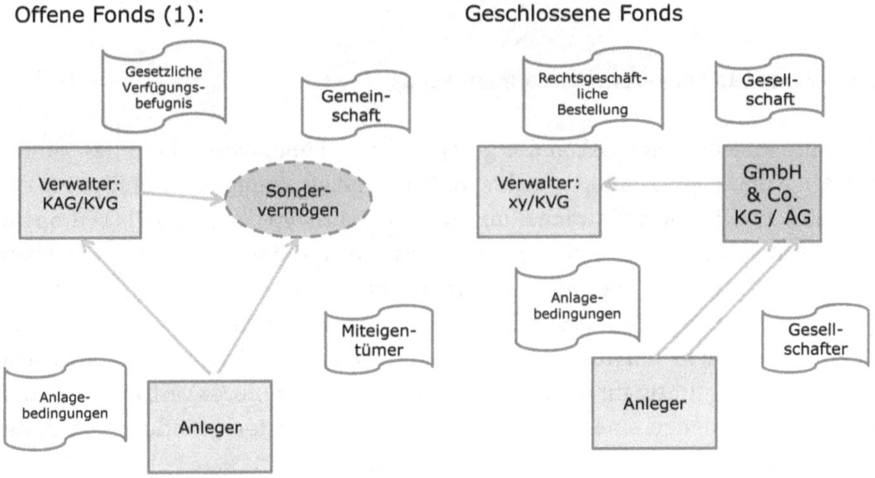

(1) Ausnahme: Investment-AG mit veränd. Kapital
Offene Investment-KG

Anders stellt sich dies in der kollektivrechtlichen Betrachtung beim geschlossenen Fonds dar. Da hier das Fondsvermögen gesellschaftsrechtlich gehalten wird, ist die jeweils gewählte Gesellschaft Eigentümer der Vermögenswerte und die Anleger haben keinen direkten/eigentumsrechtlichen Bezug zu den Vermögenswerten, sondern sind Gesellschafter. Konsequenterweise vereinbaren die Anleger – und hier liegt eine wesentliche Abweichung zu offenen Fonds – neben dem Gesellschaftsvertrag auch Anlagebedingungen mit den gesellschaftsrechtlich verselbständigten Investmentvermögen der GmbH & Co KG oder der AG[8] und nicht mit der KVG. Anders als beim offenen Fonds sieht das KAGB daher grundsätzlich keine vertragsrechtliche Beziehung zwischen der KVG als Verwalter des

8 § 143 KAGB (AG mit fixem Kapital), § 151 KAGB (Investment-KG).

Investmentvermögens und den Anlegern vor[9], wobei dies im Einzelfall bei Spezial-AIF modifiziert werden mag.

Das vorgenannte kollektivrechtliche Verständnis ist u.a. bedeutsam für die sich anknüpfenden gesellschaftsrechtlichen Fragestellungen, da der deutsche KAGB-Gesetzgeber einerseits einen Fortbestand der bisher im Markt praktizierten und anerkannten gesellschaftsrechtlichen Gestaltungen mit Kommanditgesellschaften und Aktiengesellschaften erreichen wollte, aber zugleich bestrebt war, das Grundmodell des offenen Fonds mit der Verwaltung eines Vermögens durch eine KAG/KVG soweit wie möglich auch auf die Gestaltungen geschlossener Fonds zu übertragen[10].

2.1.5 European Long-Term Investment Funds

Das Europäische Kaleidoskop der geschlossenen Fonds wird allerdings künftig mit der grundlegend anderen rechtspolitischen Zielsetzung einer Förderung des Europäischen Wirtschaftswachstums um den Fondstyp des „ELTIF" („European Long-term Investment Funds") ergänzt werden. Publikums-AIF waren bislang nach der AIFM-Richtlinie nicht europaweit harmonisiert geregelt, sondern nur – wie im deutschen KAGB geschehen – durch einzelne Regelungen der Mitgliedsstaaten[11]. Mit dem Entwurf einer EU-ELTIF-Verordnung[12] will der Europäische Gesetzgeber zukünftig für diejenigen AIF, die an Privatanleger vertrieben werden sollen und bei denen eine mindestens fünfjährige Investorenbindung begründet wird, einen europäischen Vertriebspass gewähren, so dass – bei unterstelltem Inkrafttreten dieser EU-ELTIF-VO – künftig auch zugelassene AIF-Verwaltungsgesellschaften diejenigen geschlossenen Publikumsfonds, die sich als ELTIF qualifizieren können, in der bekannten Vertriebssystematik des europäischen Passes europaweit an Privatanleger vertreiben können, soweit bereits eine Vertriebszulassung für einen solchen ELTIF in einem Mitgliedsstaat besteht.[13] Das Tat-

9 Mit Ausnahme der intern verwalteten KVG, bei der KVG und Vermögensträger identisch sind.

10 S. amtliche Begründung zum Gesetzesentwurf der Bundesregierung zum AIFM-Umsetzungsgesetz (BT-Drs. 17/12294) zu § 139 KAGB, S. 246 sowie zahlreiche Anknüpfungen an das Recht der Investment-AG mit veränderlichem Kapital als Rechtsformgestaltung des offenen Fonds (vgl. amtliche Begründung zu § 140 ff. KAGB, S. 247 und zu § 149 KAGB, S. 249).

11 Bußalb/Unzicker, BKR 2012, 309, 312; Tollmann, in Dornseifer/Jesch/Klebeck/Tollmann, AiFM Richtlinie, Kommentar, 2013, Einleitung, Rz. 22

12 Entwurf European Long-term Investment Funds, COM(2013) 462 , Verordnungsentwurf der Europäischen Kommission über Europäische langfristige Investmentfonds vom 26. Juni 2013

13 European Long-term Investment Funds, COM(2013) 462, insb. Artikel 25 Abs. 1.

bestandsverständnis des „geschlossenen" AIF wird daher künftig mit gewisser Wahrscheinlichkeit auch durch diese ELTIF-VO noch einmal maßgeblich angereichert werden.

2.2 Der geschlossene AIF

2.2.1 Definition

Damit sich ein geschlossener Fonds – nach bisherigem Marktverständnis – als „geschlossener AIF" im Sinne des KAGB qualifiziert, muss ein Investmentvermögen verwaltet werden. Dieses ist nach § 1 Abs. 1 KAGB definiert als ein Organismus für gemeinsame Anlagen, der von einer Anzahl von Anlegern Kapital einsammelt, um es gemäß einer festgelegten Anlagestrategie zum Nutzen dieser Anleger zu investieren und der kein operativ tätiges Unternehmen außerhalb des Finanzsektors ist. Eine Anzahl von Anlegern in diesem Sinne ist bereits gegeben, wenn die Anlagebedingungen, die Satzung oder der Gesellschaftsvertrag die Anzahl möglicher Anleger nicht auf einen Anleger begrenzen.[14] Die Gesetzesbegründung betont nur die Notwendigkeit der Abgrenzung von sonstigen operativ tätigen Unternehmen außerhalb des Finanzsektors, erläutert die sich bereits aus Art. 4 Abs. 1 AIFMD ergebenden Tatbestandsmerkmale aber nicht weiter.[15] In Umsetzung ihres Mandats aus Art. 4 Abs. 4 AIFMD hat die ESMA in ihrem *final report zu draft guidelines and key concepts of the AIMD* vom 24.05.2013 weitere Tatbestandsindikatoren zur Auslegung beschrieben, die wiederum in einem Auslegungsschreiben der BaFin[16] vom 14.06.2013 zum Anwendungsbereich des KAGB und zum Begriff des Investmentvermögens für die deutsche Aufsichtspraxis weiter konkretisiert wurden.

2.2.2 Tatbestandsabgrenzung

2.2.2.1 Operativ tätige Unternehmen

Die wichtigste Tatbestandsabgrenzung erfolgt zu „operativ tätigen Unternehmen". Hier zeigt sich insbesondere, dass aufgrund der neu veröffentlichten

14 § 1 Abs. 1 Satz 2 KAGB

15 Amtliche Begründung zu § 1 Absatz 1 KAGB, BT Drs. 17/12294, S. 201.

16 Auslegungsschreiben der BaFin zum Anwendungsbereich des KAGB und zum Begriff des Investmentvermögens vom 14.06.2013

aufsichtlichen Praxis zu § 1 KAGB bestimmte Investitionstypen, die nach bisherigem Marktverständnis als „geschlossene Fonds“ verstanden worden wären, künftig nach Auffassung der BaFin zu „operativ tätigen“ Unternehmen gezählt werden und damit nicht den Tatbestand eines Investmentvermögens erfüllen sollen. Besondere Bedeutung hat diese Aufsichtspraxis für Kollektivanlagen zur Immobilien-Projektentwicklung, Betreiber-Immobilienfonds (wie z.B. Fonds mit Betrieb von Hotels oder Pflegeheimen) sowie Fonds bei Betrieb von Anlagen zur Energiegewinnung, wie z.B. Solar- oder Windkraftparks. Aus einer „Investitionsperspektive“ heraus wird es auch bei diesen Investitionstypen künftig Anleger und geschlossene Fonds geben, ohne dass diese sich aber aufsichtsrechtlich als Investmentvermögen nach dem KAGB qualifizieren. Die von der BaFin hierfür herangezogene Begründung geht dahin, dass diese vorgenannten Fonds mit Errichtung eines Gebäudes oder Erzeugung von Strom „etwas produzieren“ oder mit Betrieb eines Hotels oder einer Pflegeimmobilie einen operativen Geschäftsbetrieb unterhalten.[17] Andererseits soll sich ein eine Bestandsimmobilie erwerbender und haltender „Immobilienfonds“ sehr wohl als Investmentvermögen – bei Vorliegen der übrigen Tatbestandsmerkmale – qualifizieren können, da ein solcher „Bestandshalter“-Fonds nicht „etwas produziert“, sondern durch Vermietung Nutzen aus einem Vermögenswert zieht. Hierin sieht die BaFin eine Investition gemäß einer festgelegten Anlagestrategie zum Nutzen der Anleger und nicht ein operativ tätiges Unternehmen. Wenngleich diese für manche Bereiche fondsfreundliche Auslegungspraxis der BaFin von manchen Marktteilnehmern begrüßt werden wird, so werden diese Abgrenzungsversuche der BaFin unter Rückgriff auf die ESMA-Leitlinien noch als erste „Gehversuche“ zu würdigen sein, die in der Zukunft weiterhin eine Vielzahl von Abgrenzungsfragen aufwerfen.

In der rechtlichen Diskussion kann hier auf der Suche nach sinnvollen betriebswirtschaftlich und praktisch verwendbaren Abgrenzungskriterien ein Blick über die Schweizer Grenze helfen. Das Schweizer Bundesgericht hat für eine nahezu identische, nach Schweizer Bundesgesetz über kollektive Kapitalanlagen (KAG) notwendige Abgrenzungsfrage zwischen operativen und investierenden Unternehmen einen umfangreichen und betriebswirtschaftlich sinnvoll erscheinenden Katalog von Abgrenzungskriterien in dieser Frage entwickelt.[18] Bei offenen Investmentvermögen stellen sich diese Abgrenzungsfragen in der Regel nie, da bereits die investmentspezifischen Besonderheiten der Bildung eines Son-

17 BaFin-Auslegungsschreiben vom 14.06.2013 beispielhaft für den Immobilienbereich unter I.7.a.

18 Schweizer Bundesgerichtsentscheidung in Sachen Dr. Amann/Schweizer Hof Zermatt, 05.11.2010, besprochen von Bloch/von der Crone, SZW 2011, 214

dervermögens oder der gesellschaftsrechtlichen **Sonder**formen der Aktiengesellschaft oder der Investkommanditgesellschaft mit veränderlichem Kapital eine Antwort auf die Frage des Investmentvermögens geben.

2.2.2.2 Anlagestrategie

Weitere Abgrenzungsfragen stellen sich bei der Qualifizierung eines AIFs auch bezüglich des Merkmals „definierte Anlagestrategie". So war zwischen Markt und BaFin bis zuletzt strittig, ob auch börsennotierte Immobilien-Aktiengesellschaften in der Form eines „REITs"[19] AIFs sein können. Zuletzt verwies die BaFin in ihrem Auslegungsschreiben[20] darauf, dass dies im Falle von REITs eine Auslegungsfrage des Einzelfalls sei. So richtig wie diese Antwort stets ist, wird man im Falle der bisher im Markt anzutreffenden REITs mit großer Wahrscheinlichkeit nicht von einem Investmentvermögen nach § 1 Abs. 1 KAGB ausgehen können. Zur geforderten „definierten Anlagestrategie" beziehen sich sowohl die BaFin, als auch die zugrundeliegenden ESMA-Guidelines[21] darauf, dass nur dann von einer definierten Anlagestrategie gesprochen werden könne, wenn diese mit den Anlegern vertraglich vereinbart sei und im Falle von Verletzungen der Anlagerichtlinie unmittelbar Schadensersatzansprüche gegen den fraglichen Organismus erhoben werden können. REITs haben zwar nach dem streng gesteckten Handlungs- und Investitionsrahmen des deutschen REIT-Gesetzes bestimmte Anlage- und Geschäftsführungskriterien einzuhalten. Die Einhaltung oder auch die Verletzung dieser gesetzlichen Rahmenbedingungen hat aber in erster Linie steuerliche Konsequenzen mit einem möglichen Entfall der durch § 16 REIT-G gewährten steuerlichen Vorteile[22]. Inwieweit diese gesetzlichen Rahmenbedingungen aber im Einzelfall als vertraglich vereinbarte Anlagestrategie qualifiziert werden können, dürfte höchst zweifelhaft sein.

---

19 „REIT-G" (real estate investment trusts); Gesetz über deutsche Immobilienaktiengesellschaften mit börsennotierten Anteilen vom 28. Mai 2007 (BGBl. I S. 914).

20 Unter II.2. des Fragenkatalogs, BaFin-Auslegungsschreiben zum Anwendungsbereich des KAGB und zum Begriff des „Investmentvermögens" vom 14. Juni 2013.

21 ESMA-Guidelines on key concepts of the AIFMD, Final Report vom 24. Mai 2013.Annex III, S. 33, 20c); BaFin-Auslegungsschreiben zum Anwendungsbereich des KAGB, 14. Juni 2013, I.5.

22 Nach § 16 Abs. 1 Satz 1 REIT-G erfolgt eine Befreiung von der Körperschaftssteuer für inländische und grds. unbeschränkt körperschaftssteuerpflichtige Immobilien-AGs, welche die in §§ 8 – 15 REIT-G aufgestellten Voraussetzungen (Sitz im Inland, Börsenzulassung, Anteilsstreuung von mind. 15% der emittierten Aktien, etc.) erfüllen.

2.2.2.3 Einsammeln von Kapital

Eine weitere wichtige Tatbestandsabgrenzung knüpft an das Merkmal des „Einsammelns von Kapital von einer Anzahl von Anlegern“ an. Hier stehen im geschlossenen Fondsbereich insbesondere durch Family Offices initiierte oder verwaltete Fondsvehikel, Joint Ventures oder auch sog. „Club-Deals“ mit einer geringen Anzahl von Investoren im Raum, die sich im Regelfall bereits vor Gestaltung des Investitionsvehikels kannten. Für eine kollektive Kapitalanlage von Familienmitgliedern hilft hier zunächst die ESMA in ihren key concepts[23] mit den Ausführungen, dass es sich bei Familienmitgliedern um eine „pre-existing group“ handle, also eine Gruppe von Anlegern die sich bereits vorher kannten und eine bereits unabhängig vom Investment bestehende „Gruppenverbindung“ aufweisen, so dass geschlossene Fonds mit entsprechenden Anlegern auf dieser Grundlage die Erfüllung des Tatbestands eines Investmentvermögens vermeiden können. Zu beachten ist allerdings, dass die ESMA doch sehr detaillierte Vorgaben an die „pre-existing group“[24] gibt und damit angeheiratete oder im gleichen Haushalt lebende „Familienangehörige“ zulässt, nicht aber „Freunde“. Ein „family & friends“ Fondsvehikel kann daher nach dieser publizierten europäischen Aufsichtspraxis nicht mehr davon ausgehen, mit Sicherheit aus dem Aufsichtsrahmen eines Investmentvermögens nach § 1 Abs. 1 KAGB herauszufallen.

2.2.2.4 Club-Deals

Sehr viel schwieriger sind die Einzelfallabgrenzungen bei Joint Ventures oder Club-Deals. Mittelbare, auslegungsbehilfliche Hinweise gibt hier der 8. Erwägungsgrund der AIFMD, der bereits nach der Richtlinie einen Ausschluss von Joint Ventures ohne nähere Tatbestandsdefinitionen annahm. Bei einem *Club-Deal*, an dem in der Vergangenheit im Markt häufig auch bis zu 20 Anleger beteiligt waren, die ausschließlich im Wege eines Private Placement ihre Anteile zeichneten, wird die Tatbestandsabgrenzung stark von den Umständen des Einzelfalls abhängen. Die BaFin spricht das Kriterium des “nicht gewerbsmäßigen Anwerbens“ zwischen dem Organismus und den Anlegern an, um das Tatbestandsmerkmal des „Einsammelns von Kapital“ auszuschließen[25]. Die ESMA wiederum will diejenigen Investitionsvehikel vom Begriff des AIF ausnehmen, bei denen die Anleger selbst Geschäftsführungsbefugnisse über die sonst üblichen Mitwirkungs- oder

---

23 ESMA-Guidelines on key concepts of the AIFMD, (Fn. 21), Annex III, S. 30

24 ESMA-Guidelines on key concepts of the AIFMD, (Fn. 21), Annex III, S. 30

25 BaFin-Auslegungsschreiben zum Anwendungsbereich des KAGB, I.3.b.

Kontrollbefugnisse eines Gesellschafters hinaus haben[26]. Die Vielzahl entsprechender Club-Deal Investitionen in Deutschland wird sicher in Kürze weitere Abgrenzungsbemühungen der BaFin nach sich ziehen.

2.3 Freigestellte KVG

Selbst wenn der Tatbestand eines Investmentvermögens nach § 1 KAGB bejaht wird, heißt dies noch nicht, dass die Verwaltung dieses Fonds vollständig zu einer Regulierungswirkung nach dem KAGB führt.

In Implementierung von Art. 3 Abs. 2 AIFMD sind bereits Verwalter *kleinerer Spezial-AIF* mit einem Anlagevolumen von maximal € 100 Mio., falls Leverage eingesetzt wird – oder maximal € 500 Mio. ohne jeden Einsatz von Leverage – von den wichtigsten Vorschriften des KAGB freigestellt, § 2 Abs. 4 KAGB. Sie unterliegen nur einer allgemeinen Missbrauchsaufsicht der BaFin nach den §§ 1 bis 17 KAGB sowie einer Registrierungspflicht nach § 44 Abs. 1 KAGB. Diese Registrierungspflicht ist wiederum mit einer unverzüglichen Berichtspflicht an die BaFin verknüpft, falls die Voraussetzungen der Tatbestandsbefreiung nicht mehr erfüllt sind[27].

Auf Beschlussempfehlung des Finanzausschusses des Deutschen Bundestages wurden schließlich nach § 2 Abs. 4a KAGB noch *„Mini-KVG"*, die maximal Anlagen bis zu € 5 Mio. mit nicht mehr als fünf natürlichen Personen als Anlegern verwalten, in gleicher Weise mit Ausnahme der vorgenannten Missbrauchsaufsicht und Registrierungspflicht nach § 44 KAGB von den übrigen Anforderungen des KAGB freigestellt. Ebenfalls im Finanzausschuss wurde auch die Ausklammerung von Bürgergenossenschaften nach § 2 Abs. 4b KAGB beschlossen, die als intern verwaltete AIF-KVG Sachwerte nutzen, die aufgrund gesetzlicher Regelungen einen Mindestertrag erzielen. Gemeint sind hier im Wesentlichen die sogenannten Energie-Bürgergenossenschaften, die in Anlagen zur Erzeugung erneuerbarer Energien investieren, deren Mindesterträge nach dem Gesetz über erneuerbare Energien[28] langfristig sichergestellt sind. Voraussetzung hierfür ist allerdings eine Investitionsbeschränkung der Vermögensgegenstände auf maximal € 100 Mio.

Für Publikums-AIF sieht schließlich § 2 Abs. 5 eine wichtige Teilausnahme vom Anwendungsbereich des KAGB vor, soweit der Verwalter geschlossener

---

26 ESMA-Guidelines on key concepts, (Fn. 21), S. 31 Nr. VI Ziff. 12 lit. c.
27 § 44 Abs. 1 Nr. 5 KAGB
28 Erneuerbare-Energien-Gesetz – EEG vom 25.10.2000 (BGB C.I, S. 2074)

inländischer AIF die Investitionsgrenze von maximal € 100 Mio. einschließlich der durch Leverage erworbenen Vermögensgegenstände nicht überschreitet. Diese *„kleinen Publikums-AIFM“* nach § 2 Abs. 5 KAGB sind jedoch nicht so weit freigestellt wie die vorgenannten drei Gruppen, da neben der Missbrauchsaufsicht und Registrierungspflicht nach § 44 KAGB auch die für eine KVG anwendbaren Organisationspflichten nach § 26 bis 28 KAGB, die Vorschriften über eine AIF-Verwahrstelle nach den §§ 80 bis 90 KAGB, die Vorschriften über die Anlagebeschränkungen nach den §§ 261 ff. KAGB sowie die für Publikums-AIF geltenden Vertriebsvorschriften zur Erstellung von Verkaufsprospekten und wesentlichen Anlegerinformationen nach § 306 KAGB, vor allem einschließlich der vor Vertriebszulassung erforderlichen Anzeigepflicht der AIF-KVG nach § 316 KAGB, zur Anwendung kommen.

Weitere wichtige Ausnahmevorschrift für die Asset-Klassen *Venture Capital* und *Private Equity* ist § 2 Abs. 6 KAGB, der eine spezielle Bereichsausnahme für diejenigen kleinen Venture Capital Verwalter vorsieht, die sich nach Art. 14 der EU-Venture Capital Verordnung[29] bei der BaFin registriert haben. Diese erheblich erleichterte „Registrierungsaufsicht“ für Venture Capital Verwalter ist anwendbar, soweit maximal € 500 Mio. in Venture Capital Anlagen investiert werden und der Vertrieb ausschließlich an professionelle Kunden oder „qualifizierte Anleger“ mit einer Mindestinvestitionssumme von € 100.000,00 erfolgt[30].

Als *Zwischenergebnis* zur Beschreibung der „freigestellten KVG“ ist festzuhalten, dass ein nicht unerheblicher Markanteil an bisher in Deutschland aufgelegten geschlossenen Fonds trotz Erfüllung der Merkmale eines Investmentvermögens nach § 1 Abs. 1 KAGB im Einzelfall nach den vorgenannten Bereichsausnahmen die Möglichkeit hat, dem KAGB mit Ausnahme von Missbrauchsaufsichts- und Registrierungsregelungen gar nicht oder nur teilweise zu unterfallen. Es werden daher insbesondere in den Asset-Klassen Energie, kleinerer Spezial-AIF und Venture Capital weiterhin eine Vielzahl von geschlossenen Fonds anzutreffen sein, die sich weitgehend außerhalb der Regulierungswirkung des KAGB bewegen werden.

---

29 Verordnung (EU) Nr. 345/2013 vom 17.04.2013 über Europäische Risikokapitalfonds („EuVECA“, European Venture Capital Funds)

30 Art. 6 EU-Venture-Capital-Verordnung.

3 Die KVG als Adressat der AIFM-Regulierung

3.1 Die Verwaltung von Investmentvermögen

Erneut zu betonen ist, dass die AIFMD grundsätzlich keine Regulierung und Anlagebeschränkung auf Fondsebene vorsieht, sondern die *Verwalter* entsprechender AIF einer Regulierung unterwerfen will[31]. Bei den Verwaltern differenzieren die AIFMD[32] und das deutsche Recht in den §§ 17 und 18 KAGB zwischen sog. **internen** und **externen** KVG. Eine interne KVG ist das Investmentvermögen selbst, wenn die Rechtsform des Investmentvermögens eine interne Verwaltung zulässt und der Vorstand oder die Geschäftsführung keine externe KVG bestellt, § 17 Abs. 2 Nr. 2 KAGB. Mangels Bestellung eines externen Verwalters im Einzelfall wäre also bei geschlossenen Fonds die GmbH & Co. KG oder eine Investment-AG mit fixem Kapital selbst die interne KVG mit eigener Erlaubnispflicht nach § 20 KAGB. Der erhebliche praktische Nachteil, der sich an die Einrichtung einer internen KVG knüpft und der vermutlich nicht sehr viele bedeutsame interne KVG im deutschen Markt zur Entstehung bringt, ist der Umstand, dass eine interne KVG ausschließlich zur Verwaltung des eigenen AIF befugt ist, § 20 Abs. 7 2. Hs. KAGB. Bei einer Auflage einer Vielzahl von geschlossenen Fonds würden aufgrund der bei einer internen KVG stets gegebenen Erlaubnis- und Organisationspflichten pro KVG erhebliche regulatorische und organisatorische Kosten anfallen, so dass größere Fondshäuser mit großer Wahrscheinlichkeit eher das Modell einer externen KVG wählen. Die externe KVG wiederum ist nach § 17 Abs. 2 Nr. 1 KAGB „vom Investmentvermögen bestellt" und aufgrund dieser Bestellung für die Verwaltung des Investmentvermögens verantwortlich.

Die zur *Erlaubnispflicht* führende **Verwaltung** eines Investmentvermögens wiederum liegt nach § 17 Abs. 1 Satz 2 KAGB vor, wenn mindestens die Portfolioverwaltung oder das Risikomanagement für ein oder mehrere Investmentvermögen erbracht wird. Bemerkenswerterweise definieren weder die AIFMD, noch die ESMA key concepts oder die bisher veröffentlichten Auslegungsschreiben der BaFin die Leistung des Portfoliomanagements, sondern setzen dies schlicht als Begriff voraus. Nur mittelbar lässt sich der Praxis der BaFin zu Auslagerungsfragen[33] entnehmen, dass mit Portfoliomanagement das Treffen der wesentlichen

---

31 Bußalb/Unzicker, BKR, 309, 311

32 EU-Richtlinie 2011/61/EU vom 08. Juni 2011, Art. 5 Abs. 1 AIFMD

33 BaFin FAQ „Häufige Fragen zum Thema Auslagerung nach § 36 KAGB" vom 10. Juli 2013, Antwort 16, S. 6/7 abrufbar unter www.bafin.de.

Anlage-, Risiko- und Finanzierungsentscheidungen gemeint ist, wobei gerade die risikobedeutsame Verwaltungsentscheidung im Umkehrschluss zur Erlaubnispflicht einer KVG nach § 20 KAGB führt. So sah auch diesbezüglich die investmentaufsichtliche Praxis der BaFin bei offenen Immobilien-Sondervermögen nach § 66 InvG (bislang) vor allem das Letztentscheidungsrecht im Hinblick auf den Erwerb und die Veräußerung von Immobilien als Kernfunktion des Portfolio-Managements in der Vergangenheit an[34].

Für den Beispielsfall eines geschlossenen Immobilienfonds wird in negativer Abgrenzung daher zunächst das sog. „Facility Management", in erster Linie mit technischer Verwaltung und hausmeisterähnlichen Tätigkeiten, nicht diesem Risikobereich des *Portfoliomanagements* zugerechnet werden. Bei dem in der Immobilienbranche – anders als im Wertpapierbereich – verwendeten Begriff des „Immobilien-Asset Management" – wird die Differenzierung im Einzelfall schwerer fallen. So wird erst die Entwicklung einer künftigen Anwendungspraxis der BaFin verständliche Grenzen dahingehend aufzeigen, welche Maßnahmen der Immobilien- und Mieterverwaltung, wie z.B. der Abschluss eines langfristigen Mietvertrages mit einem Ankermieter oder sonstige mietrechtliche Maßnahmen mit erheblicher Risikobedeutung für den Fonds, als so risikorelevant eingestuft werden, dass die Entscheidungsfunktion über diese Maßnahmen als Teil des Portfolio-Managements und nicht mehr eines erlaubnisfreien (immobilienbezogenen) Asset Managements gesehen werden muss. Bei Entwicklung ihrer Aufsichtspraxis stellt die BaFin bislang darauf ab, dass Verwaltungstätigkeiten, wie im Regelfall das Facility Management, das keine Dispositionsbefugnis über Vermögensgegenstände umfasst, nicht der Portfolio-Verwaltung zuzurechnen sein sollen[35]. Andererseits geht die BaFin auch soweit zu sagen, dass bei Tätigkeiten mit weitgehender Entscheidungsbefugnis bezüglich eines Vermögensgegenstandes *„mit möglicherweise weitreichenden wirtschaftlichen Folgen für den Fonds (z. B. bei Vermietung oder Sanierung von Objekten)"* im Einzelfall von Tätigkeiten der Portfolio-Verwaltung ausgegangen werden könnte[36]. Auch ein Letztentscheidungsrecht über eine etwaige Finanzierung wird die BaFin nach diesen ersten Andeutungen wohl als Teil des Portfolio-Managements sehen[37].

---

34 Döser/Reul-Langer, in: Emde/Dornseifer/Dreibus/Hölscher, Investmentgesetz 2013, § 16 InvG Rn. 54; Investment-MaRisk der BaFin Abs. 9 Tz. 4.3; allerdings für die Rechtslage nach dem KAGB auch bezüglich der Auslagerungsfähigkeit des Letztentscheidungsrechts erweitert nach Antwort 15 des BaFin-FAQ zu Auslagerungsfragen vom 10. Juli 2013.

35 BaFin-FAQ-Auslagerungsfragen, (Fn. 33), Antwort 16.

36 BaFin-FAQ-Auslagerungsfragen, (Fn. 33), Antwort 16

37 BaFin-FAQ-Auslagerungsfragen, (Fn. 33), Antwort 16.

3.2 Die externe KVG bei einer GmbH & Co. KG im Spannungsfeld zwischen Aufsichts- und Gesellschaftsrecht

Die Anwendung der bekannten Investmentaufsicht zur Portfolioverwaltung von Immobiliensondervermögen, verfeinert durch das Verständnis der AIFM-Richtlinie und der sich hieran anpassenden Aufsichtspraxis wird bei geschlossenen Fonds dazu führen, dass aufsichtsrechtlich der Wirkungsbereich der Geschäftsführung oder des Vorstands der Investment-KG bzw. der Investment-AG mit fixem Kapital bei externer Verwaltung stark eingeschränkt sein wird und sämtliche Anlage- und sonstigen wesentlichen Risikoentscheidungen der externen KVG vorbehalten sein werden. Diese Fragen stellen sich bei einer intern verwalteten KVG nicht, da hier die KG oder die AG selbst die Erlaubnisträgerin nach § 20 KAGB wäre und damit deren Vorstand oder Geschäftsführung diese, der KVG vorbehaltenen Entscheidungen des Portfoliomanagements treffen würden.

Im Folgenden sollen aber für den zuerst genannten Fall der Bestellung einer externen KVG Denkanstöße zur Lösung des Spannungsfeldes zwischen Investmentaufsichts- und Gesellschaftsrecht gegeben werden.

Die GmbH & Co. KG als Investment-KG soll nach dem Willen des Gesetzgebers in § 149 KAGB weiterhin den *Bestimmungen des HGB* unterliegen, soweit sich nicht aus den §§ 149 ff. KAGB anderes ergibt. Der Gesetzgeber wollte hierbei auf eine im geschlossenen Fondsmarkt bekannte und etablierte Organisationsform zurückgreifen und ausweislich der Gesetzesbegründung keine neue Gesellschaftsform schaffen[38]. Der Gesetzgeber weist aber auch darauf hin, dass sich Abweichungen aus dem bekannten handelsrechtlichen Regelwerk für die Investment-KG aus diesem Gesetz ergeben, soweit sie aufgrund aufsichtlicher Besonderheiten für die Behandlung als **Fondsvehikel** erforderlich sind[39].

Mit der „Holiday Inn-Entscheidung" des BGH[40] wurde bereits eine höchstrichterliche Entscheidung zur Frage getroffen, ob eine weitgehend außerhalb des Gesellschafterkreises delegierte Geschäftsführung noch mit dem gesellschaftsrechtlichen *Grundsatz der Selbstorganschaft* bei Personengesellschaften zu vereinbaren ist oder ob es sich unter Verstoß gegen diesen Grundsatz nach §§ 134, 138 BGB um einen unwirksamen Betriebsführungsvertrag handeln kann, wie noch die Berufungsinstanz entschied[41].

---

38 Amtliche Begründung, BT-Drs. 17/12294, zu § 139 KAGB, S. 246 und zu § 149 KAGB, S. 249.

39 Amtliche Begründung, BT-Drs. 17/12294 zu § 139 KAGB, S. 246 und zu § 149 KAGB, S. 249.

40 BGH 05.10.1981, II ZR 203/80, NJW 1982, 1817

41 So OLG München in der Vorinstanz, NJW 1982, 1817

Für die Investment-AG mit fixem Kapital als einer denkbaren Organisationsform des geschlossenen AIF hat der Gesetzgeber diese auch für das Aktienrecht relevante Frage eines Unternehmensvertrages bei Bestellung einer externen KVG erkannt und ausdrücklich in § 144 Satz 3 KAGB bestimmt, dass die Bestellung einer externen KVG durch eine Investment-AG mit fixem Kapital nicht als *Unternehmensvertrag* im Sinne des Aktiengesetzes anzusehen ist. Bei Neuregelung der Investment-AG mit fixem Kapital hat sich der Gesetzgeber gleichwohl gedanklich von dem Modell der bereits nach dem Investmentgesetz zugelassenen Investment-AG mit veränderlichem Kapital als Organisationsform eines offenen Fonds leiten lassen und hieraus zahlreiche gesellschaftsrechtlich bedeutsame Grundaussagen übernommen. So hat der Gesetzgeber in Fortschreibung der schon bisher bekannten Investmentpraxis der fremdverwalteten Investment-AG nach § 96 Abs. 4 InvG sowohl für die Investment-AG mit veränderlichem Kapital (§ 112 Abs. 1 Satz 3 KAGB) als auch für die Investment-AG mit fixem Kapital (§ 144 Satz 3 KAGB) dieses altbekannte Modell fortgeführt und klargestellt, dass die Fremdverwaltung kein Fall der Auslagerung nach § 36 KAGB ist und auch keinen aktienrechtlichen Unternehmensvertrag darstellt. So sah die seinerzeitige investmentrechtliche Literatur auch die Fremdverwaltung einer Investment-AG als investmentrechtliche und nicht als gesellschaftsrechtliche Erscheinung, was seinerzeit durch § 96 Abs. 4 Satz 3 InvG klargestellt sein sollte[42]. Insbesondere sah man, dass die Fremdverwaltung nach § 96 Abs. 4 InvG die Organisationsstruktur der Investment-AG unberührt ließ und organschaftliche Vertretungsbefugnisse weiterhin dem Vorstand der Investment-AG vorbehalten bleiben sollten und nicht der fremdverwaltenden KAG[43].

Auch die Neuregelungen der geschlossenen Investment-KG sind von Nachbildungen bisheriger Regelungsstrukturen der Investment-AG geprägt[44], bauen aber gleichwohl auf dem Personengesellschaftsrecht auf. Andererseits hat der Gesetzgeber – abweichend von der Regelung der Investment-AG mit veränderlichem Kapital – in § 154 Abs. 1 Satz 3 KAGB nur klargestellt, dass die Bestellung der externen AIF-KVG kein Auslagerungsfall nach § 36 KAGB ist. Der bei der Investment-AG zusätzlich gegebene Hinweis, dass diese Bestellung auch kein Unternehmensvertrag im aktienrechtlichen Sinne ist, unterblieb bei der Verwaltungsregelung der Investment-KG. Diese *Wortlautunterschiede* machen die Beschäftigung mit der externen KVG bei einer Investment-KG zwar nicht leichter, dürfen aber wohl

42 Dornseifer, § 96 InvG, (Fn. 34) Rn. 73; vgl. Wallach, Der Konzern, 2007, 487, 493

43 Dornseifer, § 96 InvG, (Fn. 34) Rn. 73; vgl. Wallach, Der Konzern, 2007, 487, 493

44 Amtliche Begründung, BT-Drs. 17/12294 zu § 151 KAGB, S. 250, zu § 152 Abs. 7 KAGB, S. 251; zu § 153 KAGB, S. 251; zu § 154 Abs. 2 KAGB, S. 251

auch nicht im Sinne einer „gewollten Sonderregelung“ überbewertet werden. Die Regierungsbegründung schweigt zu diesem Umstand, es ist aber zu vermuten, dass der Gesetzgeber bei der extern verwalteten Personengesellschaft nicht an die Problematik einer etwaigen Analogie der Vorschriften über aktienrechtliche Unternehmensverträge gedacht hat, womit sich die gesellschaftsrechtliche Literatur bereits intensiv beschäftigt[45]. Alleine aus dem unterschiedlichen Wortlaut sollte daher nicht der Schluss gezogen werden, dass die Bestellung einer externen KVG einen Unternehmensvertrag nach den §§ 291 ff. AktG analog darstellt.

Ob durch die Bestellung einer externen KVG durch eine Investment-KG der Grundsatz der Selbstorganschaft[46] verletzt wird, sollte sich vielmehr aus einer fortzuentwickelnden Diskussion des Gesellschaftsrechts beantworten. So wird zum einen ins Feld geführt, dass der *Schutzzweck der Selbstorganschaft* bei Personengesellschaften mit einer Einheit von Handlung und Haftung bereits bei körperschaftlich strukturierten Personengesellschaften mit beschränktem Haftungsregime für die Gesellschafter per se nicht verletzt sein könne[47]. Des Weiteren sollte auch noch einmal die genannte Holiday Inn-Entscheidung des BGH, aber auch in jüngster Zeit ergangene weitere BGH-Entscheidungen zur Drittgeschäftsführung bei Personengesellschaften berücksichtigt werden, nach denen der BGH – anders als kritische Stimmen der gesellschaftsrechtlichen Literatur[48] – auch eine weitgehend die Geschäftsführung der Personengesellschaft verdrängende Geschäftsführung durch einen nicht zum Gesellschafterkreis gehörenden Dritten nicht als unzulässig oder als Verstoß gegen den Grundsatz der Selbstorganschaft gesehen hatte[49].

Bei der Entwicklung eines Konzernrechts für Personengesellschaften hat bereits *Mülbert* zu Recht darauf hingewiesen, dass der Grundsatz der Selbstorganschaft nur bei einem *„gesetzestypischen Verbandszweck“* der Personengesellschaft zur Anwendung kommen könne[50]. In Abgrenzung zu diesem Verbandszweck entwickelte die Literatur auch den „dienenden“ Verbandszweck einer Personengesellschaft, die bereits ausweislich ihres Gründungszwecks nur die-

---

45 S. insbesondere Mülbert, Konzernrecht der Personengesellschaften, in Münchener Kommentar, 3. Aufl. 2012 m.w.N.; Beuthien, ZIP 1993, 1589, 1595

46 Grunewald, Münchener Kommentar, 3. Aufl., 2012,§ 161 HGB, Rz. 49; Habersack, BB 2005, 1695, 1697; Ulmer, ZIP 2005, 1341, 1343

47 Beuthien, ZIP 1993, 1589, 1596 m.w.N.

48 Ulmer ZIP 2005, 1341, 1343; Habersack, BB 2005, 1695, 1697

49 BGH Urt. v. 15.2.2005, XI ZR 396/03, ZIP 2005, 1361; BGH Urt. v. 18.7.2006, XI ZR 143/05, ZIP 2006, 1622; zustimmend Altmeppen, ZIP 2006, 1, 4; Schimansky, WM 2005, 2009, 2010

50 Mülbert, Konzernrecht, (Fn. 45), Rz.117, 138

nenden Charakter gegenüber einer übergeordneten, herrschenden Gesellschaft haben sollte[51].

Meines Erachtens sollte hier ein *neues Denkmodell* in die gesellschaftsrechtliche Diskussion Eingang finden. Auch wenn der Gesetzgeber betonen wollte, dass die Investment-KG den Regelungen des Handelsgesetzbuchs unterliegt, „soweit nichts Abweichendes" im KAGB geregelt ist, so wurde mit der Investment-KG, für die der Gesetzgeber ausdrücklich in § 154 Abs. 1 KAGB auch die Verwaltungsform der externen KVG-Verwaltung zugelassen hat, doch ein neues gesellschaftsrechtliches Investitionsmodell entwickelt. Neben einem gesetzestypischen und einem rein dienenden Verbandszweck muss daher auch ein öffentlich-rechtlich/aufsichtsrechtlich geprägter Verbandszweck in der Systematik der Personengesellschaftslehre anerkannt werden. Wenn der Gesetzgeber neben der internen KVG-Verwaltung einer Investment-KG die externe KVG-Verwaltung ausdrücklich für zulässig erklärt, andererseits den Geschäftsbetrieb einer KVG durch Erbringung des Portfoliomanagements und des Risikomanagements als erlaubnispflichtiges Geschäft nach § 20 KAGB mit Strafbewehrung nach § 339 Abs. 1 Nr. 1 KAGB im Verletzungsfalle definiert, so schränkt dieser aufsichtsrechtliche Rahmen bereits im Zeitpunkt der Gründung der KG den Handlungsrahmen auf diese zwei im Gesetz niedergelegten Verwaltungsoptionen ein. Es ist damit nicht so, dass die Gründungsgesellschafter einer Investment-KG bei bewusster Wahl eines erlaubnis- und aufsichtspflichtigen Gesellschaftszweckes ein freies Recht zur Selbstorganschaft hätten, das ihnen gegebenenfalls erst durch einen Bestellungsakt einer externen KVG genommen wäre. Richtigerweise knüpft das Gesetz an die Wahl des Gesellschaftszwecks und die damit gebotene Regulierung der Verwaltung eines entsprechenden Investitionsvehikels eine Erlaubnispflicht nach § 20 KAGB an. Wenn diese Erlaubnispflicht aber auch zugelassenerweise durch Bestellung einer externen KVG erfüllbar ist, sollte hierin kein Verstoß gegen einen Grundsatz der Selbstorganschaft gesehen werden.

Richtigerweise sollte daher auch bei Bestellung einer externen KVG durch eine Investment-KG *keine Verletzung* des Grundsatzes der Selbstorganschaft aus unterschiedlichen Gründen angenommen werden. Die Auflösung der mit der Selbstorganschaft verbundenen Fragestellung erfordert eine Betrachtung in mehreren Schritten. Anders als im allgemeinen Bankaufsichtsrecht, bei dem ein Bankgeschäft oder eine Finanzdienstleistung als gewählter **Unternehmensgegenstand** nach § 1 KWG eine Erlaubnispflicht nach § 32 KWG nach sich zieht, ist der Unternehmensgegenstand der Investment-KG selbst noch nicht erlaubnispflichtig. Richtigerweise angenähert beschließen die Gesellschafter zunächst im

51 Mülbert, Konzernrecht, (Fn. 45), Rz. 131 ff.

Kern des Unternehmensgegenstandes, dass sich die Gesellschaft als Investmentvermögen nach § 1 Abs. 1 KAGB qualifiziert. Nach der Entscheidung dieses ersten Schrittes knüpfen sich sodann gesetzliche Rechtsfolgen an die weitere Ausgestaltung des Unternehmensgegenstandes der Investment-KG und sonstige Vorgaben an den Gesellschaftsvertrag an (vgl. hierzu IV). Insbesondere sieht § 150 Abs. 2 KAGB zwingend vor, dass der Unternehmensgegenstand einer Investment-KG ausschließlich die Anlage und Verwaltung ihrer Mittel nach einer festgelegten Anlagestrategie zur gemeinschaftlichen Kapitalanlage zum Nutzen der Anleger sein darf, aber auch des Weiteren – je nach Entscheidung, ob es sich um einen Publikums- oder Spezial-AIF handelt – die pflichtgemäße Anknüpfung an die für diese beiden AIF-Typen vorgesehenen gesetzlichen Anlagebeschränkungen[52]. Aber auch die gesetzeskonforme Ausgestaltung des Unternehmensgegenstandes einer Investment-KG zieht weder eine für die KG unmittelbar bestehende Erlaubnispflicht noch eine Registersperre – wie im Bankaufsichtsrecht nach § 43 KWG – nach sich. Gerade bei der bereitgestellten Option der Verwaltung eines Investentvermögens durch eine externe Lösung ist die Gründung und der Unternehmensgegenstand der insofern verwalteten Investment-KG erlaubnisfrei.

Richtig betrachtet knüpft das Gesetz an die **Verwaltung** der Investment-KG eine Erlaubnispflicht nach § 20 KAGB an. Würde sich die Gesellschaft mit einem für eine Investment-KG typischen Unternehmensgegenstand nicht für eine externe Verwaltung entscheiden, dann würde kraft Gesetzes die **interne Verwaltung** dieser Investment-KG erlaubnispflichtiges Geschäft einer **internen** KVG sein, § 17 Abs. 2 Nr. 2, § 20 KAGB. Entscheidet sich aber die Geschäftsführung für die Bestellung einer externen KVG, so ist dann gerade die Verwaltungstätigkeit dieser externen KVG nach § 20 KAGB erlaubnispflichtig. In diesem Fall würde die fortbestehende Geschäftsführung der Investment-KG erlaubnisfrei sein, allerdings bezüglich der Geschäftsführer nach § 153 Abs. 2 KAGB eine aufsichtliche Zuverlässigkeit und fachliche Eignung für das den Geschäftsführern verbleibende organschaftliche Handeln erfordern. Im Ergebnis heißt das, dass das Gesetz mit der speziellen Regelung einer Investment-KG an die Gründungsentscheidung der Gesellschafter diesen Unternehmensgegenstand zu wählen, gerade einen Automatismus anknüpft, nach dem *keine „freie Organschaft“* gegeben ist, sondern die Verwaltung dieser Investment-KG zwingend entweder in der Form der internen oder der externen Verwaltung einer Erlaubnis nach § 20 KAGB bedarf. Ohne gegebene Erlaubnis in der einen oder in der anderen Variante besteht bereits gar kein Grundsatz der Selbstorganschaft, da die Verwaltung einer Investment-KG im

52 S. zu den Regulierungswirkungen auf Ebene des geschlossenen Fonds die produktbezogenen Wirkungen bei 5.3.1.

internen Wege ohne vorhandene Erlaubnis unerlaubtes Investmentgeschäft wäre und Strafbarkeitssanktionen nach § 339 Abs. 1 Nr. 1 KAGB sowie Verfolgungs- und Untersagungskompetenzen der BaFin nach § 16 und 15 KAGB auslösen würde. Es erscheint daher nicht sachgerecht, einen für einen nicht regulierten Marktbereich ohne öffentlich-rechtliche Erlaubnisvoraussetzungen entwickelten Grundsatz der Selbstorganschaft auf Personengesellschaften mit einem Unternehmensgegenstand zu übertragen, an den automatisch die „Portfolioverwaltung" dieser Investment-KG eine Erlaubnispflicht als Investmentgeschäft anknüpft. Erst durch die Wahl der Organisation als intern verwalteter KVG oder die Bestellung einer externen KVG mit vorhandener Erlaubnis nach § 20 KAGB wird überhaupt erst eine Geschäftsführung mit Portfoliomanagement gesetzmäßig. Das Angebot des Gesetzgebers zur Ermöglichung der Verwaltung auch eine Bestellung einer externen KVG vorzusehen, ist daher nicht als Beschränkung der gesellschaftsrechtlichen Organfunktion, sondern gerade im Gegenteil erst als legale Ermöglichung zahlreicher Geschäftsführungsmaßnahmen zu verstehen.

In Anknüpfung an *Mülbert* sollte daher erneut ein speziell gewählter Verbandszweck ausschlaggebend für Anwendung oder Nichtanwendung des Grundsatzes der Selbstorganschaft sein. Wenn – wie gezeigt – ein Unternehmenszweck gewählt wird, bei dem die Kernfunktionen der **Geschäftsführung** eine Erlaubnis- und Aufsichtspflicht auslösen, so muss m.E. auch dies in der Diskussion der Selbstorganschaft als spezieller, *„aufsichtsgeprägter Verbandszweck"* anerkannt werden.

Auch die für unregulierte Unternehmensbereiche angeführten Zielsetzungen des *Schutzes der Gesellschafter*[53], aber auch des Schutzes der Marktteilnehmer[54], werden durch die spezialgesetzlichen Regelungen des KAGB für eine Investment-KG ausreichend geschützt: Zum einen sieht § 157 KAGB bereits einen den Markt ausreichend schützenden Firmierungszwang mit Hinweispflicht auf eine „geschlossene Investment-KG" vor. Zum anderen werden Anleger in einer geschlossenen Investment-KG durch das Gesetz in ihren Rechten in Bezug auf Haftung, ausgeschlossenen Verlustausgleich, ausgeschlossenen Wiederaufleben von Haftung bei Einlagenrückgewähr- und Abfindungsansprüchen nach § 152 KAGB im Vergleich zu den Grundnormen des HGB spezialgesetzlich besonders geschützt.

Schließlich wäre auch die Anwendung der Grundgedanken eines Beherrschungsvertrages bei Bestellung einer externen KVG nicht zielführend, da – anders als bei einem Beherrschungsvertrag – eine externe KVG nicht das Unter-

53 Beuthien, ZIP 1993, 1589, 1596; Habersack, BB 2005, 1695, 1697
54 Habersack, BB 2005, 1695, 1697

nehmensinteresse der Investment-KG ihrem eigenen KVG-Interesse unterordnen darf. Bedeutsam ist vielmehr, dass es zu den aufsichtsrechtlichen Grundpflichten einer jeden KVG nach § 26 Abs. 1 KAGB gehört, bei der Wahrnehmung ihrer Aufgaben *„ausschließlich im Interesse der Anleger“* zu handeln. Eigennütziges/herrschendes Verhalten ist ihr daher aufsichtsrechtlich untersagt, fremdnütziges/anlegerschützendes Verhalten und daher ein Handeln im Interesse der Investment-KG ist ihre Grundpflicht.

Eine externe KVG darf auch nicht weisungsfrei handeln, wie dies der BGH als wesentliches Abgrenzungsmerkmal zu einem Betriebsführungsvertrag mit Beherrschungselementen in der *„Holiday Inn-Entscheidung“*[55] herausgestellt hat. Zwar ist der Investment-KG die Erteilung von Weisungen im Einzelfall aufsichtsrechtlich nicht möglich, da dies der erlaubnispflichtigen Verantwortung für das Portfoliomanagement der externen KVG widerspricht, aber – so der BGH – auch die Anlagebedingungen, die tunlichst explizit im Bestellungsakt zwischen der Investment-KG und der internen KVG als vertragliche Leistungspflicht der KVG zu vereinbaren sind, sind natürlich Weisungen der Investment-KG, allerdings im Sinne einer statischen Richtlinie.

Im *Ergebnis* bleibt festzuhalten, dass sich das Spannungsfeld zwischen Aufsichts- und Gesellschaftsrecht bei Bestellung einer externen KVG lösen lässt. Bei Bestellung einer externen KVG wird kein Unternehmensvertrag im Sinne der §§ 291 ff. AktG geschlossen und es wird auch nicht der Grundsatz der Selbstorganschaft einer Personengesellschaft verletzt, da die bestellten Geschäftsführer der Investment-KG die organschaftliche Geschäftsführung behalten – auch wenn sie durch das erlaubnispflichtige Portfoliomanagement durch eine externe KVG stark ausgehöhlt ist – und dieser Grundsatz auf eine Investment-KG ohnehin nicht unmodifiziert zur Anwendung kommen darf. Richtigerweise sollte die Lehre der Selbstorganschaft dahingehend weiterentwickelt werden, dass eine aufsichtsrechtlich geprägte Investment-KG einen derart spezifischen Verbandszweck hat, dass dieser eine besondere Behandlung erfordert. Wenn die Gesellschafter einer Investment-KG nach der Gründungsentscheidung zu keinem Zeitpunkt eine erlaubnisfreie Organschaft einrichten können, sondern stets auf erlaubnispflichtige interne oder externe Verwaltung angewiesen sind, kann die Ausübung der gesetzlich ausdrücklich zugelassenen Bestellung einer externen KVG nicht die Verletzung eines etwaigen Organschaftsrechts der Gesellschafter sein, das ihnen ja schon bei Wahl des Unternehmensgegenstandes so nicht zustand.

55 BGH Urt.v. 05.10.1981, II ZR 203/80, NJW 1982, 1817

4 Die geschlossene Investmentkommanditgesellschaft

Die oben dargestellte „aufsichtsrechtliche Prägung" der Investment-KG wird besonders bei Betrachtung der zahlreichen, für sie geltenden Sondernormen deutlich, die vom HGB-Grundmodell einer Kommanditgesellschaft abweichen.

So haftet zunächst bemerkenswerterweise die KVG – undifferenziert ob intern oder extern – nach § 93 Abs. 8, § 149 Abs. 2 KAGB auf die *Einzahlung des Zeichnungspreises* für die Anteile, falls „Anteile in den Verkehr gelangt (wären), ohne dass der Anteilswert dem Sondervermögen zugeflossen ist" (§ 93 Abs. 8 KAGB). Ob dieser Verweis für geschlossene Fonds allerdings Praxisrelevanz bekommt, mag bei nicht verbrieften Anteilen an einer Personengesellschaft bezweifelt werden.

Zum *Gesellschaftsvertrag* sehen § 150 Abs. 1 KAGB eine verpflichtende Schriftform sowie nach Abs. 2 eine Beschränkung des Unternehmensgegenstandes daraufhin vor, dass dieser „ausschließlich die Anlage und Verwaltung ihrer Mittel nach einer festgelegten Anlagestrategie zur gemeinschaftlichen Kapitalanlage zum Nutzen der Anleger" vorsehen darf.

Besondere Bedeutung bekommen die neben dem Gesellschaftsvertrag zu erstellenden *Anlagebedingungen*, § 151 KAGB, die gerade die „Anlagestrategie" nach § 1 Abs. 1 KAGB dokumentieren sollen, zunächst aber – und hier liegt ein großer Unterschied zu offenen Fonds[56]– ausschließlich Rechtswirkung im Verhältnis zwischen den Anlegern und der Investment-KG entfalten. Sofern die Investment-KG intern verwaltet ist, besteht bereits eine einheitliche schuldrechtliche Verpflichtung des Verwalters auf die Anlagebedingungen. Bei der extern verwalteten KVG jedoch werden erst durch den Bestellungsakt der externen KVG die Anlagebedingungen als **antizipierte Weisung** der Investment-KG an die KVG vereinbart[57]. Allerdings ist die KVG – und nicht die Investment-KG bei externer Verwaltung – verpflichtet, bei geschlossenen Publikums-AIF die erforderliche Genehmigung der Anlagebedingungen bei der BaFin nach § 267 Abs. 1 KAGB zu beantragen. Bei einer nachträglichen wesentlichen Änderung der Anlagebedingungen ist nicht alleine die Genehmigung der BaFin erforderlich und ausreichend – wie bei offenen Publikums-AIF –, sondern zusätzlich zur BaFin-Genehmigung auch eine Zustimmung einer Zweidrittelmehrheit der Anleger an der Investment-KG erforderlich, § 267 Abs. 3 KAGB.

56 vgl. oben,kollektivrechtliche Betrachtung 2.2.

57 Instruktiv zur Haftung einer KAG in Fremdverwaltung einer Investment-AG nach altem Recht / § 96 Abs. 4 InvG, Campbell/Müchler, Die Haftung der Verwaltungsgesellschaft einer fremdverwalteten Investmentaktiengesellschaft, 2009, www.ILF-Frankfurt.de, S. 9

Vor typischen *Haftungsfallen* bei Beteiligung an einer klassischen HGB-Kommanditgesellschaft soll bei der „aufsichtsrechtlich geprägten Investment-KG“ gerade § 152 KAGB die Anleger schützen. Zum einen gewährt § 152 Abs. 1 Satz 3 bei mittelbarer Beteiligung über einen Treuhandkommanditisten dem mittelbar beteiligten Anleger im Innenverhältnis die gleiche Rechtstellung wie einem Kommanditisten. Des Weiteren ist wichtig, dass eine Rückgewähr der Einlage oder eine Ausschüttung, die den Wert der Kommanditeinlage unter den Betrag der Einlage herab mindert, nur mit Zustimmung des betroffenen Kommanditisten zulässig ist und dieser vorab auf dieses Risiko ausdrücklich hinzuweisen ist, § 152 Abs. 2 KAGB. Des Weiteren sind Nachschusspflichten vom Kommanditisten und Verlustausgleichspflichten ausgeschlossen, § 152 Abs. 3 KAGB. Zur Vermeidung einer nach allgemeinen gesellschaftsrechtlichen Prinzipien unbegrenzten Haftung vor Eintragung der Gesellschaft in das Handelsregister schließt § 152 Abs. 5 KAGB eine Zustimmung der Kommanditisten zum Geschäftsbeginn vor diesem Zeitpunkt aus. Auch eine etwaige Abfindungsleistung bei Ausscheiden eines Kommanditisten nach § 152 Abs. 6 KAGB soll nicht als Rückzahlung der Einlage mit wieder auflebender Haftung gelten.

Bei einer extern bestellten KVG hat diese nach § 18 Abs. 2 KAGB einen *Aufsichtsrat* bzw. einen Beirat bereits bei Gründung in KG-Form zu bilden. Bei der intern verwalteten Investment-KG ist erneut als Sonderregelung vorgesehen, dass nach § 153 Abs. 3 KAGB ein Beirat zu bilden ist, der die Geschäftsführung bei der Umsetzung der Anlagebedingungen zu überwachen hat. Hier müssen auch zur Wahrung der Anlegerinteressen die Persönlichkeit und Sachkunde der Mitglieder des Beirats Gewähr für diesen intendierten Schutz bieten. Die Bestellung und das Ausscheiden von Mitgliedern des Beirats ist der BaFin unverzüglich anzuzeigen.

Auf den *Firmierungszwang* nach § 157 KAGB zur Führung der Bezeichnung „geschlossene Investmentkommanditgesellschaft“ wurde bereits hingewiesen. Hiermit wird auch im Hinblick auf die oben geführte Diskussion zur Selbstorganschaft bei externer KVG-Verwaltung ein ausreichender Marktschutz erreicht, da sich an diese Gesellschaftsform spezielle, vom allgemeinen Handelsrecht abweichende Regelungen zur Firmierung ergeben und die Investment-KG mit all ihren Besonderheiten für den Markt transparent in Erscheinung tritt.

Die geschlossene Investment-KG ist schließlich nach §§ 158, 159 KAGB verpflichtet, einen von einem Abschlussprüfer zu prüfenden Jahresbericht aufzustellen und bei geschlossenen Publikums-AIF nach § 160 KAGB *offenzulegen.*

In Betonung des „Vehikelcharakters“ einer Investment-KG schließt § 161 KAGB die an sich gesetzlich vorgesehenen Regelungen zur *Auflösung und Liquidation* nach § 133 HGB bei Kommanditgesellschaften einschließlich einer Haftung der Kommanditisten nach Beendigung der Liquidation für Verbindlichkeiten der geschlossenen Investment-KG aus, § 161 Abs. 3 KAGB.

5 Bedeutsame Einzelaspekte der KAGB-Regulierung bei Verwaltung geschlossener Fonds

5.1 Der Spezial-AIF und semi-professionelle Anleger

Für geschlossene – wie auch für offene Investmentvermögen – ist mit Blick auf die Erweiterung des Anlegerkreises für Spezial-AIF auch auf die neu definierte Gruppe der *„semi-professionellen Anleger“* nach § 1 Abs. 19 Nr. 33a KAGB hinzuweisen. Die „Erfindung“ dieses Anlegertyps ist in verbraucherschützender Hinsicht bisher einmalig, da die klassische bürgerrechtliche Typenbindung von Unternehmen und Verbrauchern nach §§ 13, 14 BGB um einen weiteren Anlegertyp ergänzt wird. Insbesondere aus Bankensicht ist dieser erweiterte Anlegerkreis für vermögende Private Wealth-Anleger bedeutsam. Bisher waren auch vermögende Privatanleger, die – häufig unterstützt durch Family Offices – professionell wie institutionelle Anleger agierten, rechtlich Verbrauchern oder Privatkunden im Sinne des WpHG zugeordnet. Mit dieser bisher bekannten Systematik bricht das KAGB und lässt nun auch semi-professionelle Anleger zur Investition in Spezial-AIF zu, falls der Investitionsbetrag mindestens 200.000 € beträgt, der Anleger erklärt, sich der Risiken der Investition bewusst zu sein, und die KVG den Sachverstand und die Erfahrungen des Anlegers mit der Überzeugung bewertet, dass der Anleger seine Entscheidung in diesem Risikobewusstsein tätigen kann und die KVG schließlich die vorgenommene Bewertung und Überzeugung schriftlich dokumentiert.

Die Wahrnehmung dieser, einem Private Wealth-Anleger offenstehenden Option kann *weitreichende Konsequenzen* haben. So können bei freiwilliger Einstufung als semi-professioneller Anleger und Investition in einen Spezial-AIF (zumindest aufsichtsrechtliche) Prospektpflichten und die für Publikums-AIF geltenden Anlagebeschränkungen[58] vermieden werden. Auch für den Vertriebsbegriff hat dies Konsequenzen, da nach § 293 Abs. 1 Satz 3 KAGB – anders als bei Privatkunden – ein Vertrieb an semi-professionelle und professionelle Anleger nur dann gegeben ist, wenn dies auf Initiative der Verwaltungsgesellschaft oder in deren Auftrag erfolgt. Hieraus werden sich für semi-professionelle Anleger auch „passive Anlagemöglichkeiten“ im Ausland auch bei denjenigen Fonds ergeben, die gerade nicht – „auf Initiative der Verwaltungsgesellschaft“ – in Deutschland

58 S. hierzu 5.4

aktiv vertrieben werden. Diese Möglichkeiten werden Privatanlegern nach § 293 Abs. 1 KAGB verwehrt sein.

5.2 Überblick über Erlaubnisvoraussetzungen für eine AIF-KVG

Die Erlaubnisvoraussetzungen für eine AIF-KVG nach den §§ 22 ff. KAGB sollen hier nur überblicksweise gestreift werden, da sie im Wesentlichen für KVGen offener als auch geschlossener AIF in gleicher Weise gelten und den bisherigen Erlaubniskriterien für KAGs nach dem Investmentgesetz nachgebildet und durch zusätzliche Anforderungen nach der AIFMD ergänzt sind.

So sind zunächst *Eigenmittel* nach § 25 KAGB von mindestens 300.000 € bei einer internen KVG bzw. 125.000 € bei einer externen KVG sowie darüber hinausgehende Eigenmittel bei verwalteten Vermögenswerten von mehr als 250 Mio. € gefordert, in jedem Fall aber ein Viertel der Kosten der KVG, § 25 Abs. 4 KAGB. Zusätzliche Eigenmittel oder eine Versicherung sind zur Absicherung der Berufshaftpflichtrisiken nach § 25 Abs. 6 KAGB vorzuhalten, was gegebenenfalls zu erheblichen Zusatzanforderungen führen kann und im Detail bezüglich der Bestimmung der Angemessenheit der zusätzlichen Eigenmittel durch Art. 12 bis 15 der Level 2-Verordnung geregelt ist. Wie in der allgemeinen Banken- oder bisherigen Investmentaufsicht bekannt, muss eine KVG mindestens zwei Geschäftsleiter haben, die unter Anwendung der bekannten bankaufsichtlichen Maßstäbe nach § 33 Abs. 2 KWG zuverlässig sein und die zur Leitung erforderliche fachliche Eignung haben müssen, § 23 Nr. 3 KAGB.

Auch wenn bereits das Portfoliomanagement **oder** das Risikomanagement jeweils für sich betrachtet eine Erlaubnispflicht nach §§ 20, 17 Abs. 1 KAGB begründet, ist der Geschäftsbetrieb einer KVG nur dann *erlaubnis**fähig***, wenn Portfolioverwaltung und Risiko-Management zugleich erbracht bzw. bei Auslagerungslösungen „verantwortet" werden, § 23 Nr. 10 KAGB.

Auslagerungslösungen nach § 36 KAGB werden durch Art. 75 bis 82 der Level 2-Verordnung weiter im Hinblick auf Zulässigkeit und Anforderungen konkretisiert und werden – im Vergleich zur bisher bekannten Bank- bzw. Investmentaufsichtspraxis – noch zusätzliche, nicht unerhebliche Hürden bei Vorauswahl, Prüfung und Dokumentation persönlicher und unternehmerischer Hintergründe geeigneter Auslagerungsunternehmen stellen. In diesem Zusammenhang darf bei Auslagerungslösungen auch nicht die Erstreckungswirkung der Überwachung von Mitarbeitergeschäften bei „relevanten Personen"[59] unterschätzt werden.

---

59 Art. 63 Abs. 2 Level 2-Verordnung

Die bereits angesprochenen Vorgaben der AIFMD, Anhang II, zur Aufstellung einer angemessenen *Vergütungspolitik* leitender Mitarbeiter wird zahlreiche KVGen noch vor erhebliche organisatorische und arbeitsrechtliche Herausforderungen stellen. So kann der umfangreiche Pflichtenkatalog zur Ausgestaltung einer Vergütungspolitik im Sinne der „Bekämpfung unangemessener Banker-Boni“ nach Anhang II der AIFMD sowie nach § 37 KAGB, und weiter ergänzt durch ESMA-Auslegungshinweise[60], gegebenenfalls dazu führen, dass bei KVGen variable Vergütungen leitender Mitarbeiter als so problematisch angesehen werden, dass ein Rückschwung zu Festvergütungen mit gegebenenfalls erheblich steigenden Personalkosten erfolgt. Hintergrund hierfür kann sein, dass es sehr komplex wird, z.B. nach den Vorgaben des Anhangs II, lit. m), einen leitenden Mitarbeiter mit variabler Vergütung an einem von ihm verwalteten AIF zu beteiligen oder hierfür ein spezielles, virtuell spiegelndes Beteiligungsprogramm aufzusetzen. Auch die Pflichten zur Streckung erfolgsabhängiger Vergütungen über mehrjährige Zeiträume[61] mit portionierter Abstufung von Bonuszahlungen kann die Praxis vor erhebliche Herausforderungen stellen, so dass die Einrichtung einer AIFM-angemessenen Vergütungspolitik ein in der Praxis noch unterschätzter, nicht unerheblicher Stolperstein auf dem Weg zu einer KVG-Erlaubnis sein kann.

Schließlich ist auf die Pflicht zur Beauftragung einer *Verwahrstelle* nach § 80 KAGB für jeden AIF, den die KVG zu verwalten beabsichtigt, nach § 22 Abs. 1 Nr. 13 KAGB hinzuweisen. Insbesondere für den Markt der geschlossenen Fonds wird diese bisher unbekannte Bestellung einer Verwahrstelle mit bestimmten Prüf- und Kontrollpflichten über die Investitionstätigkeit einer KVG zu erheblichen Belastungen des geschlossenen Fondsgeschäfts führen.

Die vorgenannten Aspekte stellen nur einzelne „Leuchtturmaspekte“ bei Erlaubnisbeantragung einer KVG für geschlossene Fonds dar. Eine erschöpfende Kommentierung sämtlicher Voraussetzungen oder auch der fortlaufenden Organisationspflichten einer KVG, insbesondere auch zur Bereithaltung von Risiko- und Liquiditäts-Management-Systemen (§§ 29, 30 KAGB) bzw. Einrichtungen zur Vermeidung von Interessenskonflikten nach § 27 KAGB und fortlaufende Anzeige- und Meldepflichten der KVG nach §§ 34 und 35 KAGB, ist im Rahmen dieses Beitrags nicht möglich.

---

60 ESMA Final report-guidelines on sound remuneration policies under the AIFMD, 03.07.2013
61 Anhang II AIFMD, lit. h), n)

5.3 Regulierungswirkung auf Ebene des geschlossenen Fonds

5.3.1 Produkt- und vertriebsbezogene Wirkungen

Bei *geschlossenen **Spezial**-AIF* sind die produktbezogenen Regulierungswirkungen unerheblich. Neben allgemeinen Meldepflichten zur Leverage-Überwachung nach den §§ 274, 215 KAGB ist einzige Vorgabe bezüglich der für einen geschlossenen Spezial-AIF erwerbbaren Vermögensgegenstände, dass für diese ein Verkehrswert ermittelt werden kann (§ 285 KAGB) und mindestens eine jährliche Bewertung des Investmentvermögens vorzunehmen ist, § 286 KAGB. Diese weitgehende Investitionsfreiheit von geschlossenen Spezial-AIF untermauert die Bedeutung des neuen Anlegertypus „semi-professioneller Anleger", da es damit auch natürlichen Personen bei Erfüllung dieser Anlegervoraussetzungen möglich bleibt, in produktseitig frei gestaltbaren geschlossenen Spezial-AIF zu investieren, was bei geschlossenen **Publikums**-AIF nicht der Fall ist. Vertriebsseitig stellt sich allerdings für geschlossene Spezial-AIF eine erhebliche Belastung ein, die die geschlossene Investmentfondspraxis für institutionelle Anleger vor erhebliche Herausforderungen stellt, da auch für geschlossene Spezial-AIF ein Private Placement nicht mehr möglich ist und vertriebsbezogene Anzeigepflichten gegenüber der BaFin mit Vorlage der Anlagebedingungen nach § 321 KAGB bereits bei jeder Form des Vertriebs von Anteilen an geschlossenen Spezial-AIF greifen. Der Vertriebsbegriff verzichtet – im Gegensatz zur bisherigen Investmentpraxis – auf die Voraussetzung des „öffentlichen Vertriebs" und unterwirft bei Spezial-AIF jede **aktive** Form des Platzierens oder Anbietens von Fondsanteilen der vertriebsbezogenen Regulierung, § 293 Abs. 1 KAGB. Für die institutionelle Investmentpraxis fordert der europäische Gesetzgeber daher abweichend von der bisherigen Praxis eine stärkere Anlegerschutzorientierung, was angesichts der Erfahrenheit professioneller und semi-professioneller Anleger als rechtspolitisch durchaus fragwürdig bezeichnet werden kann. Nach neuem Recht besteht bei Vertrieb von Spezial-AIF damit auch gegenüber diesen institutionellen Anlegergruppen die Pflicht, umfassende und weitreichende Anlegerinformationen nach § 307 KAGB zur Verfügung zu stellen, was für das institutionelle Fondsgeschäft bedeutet, dass hier prospektähnliche Dokumentations- und Aufklärungspflichten auch gegenüber professionellen und semi-professionellen Anlegern bestehen.

Da der *geschlossene **Publikums**-AIF* bisher weder in Produkt- noch in Vertriebshinsicht durch die AIFMD geregelt war, sind die diesbezüglich vom deutschen Gesetzgeber getroffenen Regelungen auch spezifisch nationale Regelungen und werden so in anderen europäischen Ländern nicht vergleichbar anzutreffen sein. Rechtspolitisch verfolgt der deutsche Gesetzgeber das Ziel, geschlossene Publikums-AIF einerseits nicht zu verbieten, andererseits aber sehr wohl zahlreiche von ihm für erforderlich gehaltene anlegerschützende Produkt- und Vertriebsbeschränkungen aufzunehmen. **Produktseitig** hat der Gesetzgeber nach heftigem Widerspruch der Marktteilnehmer nach dem ersten Diskussionsentwurf doch zahlreiche Assetklassen zugelassen, so dass nun die wesentlichen Fondstypen mit Investitionen in Sachwerte, insbesondere Immobilien, Waldflächen, Schiffe, Flugzeuge, Anlagen zur Erzeugung, Transport oder Speicherung von Energie (§ 261 Abs. 1 Nr. 1, Abs.2 KAGB), Beteiligungen an Infrastrukturprojekten über ÖPP-Projektgesellschaften (§ 261 Abs. 1 Nr. 2 KAGB), Beteiligungen an nicht börsennotierten Unternehmen (§ 261 Abs. 1 Nr. 4 KAGB) sowie Anteilen an vergleichbaren geschlossenen Publikums- und Spezial-AIF anlagefähig sind. Nach diesem neuen Regulierungskonzept sind damit ausschließlich immaterielle Werte, Forderungen oder Rechte, wie insbesondere Darlehen, Patente, Lizenzen oder Lebensversicherungen nicht mehr direkt von geschlossenen Publikums-AIF erwerbbar, sondern allenfalls nur noch mittelbar über Dachfondskonstruktionen.

Neben der Aufstellung eines abschließenden Katalogs zulässiger Anlagegegenstände eines Publikums-AIF wird auch das Währungsrisiko durch eine Beschränkung auf 30% Fremdwährungsrisiko (§ 261 Abs. 4 KAGB) und die Pflicht zur Durchführung einer Ankaufsbewertung nach § 261 Abs. 5, 6 KAGB neue Regulierungswirkung auf Fondsebene entfalten. Für die Praxis nicht zu unterschätzen ist auch das Verbot für geschlossene Publikums-AIF, als Feeder-AIF für eine Master-Feeder-Konstruktion zu agieren (§ 261 Abs. 8 KAGB), da hiermit insbesondere Bündelungskonstruktionen von Family Offices zu Investitionen in Investmentfonds, die an sich nur institutionellen Anlegern mit größeren Investitionstranchen zur Verfügung stehen, betroffen sein können.

Neben den genannten Erwerbsbeschränkungen fordert § 262 KAGB für geschlossene Publikums-AIF auch die Einhaltung des *Grundsatzes der Risikomischung* mit einer grundsätzlichen Pflicht zur Investition in mindestens drei Sachwerte oder in eine vergleichbare Streuung des Ausfallrisikos bei wirtschaftlicher Betrachtungsweise (§ 262 Abs. 1 KAGB). An dieser Stelle führte der deutsche Gesetzgeber die weitere Kategorie des „qualifizierten Anlegers“ ein, der sich verpflichtet, mindestens € 20.000,-- zu investieren, und für den die für semi-professionelle Anleger vorgesehenen Aufklärungs- und Dokumentationsvorschriften[62] im Übrigen erfüllt sein müssen. Falls ein geschlossener Publikums-AIF ausschließlich entsprechend qualifizierte Anleger (oder auch zusätzlich semi-professionelle oder professionelle Anleger) zur Investition zulässt, kann von der Risikomischung nach § 262 Abs. 2 KAGB abgesehen werden. Das bedeutet in der Praxis, dass auch im Publikumsbereich weiterhin „Ein-Objekt-Fonds“, z.B. Investitionen

62 § 1 Abs. 19 Nr. 33 lit. a KAGB

in **eine** Büroimmobilie, zulässig bleiben, allerdings mit höheren Einstiegsschwellen für Privatanleger. Belastend für den geschlossenen Publikums-Fondsmarkt ist des Weiteren die Beschränkung zur Hebelung des Fondsinvestments durch Fremdfinanzierungsaufnahme auf einen Wert von maximal 60% des Wertes des geschlossenen Publikums-AIF, § 263 Abs. 1 KAGB.

Vertriebsseitig entfällt für geschlossene Publikums-AIF in gleicher Weise wie für Spezial-AIF die Möglichkeit eines unregulierten Private Placement, da nach neuem Recht jede Form des direkten oder indirekten Anbietens oder Platzierens von Anteilen und damit ungeachtet der „Öffentlichkeit" als „Vertrieb" im Sinne des KAGB gilt, § 293 Abs. 1 KAGB. Die sich an einen beabsichtigten Vertrieb anknüpfenden Regulierungswirkungen sind wiederum der bisherigen Systematik des Vertriebs offener Publikumsfonds nachgebildet. So besteht bei Vertriebsabsicht eine Anzeigepflicht gegenüber der BaFin nach § 316 KAGB und eine Genehmigungspflicht der Anlagebedingungen nach § 267 KAGB. Der Vertrieb dieser Publikums-AIF ist dann auch erst zulässig, wenn die BaFin ausdrücklich nach Genehmigung der Anlagebedingungen und der Verwahrstelle sowie Eingang der vollständigen Anzeigeunterlagen mitgeteilt hat, dass die AIF-KVG mit dem Vertrieb des Publikums-AIF beginnen kann, § 316 Abs. 3 KAGB. Für geschlossene Publikums-AIF ergibt sich darüber hinaus die Pflicht zur Erstellung eines Verkaufsprospektes und von wesentlichen Anlegerinformationen nach den §§ 268 – 270 KAGB. Hiermit sind zahlreiche Offenlegungs- und Dokumentationspflichten, insbesondere auch zur detaillierten Aufschlüsselung von Kosten und der mit der Anlage in geschlossenen Publikums-AIF verbundenen Provisionen als auch eine detaillierte Darstellung des Risiko- und Ertragsprofils geboten, § 270 Abs. 2 Nr. 3 und 5 KAGB.

5.3.2 Die AIF-Verwahrstelle

Die Pflicht einer AIF-KVG, für einen geschlossenen AIF eine Verwahrstelle nach den §§ 80 ff. KAGB zu bestellen, wird vermutlich als der stärkste Paradigmenwechsel bei der Regulierung geschlossener Fonds zu betrachten sein. Auf den ersten Blick ist diese Verwahrstelle der im offenen Fondsbereich bekannten Depotbankfunktion nach (bisher) § 20 ff InvG nachgebildet, mit der zugunsten der Anleger eine haftungsunterworfene Kontrollinstanz weitgehende Überwachungs- und Kontrollpflichten gegenüber der handelnden Verwaltungsgesellschaft wahrnimmt. Der Begriff „Verwahrstelle" bei geschlossenen AIF ist allerdings irreführend, da diese in der Regel kaum verwahrfähige Anlagen im Sinne von Wertpapieren nach dem Depotgesetz erwerben. Institutionell zugelassen sind nach § 80 KAGB ausschließlich Kreditinstitute und MiFiD-regulierte Wertpapierfirmen, die auch zur Verwahrung von Finanzinstrumenten befugt sind. Für geschlossene AIF wurde sodann noch eine Sonderregelung getroffen und auch berufsständisch regulierte Stellen, wie z.B. Notare, Rechtsanwälte oder Wirtschaftsprüfer, grundsätzlich als institutionell geeignet, allerdings unter Genehmigungsvorbehalt der BaFin, §§ 69, 87 KAGB bei Publikums-AIF zugelassen. Rechtspolitisch prägend für die AIF-Verwahrstelle waren letztlich die Erfahrungen mit dem New Yorker „Madoff-Betrugsskandal", so dass der europäische Gesetzgeber auf jeden Fall die Anlegerrechte in Bezug auf den rechtswirksamen Eigentumserwerb nicht verwahrfähiger Anlagegegenstände sowie mit einer verstärkten Haftung der Verwahrstelle für abhanden gekommene Vermögenswerte stärken wollte. Auch wenn sich die Architektur einer geschlossenen Fondskonstruktion mit der Notwendigkeit einer Verwahrstelle mit depotbankähnlichen Überwachungs-, Kontroll- und Sicherungsfunktionen nach den §§ 84, 264 KAGB und den Art. 83 - 102 der Level-II-Verordnung grundlegend ändern wird, werden doch vor allem mittelbare Konsequenzen dieser neuen Systematik erst zu marktbereinigenden Effekten führen. Die erheblichen Kosten für die Bestellung einer Verwahrstelle, aber auch die Übernahme erheblicher Haftungsrisiken durch die Verwahrstelle werden vermutlich dazu führen, dass zahlreichen kleineren Fondsinitiatoren möglicherweise nur sehr beschränkte Kooperationsangebote mit Verwahrstellen offenstehen werden. Es ist daher nicht auszuschließen, dass kleinere Marktteilnehmer mit der hohen Hürde der erforderlichen Bestellung einer Verwahrstelle für die Fortsetzung ihres Geschäftsmodells in Deutschland an Schwierigkeiten stoßen werden.

5.4 Übergangsregelungen für geschlossene Fonds

Nach der zentralen Übergangsvorschrift des § 353 Abs. 1 KAGB sind geschlossene Fonds, die nach dem 21.07.2013 keine weiteren Anlagen mehr tätigen *(„ausinvestierte geschlossene Fonds")* vollständig vom Anwendungsbereich des KAGB ausgenommen. In der Aufsichtspraxis wurde hierzu die Abgrenzung entwickelt, dass es bezüglich des Zeitpunkts der Ausinvestition auf den Zeitpunkt des schuldrechtlichen Verpflichtungsgeschäftes, nicht aber auf einen etwaigen Grundbuchvollzug oder dergleichen ankommt[63].

Diejenigen Fonds hingegen, deren Zeichnungsfrist zwar bis maximal 21.07.2013 auslief, die aber auch nach diesem Zeitpunkt noch *Anlagen tätigen*, kommen in den Genuss einer modifizierten Übergangsregelung. Die speziellen

63 BaFin-Häufige Fragen zu Übergangsbestimmungen, § 343 ff KAGB, 18.6.2013, III.5.c

gesellschaftsrechtlichen Vorschriften über die Investment-KG nach den §§ 149 – 157 KAGB und vor allem die Anlagebeschränkungen für Publikumsfonds nach den §§ 261 – 270 KAGB greifen für diese Fonds nicht. Es bleibt aber dabei, dass diejenige Verwaltungsgesellschaft, die im Sinne der §§ 17, 18 KAGB als aufsichtsrechtlich verantwortliche KVG (extern oder intern) zu qualifizieren ist, innerhalb der für alle Übergangsregelungen nach dem KAGB maßgeblichen Übergangsfrist bis 21.07.2014 eine Erlaubnis nach § 20 KAGB zu beantragen und hierbei auch ihre Organisation nach dem KAGB auszurichten hat, einschließlich der Bestellung einer Verwahrstelle nach den §§ 80 ff KAGB. Diese Vorschriften gelten ab Eingang des Erlaubnisantrags nach § 22, § 353 Abs. 4 Satz 2 KAGB.

Für AIF-KVG, die die *de minimis-Voraussetzungen*[64] nach §§ 2 Abs. 4 Satz 1 (kleine Spezial-AIF-KVG), Abs. 4a Satz 1 (interne Mini-KVG), Abs. 4b Satz 1 (Energiegenossenschaften) oder Abs. 5 Satz 1 (kleine Publikums-AIF-KVG) erfüllen, bleibt auch für diesen Fall die Freistellung vom KAGB nach diesen genannten Vorschriften unberührt. Wichtig für die Praxis der geschlossenen Fonds ist, dass bei der Berechnung der Schwellenwerte für die vorgenannten de minimis-Ausnahmefälle die verwalteten Asset-Bestände in „ausinvestierten Altfonds“, die nach § 353 Abs. 1 KAGB nicht dem KAGB unterfallen, nicht mit eingerechnet werden[65], so dass eine KVG für eine Übergangszeit auch über den 21.07.2014 hinaus nebeneinander noch freigestellte Altfonds nach § 353 Abs. 1 KAGB und freigestellte Neufonds unterhalb der Schwellenwerte erlaubnisfrei, für letztere aber registrierungspflichtig nach § 44 KAGB, verwalten dürfen.

6 Fazit

Der Anwendungsbereich der Regulierung geschlossener Fonds nach dem KAGB wird sich erheblich vom bisherigen Marktverständnis der geschlossenen Fonds unterscheiden, insbesondere soweit Fondsgesellschaften mit Verfolgung eines operativen Tätigkeitszwecks oder auch mit Unterschreitung von Schwellenwerten nicht unter die Regulierung des KAGB fallen werden. Die Erweiterung der Investitionsmöglichkeiten in Spezial-AIF auch auf den „semi-professionellen Anleger“ wird für Kunden im Private Banking oder auch für Family Offices erhebliche Gestaltungsmöglichkeiten auslösen, aber auch aufgrund des Wegfalls des

64 S. auch oben, 2.3.
65 BaFin-Häufige Fragen zu Übergangsbestimmungen, § 343 ff KAGB, 18.6.2013, III.2.

Private Placements die Regulierungsdichte im Vertrieb andererseits erheblich verschärfen.

Zur Bestellung einer externen KVG durch eine Investment-KG werden gesellschafts- und aufsichtsrechtliche Diskussionen zu erwarten sein. Richtigerweise sollte die nach dem KAGB regulierte Investment-KG jedoch als neuer Verbandstyp einer „aufsichtsrechtlich geprägten Personengesellschaft" anerkannt und insofern auch Fragestellungen bezüglich des Grundsatzes der Selbstorganschaft im Sinne der vom KAGB-Gesetzgeber angebotenen Optionen gelöst werden können .

Für den regulierten geschlossenen Fondsmarkt werden sich in Deutschland ganz erhebliche aufsichtliche Verschärfungen einstellen, insbesondere die Pflicht zur Bestellung einer Verwahrstelle, zur Einrichtung eines aufsichtstypischen Risiko- und Liquiditäts-Managements, Vorhaltung bestimmter Organisationsformen und einer „AIFM-konformen" Vergütungspolitik. Aufgrund dieser erheblichen regulatorischen Belastungen wird es nicht überraschen, wenn eine nicht unerhebliche Anzahl von Initiatoren geschlossener Fondsmodelle in Deutschland ihre bisherige Geschäftstätigkeit nach Inkrafttreten des KAGB nicht mehr mit neuen Fonds fortsetzen werden. Dass dieser denkbare Marktbereinigungseffekt Marktteilnehmer betreffen wird, die mit der weltweiten Finanzkrise und den Zielsetzungen der G-20 Pittsburgh-Beschlüsse keine Berührungspunkte aufweisen, muss rechtspolitisch sicherlich hinterfragt werden, da beim europaweiten Versuch der Regulierung alternativer Investmentfonds, insbesondere Hedgefonds, letztlich – zumindest in Deutschland – ganz andere, nicht mit der Finanzkrise im Zusammenhang stehende Fondstypen erfasst und vermutlich wegen der Regulierungsdichte teilweise verdrängt werden.

Dr. Peter Balzer, Rechtsanwalt, Düsseldorf

Rechtliche Rahmenbedingungen der Honorarberatung

1 Regulierungsbedarf und -ansätze bei der Honorarberatung

1.1 Interessenkonflikte bei der provisionsgestützten Anlageberatung als Ausgangspunkt regulatorischer Bestrebungen

Die Finanzmarktkrise mit ihren erheblichen Auswirkungen auch auf Privatanleger hat dazu geführt, dass die rechtlichen Rahmenbedingungen der Anlageberatung vermehrt in die Diskussion geraten sind. Neben Bemühungen, den Kundenschutz durch den Einsatz von Beratungsprotokollen[1] und Informationsblättern[2] zu stärken, steht insbesondere auch das Thema der Vergütung der Anlageberatung zunehmend im Fokus. Dies zeigt sich einerseits an den aufsichtsrechtlichen Vorgaben nach § 31d WpHG, der seit Umsetzung der MiFID zum 01.11.2007 ein Verbot mit Erlaubnisvorbehalt in Bezug auf Zuwendungen enthält,[3] aber auch auf der zivilrechtlichen Ebene, auf der die Offenlegung durch Vertriebsprovisionen („Kick-Backs") verursachter Interessenkonflikte gegenüber dem Anleger breiten Raum einnimmt.[4]

Trotz der bestehenden aufsichtsrechtlichen Vorgaben und des durch die Rechtsprechung in Bezug auf Vertriebsvergütungen entwickelten Anlegerschutzkonzepts wird die provisionsgestützte Anlageberatung auf Grund der mit ihr einhergehenden Interessenkonflikte noch immer als problematisch angesehen, so dass – sowohl auf nationaler als auch auf europäischer Ebene – Bestrebungen im Gange sind, mittels weiterer regulatorischer Maßnahmen dem Problem zu begegnen.

1.2 Eckpunktepapiere des BMELV als Grundlage für die Schaffung eines Berufsbildes des Honorarberaters

Im Juli 2011 hat das Bundesministerium für Ernährung, Landwirtschaft und Verbraucherschutz (BMELV) ein Eckpunktepapier für eine gesetzliche Regelung des Berufsbildes der Honorarberatung vorgelegt.[5] Vorausgegangen war bereits im Jahr 2009 ein Thesenpapier des BMELV zur Qualität der Finanzberatung und

1 S. hierzu *Pfeifer*, BKR 2009, 485 ff.; *Teuber*, BankPraktiker 2009, 462 ff.; *ders.*, in: Teuber, Wertpapierrecht 2011, 2011, Rdn. 35 ff.; *Maier*, VuR 2011, 3 ff.; *Balzer/Loy*, in: Ellenberger/Schäfer/Clouth/Lang, Praktikerhandbuch Wertpapier- und Derivategeschäft, 4. Aufl. 2011, Rdn. 1319 ff.; *Schäfer*, in: FS Hopt, 2010, S. 2427 ff.; *Koller*, in: FS U. Schneider, 2011, S. 651 ff.

2 Zum Pflichtenumfang nach § 31 Abs. 3a WpHG s. *F. A. Schäfer/U. Schäfer*, ZBB 2013, 23 ff.; *Maywald/Schlee*, BKR 2012, 320 ff.; *Juhnke/Seitz/Seibold*, BKR 2013, 1 ff.; *Günther*, GWR 2013, 55 ff.

3 S. zum Regelungskonzept nach § 31d WpHG *Fuchs*, in: Fuchs, WpHG, 2009, § 31d Rdn. 3 ff.; *Koller*, in: Assmann/Schneider, WpHG, 6. Aufl. 2012, § 31d Rdn. 1 ff.

4 S. BGH, Urt. v. 19.12.2006 – XI ZR 56/05, BGHZ 170, 226 = ZIP 2007, 518; BGH, Beschl. v. 20.01.2009 – XI ZR 510/07, ZIP 2009, 455; BGH, Urt. v. 15.04.2010 – III ZR 196/09, BGHZ 185, 185 = ZIP 2010, 919; BGH, Urt. v. 26.06.2012 – XI ZR 316/11, WM 2012, 1520.

5 *BMELV*, Qualitätsoffensive Verbraucherfinanzen: Eckpunkte für eine gesetzliche Regelung des Berufsbildes der Honorarberatung (Eckpunktepapier) v. 13.07.2011, abrufbar unter www.bmelv.de/SharedDocs/Downloads/Verbraucherschutz/FinanzenVersicherungen/EckpunktHonorarberatung.pdf?__blob=publicationFile; s. hierzu auch *Kuhlen/Tiefensee*, VuR 2012, 17 ff.; *Klein*, WM 2011, 2117, 2118 ff.

Qualifikation der Finanzvermittler, das einen gesetzlichen Regelungsbedarf für die Honorarberatung erkannt hatte.[6]

Das Eckpunktepapier des BMELV vom Juli 2011 verfolgte dabei einen übergreifenden Ansatz, der nicht nur die Beratung zu Geldanlagen erfassen sollte, sondern auch die Tätigkeit der Versicherungsberater, die bereits in § 34e GewO geregelt ist,[7] sowie der Darlehensberater.[8] Als Anlageberater sollte sich nur noch der Dienstleister bezeichnen dürfen, der allein auf Honorarbasis tätig wird, geschützt werden sollte zudem die Bezeichnung des Finanzberaters als Oberbegriff für Honorarberater, die über Geldanlagen, Versicherungen und Darlehen beraten.[9] Hinsichtlich der Vergütung sah das Eckpunktepapier kein generelles Verbot der Provisionsberatung vor, vielmehr sollte es allein für den Honorarberater verboten sein, Provisionen und sonstige wirtschaftliche Vorteile von Produktanbietern zu vereinnahmen und zu behalten.[10]

1.3 Regulierungsansätze in Europa: MiFID II und Retail Distribution Review

Die noch im Gesetzgebungsverfahren befindliche MiFID II will den Interessenkonflikten, die sich bei der Anlageberatung durch die Vereinnahmung von Vertriebsprovisionen ergeben, durch eine als „unabhängige Beratung“ bezeichnete Dienstleistung begegnen. Der Vorschlag der EU-Kommission zu MiFID II vom 20.10.2011[11] sieht in Art. 24 Abs. 5 zunächst eine dahingehende Informationspflicht der Wertpapierfirma gegenüber dem Kunden vor, ob die Anlageberatung unabhängig erbracht wird; nur für unabhängige Anlageberater (und generell für die Finanzportfolioverwaltung) soll ein Provisionsverbot bestehen (Art. 24

6 *BMELV*, Qualitätsoffensive Verbraucherfinanzen: Thesenpapier zur Qualität der Finanzberatung und Qualifikation der Finanzvermittler v. 01.07.2009, abrufbar unter http://www.bmelv.de/SharedDocs/Downloads/Verbraucherschutz/FinanzenVersicherungen/Thesenpapier-Finanzberatung.pdf?__blob=publicationFile.

7 S. zum Pflichtenumfang eines Versicherungsberaters *Rixecker*, in: Römer/Langheid, VVG, 3. Aufl. 2012, § 68 Rdn. 2 ff.

8 *BMELV*, Eckpunktepapier v. 13.07.2011, S. 2.

9 S. *BMELV*, Eckpunktepapier v. 13.07.2011, S. 2.

10 *BMELV*, Eckpunktepapier v. 13.07.2011, S. 2; s. hierzu auch *Klein*, WM 2011, 2117, 2118.

11 Europäische Kommission: Vorschlag für eine Richtlinie des Europäischen Parlaments und des Rates über Märkte für Finanzinstrumente zur Aufhebung der Richtlinie 2004/39/EG des Europäischen Parlaments und des Rates v. 20.10.2011, KOM (2011) 656, abrufbar unter www.eur-lex.europa.eu/LexUriServ/LexUriServ.do?uri=COM:2011:0656:FIN:DE:PDF; hierzu auch *Veil/Lerch*, WM 2012, 1605 ff.

Abs. 5 ii u. Abs. 6 MiFID II). Das Europäische Parlament hat am 26.10.2012 einen Änderungsvorschlag zum Entwurf der EU-Kommission vorgelegt, darin ist u.a. das für die Finanzportfolioverwaltung vorgesehene Provisionsverbot modifiziert worden, das jetzt nur noch für die unabhängige Verwaltung gilt (Art. 24 Abs. 5a MiFID-II [Änderungsvorschlag EP]).[12] Seit Juli 2013 wird zwischen dem Europäischen Parlament, dem Rat und der EU-Kommission ein informelles Trilog-Verfahren zur Abstimmung der noch strittigen Punkte geführt; Ziel ist es, dass das Gesetzgebungsverfahren im Dezember 2013 abgeschlossen werden kann.

Ungeachtet der europäischen Regulierungsansätze sind einzelne Mitgliedstaaten aber bereits dazu übergegangen, auf nationaler Ebene Zuwendungsverbote einzuführen, die deutlich über die Vorschläge zu MiFID II hinausgehen. In Großbritannien ist zum 01.01.2013 der Retail Distribution Review in Kraft getreten, der bei Abgabe von Empfehlungen in Bezug auf sog. Retail Investment Products (Kapitalanlageprodukte für Verbraucher) ein Verbot vorsieht, Zuwendungen vom Produktanbieter anzunehmen.[13] In den Niederlanden ist beabsichtigt, noch über die Regelungen in Großbritannien hinauszugehen und ein Provisionsverbot auch für die Beratung institutioneller Anleger einzuführen.[14]

2 Das Honoraranlageberatungsgesetz als nationaler Regulierungsansatz

2.1 Gang des Gesetzgebungsverfahrens

Der deutsche Gesetzgeber hat Anfang November 2012 zunächst einen Referentenentwurf des Honoraranlageberatungsgesetzes als Diskussionsgrundlage

12 Europäisches Parlament: Abänderungen zu dem Vorschlag für eine Richtlinie des Europäischen Parlaments und des Rates über Märkte für Finanzinstrumente zur Aufhebung der Richtlinie 2004/39/EG des Europäischen Parlaments und des Rates v. 26.10.2012, abrufbar unter www.europarl.europa.eu/sides/getDoc.do?type=TA&reference=P7-TA-2012-0406&format=XML&language=DE.

13 S. zum Regelungsinhalt des Retail Distribution Review eingehend *Loidl/Burgin*, RdF 2012, 232, 233 ff.; zu den Auswirkungen auf den Beratungsmarkt in Großbritannien s. *Cazier*, Börsen-Zeitung v. 15.10.2013, S. 2.

14 *O.V.*, Financial Times v. 10.04.2013, abrufbar unter www.ft.com/intl/cms/s/0/1ba97e5a-a1dc-11e2-ad0c-00144feabdc0.html.

veröffentlicht,[15] bevor – nach Anhörung der betroffenen Verbände – am 21.12.2012 der Regierungsentwurf vorgelegt wurde.[16] Der Gesetzentwurf der Bundesregierung orientiert sich am Vorschlag der EU-Kommission zu MiFID II und dem dortigen Konzept der unabhängigen Beratung,[17] ohne dass sich dieser Begriff im Gesetzentwurf aber finden würde. Der Bundestag hat dem Gesetzentwurf am 25.04.2013 zugestimmt, der Bundesrat hat am 07.06.2013 beschlossen, den Vermittlungsausschuss nicht anzurufen,[18] obwohl zuvor erhebliche Kritik insbesondere daran geäußert worden war, dass sich das Honoraranlageberatungsgesetz nur auf Finanzinstrumente bzw. Finanzanlagen beschränkt und damit insbesondere den gesamten Bereich des Versicherungsgeschäfts ausklammert.[19]

Das Honoraranlageberatungsgesetz tritt in seinen wesentlichen Teilen am 01.08.2014 in Kraft; insbesondere die Ermächtigungen zum Erlass konkretisierender Rechtsverordnungen sind aber bereits am 19.07.2013 in Kraft getreten.[20]

2.2 Ziel und Regelungskonzept des Honoraranlageberatungsgesetzes

Mit dem Honoraranlageberatungsgesetz verfolgt der deutsche Gesetzgeber das Ziel, den Rechtsrahmen für eine honorargestützte Anlageberatung zu schaffen, die den Kunden als Alternative zu der bislang üblichen provisionsgestützten Beratung zur Verfügung steht.[21] Allerdings besteht die Möglichkeit zur entgeltlichen Beratung des Kunden auch schon nach bisheriger Rechtslage,[22] so dass es insoweit einer Neuregelung nicht bedurft hätte. Wie sich aus der Gesetzesbegründung zum Honoraranlageberatungsgesetz entnehmen lässt, sieht der Gesetzgeber Handlungsbedarf aber in zweifacher Hinsicht: Zum einen soll durch die

---

15 S. hierzu *Kuhlen/Tiefensee*, VuR 2013, 49 ff.

16 Gesetzentwurf der Bundesregierung: Entwurf eines Gesetzes zur Förderung und Regulierung einer Honorarberatung über Finanzinstrumente (Honoraranlageberatungsgesetz), BR-Drucks. 814/12; s. hierzu auch *Müchler/Trafkowski*, ZBB 2013, 101 ff.

17 S. Begr. RegE, BR-Drucks. 814/12, S. 2.

18 Beschluss des Bundesrates v. 07.06.2013, BR-Drucks. 352/13.

19 Stellungnahme des Bundesrates zum RegE HAnlBG, BT-Drucks. 17/12295, Anlage 4 (S. 21 f.); s. auch die Gegenäußerung der Bundesregierung, BT-Drucks. 17/12295, Anlage 5 (S. 25 f.).

20 S. im Einzelnen Art. 5 HAnlBG (Gesetz zur Förderung und Regulierung einer Honorarberatung über Finanzinstrumente [Honoraranlageberatungsgesetz]), BGBl I 2013, Nr. 38 v. 18.07.2013, S. 2390 ff.

21 So ausdrücklich Begr. RegE, BR-Drucks. 814/12, S. 10.

22 Zutreffend *Müchler/Trafkowski*, ZBB 2013, 101, 105; zur entgeltlichen Vermögensbetreuung gegen Honorar auch *Möllers*, WM 2008, 93, 95.

gesetzliche Ausgestaltung der honorargestützten Anlageberatung mehr Transparenz über die Form der Vergütung geschaffen werden, zum anderen soll durch die Einführung von besonderen Qualitätsmerkmalen für die Honorarberatung (in Gestalt eines höheren Pflichtenumfangs) der Wettbewerb belebt werden, um so dem Kunden eine bewusste Entscheidung zwischen beiden Formen der Anlageberatung zu ermöglichen.[23]

Diese Zielvorgaben sollen mit dem Honoraranlageberatungsgesetz durch ein zweispuriges Regelungsregime umgesetzt werden. Für Wertpapierdienstleistungsunternehmen (d.h. insbesondere Kreditinstitute und Finanzdienstleistungsinstitute) werden die schon bestehenden Vorschriften für die Anlageberatung um zusätzliche Pflichten, die sich an die Vorgaben für „unabhängige Berater" im Rahmen von MiFID II anlehnen,[24] ohne mit diesen aber inhaltlich vollständig übereinzustimmen,[25] ergänzt. Daneben wird durch § 33 Abs. 3a WpHG-E ein organisatorischer Rahmen für die Honorar-Anlageberatung vorgegeben, der insbesondere auf eine deutliche Trennung von einer gegebenenfalls zugleich erbrachten provisionsgestützten Beratung abzielt.

Für die nicht dem WpHG unterfallenden Finanzanlagenvermittler, die im Rahmen des Ausnahmetatbestands nach § 2 Abs. 6 S. 1 Nr. 8 KWG tätig sind und lediglich über eine gewerberechtliche Erlaubnis nach § 34f GewO verfügen, wird daneben mit § 34h GewO-E für die Honorar-Finanzanlagenberatung ein eigenständiges Regelungsregime geschaffen, das in den Entwürfen zu MiFID II, die sich ausschließlich auf Wertpapierdienstleistungsunternehmen beziehen, keine Entsprechung findet. Die schon im bisherigen Recht angelegte Unterscheidung zwischen durch die BaFin regulierten Instituten und den mit einer bloß gewerberechtlichen Erlaubnis tätigen Unternehmen i.S. von § 34f GewO wird daher auch künftig im Geltungsbereich des Honoraranlageberatungsgesetzes fortgeschrieben. Der Pflichtenkreis des Honorar-Finanzanlagenberaters weist dabei deutliche Parallelen zu den für die Honorar-Anlageberatung geltenden aufsichtsrechtlichen Vorgaben auf, ohne dass aber ein vollständiger Gleichlauf des Pflichtenumfangs zu verzeichnen wäre.

---

23 Begr. RegE, BR-Drucks. 814/12, S. 1; s. auch das Interview mit Bundesverbraucherschutzministerin *Aigner* in RDF, 2013, 85, 86.

24 S. zu diesem Konzept bereits oben 1.3.

25 Dies gilt insbesondere für die Organisationspflichten nach § 33a Abs. 3a WpHG und das ebenfalls durch Art. 24 Abs. 5 MiFID II nicht vorgeschriebene Verbot von Festpreisgeschäften, dazu noch unten 3.4. u. 3.5.

3 Regulatorische Vorgaben für die Honorar-Anlageberatung

Mit den Regelungen des Honoraranlageberatungsgesetzes wird kein Regelwerk geschaffen, das an die Stelle der bisherigen (aufsichtsrechtlichen) Vorschriften für die Anlageberatung tritt, vielmehr werden die bestehenden Wohlverhaltenspflichten in den §§ 31 ff. WpHG um neue Regelungen ergänzt, auch um insbesondere die Honorarberatung als besonders qualifizierte Form der Beratung zu etablieren.[26] Dieses Nebeneinander wird auch durch § 31 Abs. 4c S. 2 WpHG-E noch einmal betont, der vorsieht, dass „im Übrigen" auch für die Honorar-Anlageberatung die (allgemeinen) Anforderungen für die Anlageberatung gelten.

3.1 Erweiterte Informationspflichten bei Erbringen der Anlageberatung

Nach § 31 Abs. 4b S. 1 WpHG-E muss ein Wertpapierdienstleistungsunternehmen, das die Anlageberatung[27] erbringt, den Kunden vor Beginn der Beratung und vor Abschluss des Beratungsvertrages rechtzeitig und in verständlicher Form darüber informieren, ob die Anlageberatung als Honorar-Anlageberatung erbracht wird oder nicht.

Unklar bleibt, ob die Informationspflicht nach § 31 Abs. 4b S. 1 WpHG-E nur einmalig besteht oder ob die Information bei jeder (Anlage-)Beratung zu wiederholen ist. Das Anknüpfen an den Beginn der Beratung könnte insoweit auf eine konkrete Beratungssituation bezogen sein, hierfür spricht auch, dass der ebenfalls von § 31 Abs. 4b S. 1 WpHG-E als Zeitpunkt der Informationserteilung genannte Beratungsvertrag[28] typischerweise situativ ist und mit der konkreten Anlageentscheidung des Kunden wieder endet.[29] Eine mehrfache Information

---

26 S. zu den zivilrechtlichen Auswirkungen bei Inanspruchnahme der aufsichtsrechtlichen Bezeichnung als Honorarberater *Grigoleit*, ZHR 177 (2013), 264, 298; *Veil/Lerch*, WM 2012, 1605, 1611.

27 Maßgeblich für das Eingreifen der Informationspflicht ist mangels einer abweichenden Definition der aufsichtsrechtliche Begriff der Anlageberatung i.S. von § 2 Abs. 3 S. 1 Nr. 9 WpHG, s. hierzu *Fuchs*, in: Fuchs, WpHG, 2009, § 2 Rdn. 107 ff.

28 Das Anknüpfen an den zivilrechtlichen Beratungsvertrag (s. dazu grundlegend BGH, Urt. v. 06.07.1993 – XI ZR 12/93, BGHZ 123, 126 = ZIP 1993, 1148 – „Bond") im Rahmen einer aufsichtsrechtlichen Informationspflicht ist ungewöhnlich, da sich eine vergleichbare Bezugnahme in den §§ 31 ff. WpHG im Übrigen nicht findet.

29 S. zur Dauer des Beratungsvertrages und dem Fehlen nachvertraglicher Überwachungspflichten BGH, Urt. v. 21.03.2006 – XI ZR 63/05, ZIP 2006, 891; *F. A. Schäfer*, in: Assmann/Schüt-

des Kunden erscheint aber nur erforderlich, wenn Honorar-Anlageberatung und provisionsgestützte Beratung nebeneinander erbracht werden,[30] da dann ein entsprechendes Informationsbedürfnis des Kunden besteht, über die ihm gegenüber konkret erbrachte Art der Beratung in Kenntnis gesetzt zu werden. Die Information des Kunden, ob die Beratung als Honorar-Anlageberatung erbracht wird, kann grundsätzlich auch standardisiert erfolgen,[31] sie unterliegt hinsichtlich ihres Inhalts den für sämtliche Kundeninformationen geltenden Vorgaben nach § 31 Abs. 2 S. 1 WpHG, § 4 WpDVerOV, so dass sie redlich und eindeutig sein muss und den Kunden nicht irreführen darf.[32]

Sofern die Anlageberatung nicht als Honorar-Anlageberatung erbracht wird, sieht § 31 Abs. 4b S. 2 WpHG-E eine dahingehende Verpflichtung vor, den Kunden zu informieren, ob im Zusammenhang mit der Anlageberatung Zuwendungen von Dritten angenommen und behalten werden dürfen. Unklar bleibt schon, wie sich diese Verpflichtung zu § 31d Abs. 1 S. 1 Nr. 1 u. 2 WpHG verhält, in dem die Voraussetzungen genannt sind, unter denen das Wertpapierdienstleistungsunternehmen Zuwendungen annehmen darf. Neben der Offenlegung der Zuwendungen[33] ist u.a. auch Voraussetzung für die Zulässigkeit der Annahme, dass die Zuwendungen auf eine Qualitätsverbesserung ausgelegt sind.[34] Es kann aber wohl kaum gewollt sein, dass das Wertpapierdienstleistungsunternehmen im Rahmen der Verpflichtung nach § 31 Abs. 4b S. 2 WpHG-E den Kunden darüber zu informieren hat, für welche qualitätsverbessernden Maßnahmen die vereinnahmten Zuwendungen verwendet werden. Nahe liegender erscheint es, § 31 Abs. 4b S. 2 WpHG-E dahingehend auszulegen, dass der Kunde (nur) darüber in Kenntnis zu setzen ist, inwieweit überhaupt Zuwendungen anfallen. Bei diesem Verständnis bleibt § 31 Abs. 4b S. 2 WpHG-E allerdings hinter § 31d Abs. 1 S. 1 WpHG zurück,

---

ze, Handbuch des Kapitalanlagerechts, 3. Aufl. 2007, § 23 Rdn. 63; *Möllers*, WM 2008, 93, 95.

30 Zu den diesbezüglichen Organisationspflichten s. noch unten 3.5.

31 Die im Referentenentwurf noch ausdrücklich vorgesehene Möglichkeit, den Kunden standardisiert zu informieren, findet sich zwar in § 31 Abs. 4b S. 1 WpHG-E nicht mehr, es ist aber nicht erkennbar, dass durch die Änderung der Vorschrift nunmehr eine individuelle Information erforderlich wäre. Für die Zulässigkeit einer standardisierten Information auch *Müchler/Trafkowski*, ZBB 2013, 101, 106.

32 S. *Müchler/Trafkowski*, ZBB 2013, 101, 106 m.w.N.

33 S. zu den diesbezüglichen Anforderungen *Koller*, in: Assmann/Schneider, WpHG, 6. Aufl. 2012, § 31d Rdn. 43 ff.

34 S. *Koch*, in: Schwark/Zimmer, Kapitalmarktrechts-Kommentar, 4. Aufl. 2010, § 31d WpHG Rdn. 37 ff.; *Fuchs*, in: Fuchs, WpHG, 2009, § 31d Rdn. 25 ff. Zu den aufsichtsrechtlichen Anforderungen an die Dokumentation der Qualitätsverbesserungsabsicht, die nach § 14 Abs. 2 Nr. 5 WpDVerOV vorzunehmen ist, s. *Richter*, in: Krimphove/Kruse, MaComp, 2013, AT 8 Rdn. 59 ff.

der auch die Verpflichtung enthält, den Kunden über die Höhe der Zuwendungen aufzuklären.[35]

Soweit § 31 Abs. 4b S. 2 WpHG-E weiterhin vorsieht, den Kunden darüber zu informieren, ob die Zuwendungen behalten werden dürfen, bleibt der konkrete Pflichtenumfang auch hier vage. Es ist bislang durchaus ungeklärt, ob eine dahingehende (zivilrechtliche) Verpflichtung des Wertpapierdienstleistungsunternehmens besteht, vereinnahmte Zuwendungen – jedenfalls bei Fehlen einer vertraglichen Vereinbarung – nach §§ 675, 667 BGB an den Kunden herauszugeben,[36] so dass es überaus zweifelhaft erscheint, im Rahmen der Informationspflicht nach § 31 Abs. 4b S. 2 WpHG-E vom Wertpapierdienstleistungsunternehmen zu verlangen, zu dieser Rechtsfrage Stellung zu nehmen.[37] Jedenfalls dann, wenn der Kunde keine Vergütung für die Anlageberatung zahlt, dürfte für die Erfüllung der Pflicht nach § 31 Abs. 4b S. 2 WpHG-E der Hinweis genügen, dass das Wertpapierdienstleistungsunternehmen Zuwendungen vereinnahmt und behält, ohne dass aber in diesem Zusammenhang zu erörtern ist, ob und unter welchen Voraussetzungen eine Herausgabepflicht gegenüber dem Kunden besteht.

Die Informationspflicht nach § 31 Abs. 4b WpHG-E weist nicht unerhebliche Abweichungen gegenüber den Vorgaben von MiFID II auf. Nach Art. 24 Abs. 3a b) MiFID II (in der Fassung des Änderungsvorschlags des Europäischen Parlaments) muss der Kunde vor Beginn der Beratung darüber informiert werden, ob die Gebühr für die Beratung von ihm zu zahlen ist; anzugeben sind dann auch die Höhe der Gebühr oder jedenfalls ihre Berechnungsgrundlage. Demgegenüber enthält § 31 Abs. 4b WpHG-E keinerlei Vorgabe in Bezug auf die Offenlegung des Vergütungsmodells gegenüber dem Kunden. Da bei der Honorar-Anlageberatung das Wertpapierdienstleistungsunternehmen aber jedenfalls zivilrechtlich eine Vergütungsvereinbarung treffen muss, um einen Honoraranspruch zu begründen, dürfte ungeachtet des Fehlens einer aufsichtsrechtlichen Regelung sichergestellt sein, dass der Kunde über Höhe und Berechnungsgrundlage vor Erbringung der Dienstleistung hinreichend informiert ist.[38]

---

35 S. *Fuchs*, in: Fuchs, WpHG, 2009, § 31d Rdn. 38 f.

36 Zum Diskussionsstand s. *Koch*, ZBB 2013, 217, 218 f.; *Fuchs*, in: Fuchs, WpHG, 2009, § 31d Rdn. 53 ff.; *Mülbert*, ZHR 172 (2008), 170, 192 ff.; offen gelassen von BGH, Urt. v. 26.06.2012 – XI ZR 316/11, ZIP 2012, 1650.

37 A.A. wohl *Müchler/Trafkowski*, ZBB 2013, 101, 107, die offenbar eine Information über die Herausgabepflicht bezüglich „unvermeidbarer" Provisionen annehmen wollen.

38 Ähnlich *Müchler/Trafkowski*, ZBB 2013, 101, 106.

3.2 Beratungsgrundlage des Honorar-Anlageberaters

Nach § 31 Abs. 4c S. 1 Nr. 1 WpHG-E besteht für ein Wertpapierdienstleistungsunternehmen, das die Honorar-Anlageberatung erbringt, die Verpflichtung, seiner Empfehlung eine hinreichende Anzahl von auf dem Markt angebotenen Finanzinstrumenten zugrunde zu legen. Das vom Honorar-Anlageberater zu berücksichtigende Angebotsspektrum wird sodann durch § 31 Abs. 4c S. 1 Nr. 1 a) u. b) WpHG-E dahingehend bestimmt, dass die Finanzinstrumente zum einen hinsichtlich ihrer Art und ihres Anbieters oder Emittenten hinreichend gestreut sein müssen, zudem darf die Beratungsgrundlage nicht auf Anbieter oder Emittenten beschränkt sein, die in einer engen Verbindung zum Wertpapierdienstleistungsunternehmen stehen oder zu denen in sonstiger Weise wirtschaftliche Verflechtungen bestehen. Sofern Finanzinstrumente dieser Anbieter oder Emittenten seitens des Honorar-Anlageberaters empfohlen werden, muss er nach § 31 Abs. 4d S. 1 Nr. 1 bis 3 WpHG-E auf diesen Umstand sowie auf das eigene Gewinninteresse des betreffenden Unternehmens am Geschäftsabschluss hinweisen.

Bereits im Gesetzgebungsverfahren ist von verschiedener Seite Kritik an der inhaltlichen Unbestimmtheit von § 31 Abs. 4c S. 1 Nr. 1 WpHG-E geäußert worden, dies vor dem Hintergrund, dass aus der Vorschrift konkrete Handlungsvorgaben kaum abgeleitet werden können.[39] Die Kritik ist jedenfalls teilweise berechtigt,[40] da allein die Bezugnahme des Gesetzgebers darauf, dass die Formulierung der Vorschrift sich an den Vorschlag von MiFID II anlehnt,[41] nicht von der Notwendigkeit einer inhaltlichen Konkretisierung entbindet.

Soweit § 31 Abs. 4c S. 1 Nr. 1 WpHG-E zunächst die Berücksichtigung einer *hinreichenden Anzahl* von auf dem Markt angebotenen Finanzinstrumenten fordert, lehnt sich diese Formulierung an den Pflichtenkreis eines Versicherungsmaklers nach § 60 Abs. 1 S. 1 VVG an, so dass bei der inhaltlichen Konkretisierung auf die diesbezüglichen Anforderungen zurückgegriffen werden kann.[42] Die Anzahl der in Betracht zu ziehenden Produkte und Anbieter richtet sich daher danach, was aus fachlicher Sicht – d.h. nach den beruflichen Standards des Versicherungs-

39 S. z.B. *BVI*, Stellungnahme RegE HAnlBG, März 2013, S. 3 f.; *Verlagsgruppe markt intern*, Stellungnahme RegE HAnlBG v. 15.03.2013, S. 4 f.; kritisch auch *Deutsche Bundesbank*, Stellungnahme RegE HAnlBG v. 18.03.2013, S. 2.

40 Nicht überzeugend erscheint die Annahme eines zivilrechtlichen Haftungsrisikos (so aber *Kuhlen/Tiefensee*, VuR 2013, 49, 51; *BVI*, Stellungnahme RegE HAnlBG, März 2013, S. 3 f.), da § 31 Abs. 4c WpHG-E – wie auch die weiteren neu eingeführten Regelungen – in erster Linie eine aufsichtsrechtliche Verpflichtung beinhaltet.

41 Begr. RegE, BR-Drucks. 814/12, S. 14.

42 So auch *Kuhlen/Tiefensee*, VuR 2013, 49, 50; *Müchler/Trafkowski*, ZBB 2013, 101, 108.

maklerwesens – notwendig ist, um einen den Bedürfnissen des Versicherungsnehmers gerecht werdenden Absicherungsvorschlag unterbreiten zu können.[43] Erforderlich ist daher eine objektive und ausgewogene Untersuchung unter Auswahl einer repräsentativen Vielzahl von Versicherungsprodukten und Versicherern, ohne dass insoweit aber eine Vollständigkeit gefordert wäre.[44] Auch durch § 31 Abs. 4c S. 1 Nr. 1 WpHG-E wird daher eine vollständige Marktanalyse nicht vorgeschrieben.[45] Es ist zudem davon auszugehen, dass sich die Pflicht des Honorar-Anlageberaters zur Marktanalyse auf die für den Kunden grundsätzlich geeigneten Finanzinstrumente beschränkt, da auf Grund der in § 31 Abs. 4c S. 2 WpHG-E angeordneten Geltung der Anforderungen für die Anlageberatung im Übrigen jede Empfehlung auch an dem in § 31 Abs. 4 S. 2 WpHG normierten Maßstab der Geeignetheit zu messen ist.[46]

Ausreichend für die in § 31 Abs. 4c S. 1 Nr. 1 b) WpHG-E genannte enge Verbindung zu einem Anbieter oder Emittenten, die einer Beschränkung des Angebotsspektrums des Honorar-Anlageberaters Grenzen setzt bzw. jedenfalls zusätzliche Informationspflichten gegenüber dem Kunden auslöst (§ 31 Abs. 4d WpHG-E), ist es bereits, wenn das Wertpapierdienstleistungsunternehmen unmittelbar oder mittelbar mindestens 20% des Kapitals oder der Stimmrechte des Anbieters oder Emittenten hält.[47] Für die Annahme der im gleichen Kontext genannten wirtschaftlichen Verflechtung, die in den Vorschlägen zu MiFID II keine Entsprechung findet, soll es bereits genügen, dass das Wertpapierdienstleistungsunternehmen über einen Interessenverband, einen Finanzverband oder eine Finanzgruppe mit dem Anbieter oder Emittenten in Verbindung steht und dieser für die verbandsangehörigen Institute als hauseigener Emittent oder Anbieter agiert.[48] Nicht ausreichend ist demgegenüber die bloße Mitgliedschaft in einer Finanzgruppe oder einem wirtschaftlichen Spitzenverband als Interessenvertretung oder einem Berufsverband, sofern nicht weitere Aspekte hinzutreten, die die Annahme einer wirtschaftlichen Verflechtung begründen.[49]

---

43 *Rixecker*, in: Römer/Langheid, VVG, 3. Aufl. 2012, § 60 Rdn. 3.

44 S. *Rixecker*, in: Römer/Langheid, VVG, 3. Aufl. 2012, § 60 Rdn. 4.

45 S. auch *Müchler/Trafkowski*, ZBB 2013, 101, 108 mit dem zutreffenden Hinweis, dass eine entsprechende Pflicht praktisch auch nicht erfüllbar wäre.

46 So im Ergebnis auch *Müchler/Trafkowski*, ZBB 2013, 101, 108, die allerdings auf den Schutzzweck von § 31 Abs. 4c S. 1 Nr. 1 WpHG-E abstellen.

47 S. Begr. RegE, BR-Drucks. 814/12, S. 14 unter Bezugnahme auf § 1 Abs. 10 KWG.

48 Begr. RegE, BR-Drucks. 814/12, S. 14; kritisch zu § 31 Abs. 4c S. 1 Nr. 1 b) WpHG-E vor dem Hintergrund der unbestimmten Tatbestandsvoraussetzungen auch *Müchler/Trafkowski*, ZBB 2013, 101, 107.

49 Begr. RegE, BR-Drucks. 814/12, S. 14, wobei allerdings unklar bleibt, wie diese weiteren As-

Ein uneingeschränktes Verbot, nur Finanzinstrumente zu empfehlen, deren Anbieter oder Emittent das Wertpapierdienstleistungsunternehmen selber ist, besteht auch im Rahmen der Honorar-Anlageberatung nicht. Zwar sieht § 31 Abs. 4c S. 1 Nr. 1 b) 2. Hs. WpHG-E vor, dass die der Empfehlung zugrunde gelegten Finanzinstrumente sich nicht auf solche Produkte beschränken dürfen, deren Anbieter oder Emittent das Wertpapierdienstleistungsunternehmen selbst ist. Dem möglichen Konflikt, der aus einer solchen Empfehlung auf Grund der hiermit gegebenenfalls verfolgten wirtschaftlichen (Eigen-)Interessen resultiert, trägt § 31 Abs. 4d S. 1 Nr. 1 WpHG-E durch eine entsprechende Pflicht zur Information des Kunden Rechnung, so dass ein Empfehlungsverbot zur Wahrung der Kundeninteressen letztlich nicht erforderlich ist.[50]

3.3 Gebot der Vergütung durch den Kunden und Zuwendungsverbot

Zur Abgrenzung von der provisionsgestützten Beratung sieht § 31 Abs. 4c S. 1 Nr. 2 S. 1 WpHG-E vor, dass ein Wertpapierdienstleistungsunternehmen, das die Anlageberatung als Honorar-Anlageberatung erbringt, sich diese allein durch den Kunden vergüten lassen darf. Hiermit einher geht das Verbot, im Zusammenhang mit der Honorar-Anlageberatung nicht monetäre Zuwendungen von einem Dritten, der nicht Kunde dieser Dienstleistung ist oder von dem Kunden dazu beauftragt worden ist, anzunehmen (§ 31 Abs. 4c S. 1 Nr. 2 S. 2 WpHG-E). Monetäre Zuwendungen dürfen nur dann angenommen werden, wenn das empfohlene Finanzinstrument oder ein in gleicher Weise geeignetes Finanzinstrument ohne Zuwendung nicht erhältlich ist (§ 31 Abs. 4c S. 1 Nr. 2 S. 3 WpHG-E), in diesem Fall sind die Zuwendungen nach Erhalt unverzüglich und ungemindert – vorbehaltlich etwaiger Pflichten zur Entrichtung von Steuern und Abgaben[51] – an den Kunden auszukehren (§ 31 Abs. 4c S. 1 Nr. 2 S. 4 u. 5 WpHG-E).

Die inhaltlich recht unbestimmten Vorgaben des § 31 Abs. 4c S. 1 Nr. 2 WpHG-E werfen zahlreiche (Auslegungs-)Fragen auf. So fehlt es bereits an einer Präzisierung des Begriffs der Zuwendungen, allerdings lässt die Gesetzesbegründung,

---

pekte ausgestaltet sein müssen, um zu einer wirtschaftlichen Verflechtung zu gelangen.

50 Dies entspricht auch der zivilrechtlichen Betrachtung, die in der Empfehlung lediglich konzerneigener Produkte keinen Beratungsfehler sieht, s. BGH, Urt. v. 19.12.2006 – XI ZR 56/05, BGHZ 170, 226 = ZIP 2007, 518.

51 Erfasst wird hiervon z.B. die Entrichtung der Kapitalertragsteuer für Rechnung des Kunden, s. Begr. RegE BR-Drucks. 814/12, S. 15.

die ausführt, dass die Vorschrift ein über § 31d WpHG hinausgehendes Zuwendungsverbot für Honorar-Anlageberater festlegt,[52] den Schluss zu, dass auch im Rahmen von § 31 Abs. 4c S. 1 Nr. 2 WpHG-E der Zuwendungsbegriff nach § 31d Abs. 2 WpHG maßgeblich sein soll.[53]

Nicht unbedenklich erscheint – auch vor dem Hintergrund der Vorschläge zu MiFID II – das in § 31 Abs. 4c S. 1 Nr. 2 S. 2 WpHG-E vorgesehene Verbot, auch nicht monetäre Zuwendungen, zu denen z.B. die Übermittlung von Finanzanalysen sowie die Durchführung von Schulungen zu zählen sind,[54] anzunehmen. Mit diesem Verbot geht der deutsche Gesetzgeber über die Vorschläge zu MiFID II hinaus, die auch bei einer „unabhängigen Beratung" jedenfalls die Annahme geringfügiger nicht-monetärer Zuwendungen erlauben.[55]

Die Annahme monetärer Zuwendungen steht nach § 31 Abs. 4c S. 1 Nr. 2 S. 2 WpHG-E unter dem Vorbehalt, dass das empfohlene oder ein in gleicher Weise geeignetes Finanzinstrument ohne Zuwendung nicht erhältlich ist. Sofern daher das Finanzinstrument als sog. Nettoprodukt (d.h. ohne Zuwendungen) verfügbar ist, muss dieses zwingend empfohlen werden.[56] Nur wenn ein solches Nettoprodukt nicht existiert, kann darauf abgestellt werden, ob ein in gleicher Weise geeignetes Finanzinstrument verfügbar ist. Für diese Beurteilung soll nach den Vorstellungen des Gesetzgebers die hinreichende Anzahl der auf dem Markt angebotenen Finanzinstrumente i.S. von § 31 Abs. 4c S. 1 Nr. 1 WpHG-E zugrunde gelegt werden.[57] Diese Vorgabe erscheint indes überzogen, da sie dem Honorar-Anlageberater eine weit reichende Prüfungspflicht auferlegt, inwieweit gleich geeignete zuwendungsfreie Finanzinstrumente vorhanden sind.[58] Auch vor dem Hintergrund des bezweckten Anlegerschutzes wäre insoweit eine Lösung ausrei-

---

52 Begr. RegE BR-Drucks. 814/12, S. 14.

53 So auch *Müchler/Trafkowski*, ZBB 2013, 101, 109. Zum Zuwendungsbegriff nach § 31d Abs. 2 WpHG s. allg. *Fuchs*, in: Fuchs , WpHG, 2009, § 31d Rdn. 8 ff.

54 Zu den durch § 31d Abs. 2 WpHG-E erfassten geldwerten Vorteilen s. *Koller*, in: Assmann/ Schneider, WpHG, 6. Aufl. 2012, § 31d Rdn. 7.

55 S. Art. 24 Abs. 5 (ii) MiFID II-E (Presidency compromise v. 08.04.2013): „Minor non-monetary benefits that are capable of enhancing the quality of service provided to a client and are of a scale and nature such that they could not be judged to impair compliance with the investment firm's duty to act in the best interest of the client should be clearly disclosed and are excluded from this provision."

56 *Kuhlen/Tiefensee*, VuR 2013, 49, 51.

57 S. Begr. RegE BR.-Drucks. 814/12, S. 15.

58 So *BVI*, Stellungnahme RegE HAnlBG, März 2013, S. 5 mit dem zutreffenden Hinweis, es sei im Anwendungsbereich von § 31 Abs. 4c S. 1 Nr. 1 WpHG schon nicht klar, ob es in Bezug auf die hinreichend gestreute Anzahl von Finanzinstrumenten auf die gleiche Art oder aber auf vergleichbare Marktrisiken ankommt.

chend gewesen, die generell eine Annahme und Weiterleitung von Zuwendungen an den Kunden vorgesehen hätte.[59]

Im Hinblick auf die Pflicht zur Weiterleitung der Zuwendungen an den Kunden stellt sich zudem die Frage, inwieweit es dem Honorar-Anlageberater möglich ist, diesbezüglich mit einem ihm gegen den Kunden zustehenden Vergütungsanspruch aufzurechnen.[60] Die Beantwortung dieser Frage ist eng verbunden mit der rechtlichen Bewertung der Pflicht zur Auskehr der Provisionen. Eine Aufrechnung mit dem Vergütungsanspruch gegen den Kunden ist nach §§ 387, 389 BGB nur dann möglich, wenn es sich um gleichartige und gegenseitige Forderungen handelt.[61] Allerdings erscheint es nicht unproblematisch, § 31 Abs. 4c S. 1 Nr. 2 S. 4 WpHG-E, der eine aufsichtsrechtliche Verpflichtung des Wertpapierdienstleistungsunternehmens beinhaltet, zugleich den Charakter eines zivilrechtlichen (Herausgabe-)Anspruchs des Kunden beizumessen.[62] Auch der Gesetzesbegründung zum Honoraranlageberatungsgesetz lässt sich ein Hinweis darauf, dass mit § 31 Abs. 4c S. 1 Nr. 2 S. 4 WpHG-E eine auch zivilrechtliche Verpflichtung geschaffen werden sollte, nicht entnehmen.[63]

Bedenken unterliegt schließlich auch die in § 31 Abs. 4c S. 1 Nr. 2 S. 4 WpHG-E vorgesehene Pflicht zur *unverzüglichen* Auskehr erhaltener Zuwendungen. Die insoweit geforderte taggenaue Auszahlung führt zu einem erhöhten administrativen Aufwand, der insbesondere bei Kleinstbeträgen auch im Interesse des Kundenschutzes nicht gerechtfertigt erscheint. Der Gesetzgeber ist indes den (durchaus begründeten) Vorschlägen, anstelle der unverzüglichen Pflicht zur Auszahlung der vereinnahmten Provisionen eine regelmäßige, mindestens halbjährliche Auskehr zu ermöglichen,[64] nicht näher getreten.

---

59 In diese Richtung auch *Müchler/Trafkowski*, ZBB 2013, 101, 110.

60 Zu dieser Fragestellung vor dem Hintergrund des gleich lautenden § 34h Abs. 3 S. 2 GewO-E *DIHK*, Stellungnahme RegE HAnlBG v. 14.03.2013, S. 9.

61 Zu den Voraussetzungen der Aufrechnung s. *Grüneberg*, in: Palandt, BGB, 72. Aufl. 2013, § 387 Rdn. 3 ff.

62 S. hierzu auch *Müchler/Trafkowski*, ZBB 2013, 101, 112, die die Frage letztlich offen lassen. Zur zivilrechtlichen Relevanz der Verhaltenspflichten des WpHG s. ferner eingehend *Koller*, in: Assmann/Schneider, WpHG, 6. Aufl. 2012, Vor § 31 Rdn. 3 ff. m.w.N.

63 § 39 Nr. 16c WpHG-E regelt vielmehr, dass das Wertpapierdienstleistungsunternehmen ordnungswidrig handelt, wenn die monetäre Zuwendung nicht, nicht vollständig oder nicht rechtzeitig ausgekehrt wird.

64 In diesem Sinne *Verband der Auslandsbanken Deutschland e.V.*, Stellungnahme RegE HAnl BG v. 15.03.2013, S. 7.

3.4 Verbot von Festpreisgeschäften

Soweit ein Wertpapierdienstleistungsunternehmen die Honorar-Anlageberatung erbringt, darf es einen auf der Honorar-Anlageberatung beruhenden Geschäftsabschluss nicht als Geschäft mit dem Kunden zu einem festen oder bestimmbaren Preis für eigene Rechnung (Festpreisgeschäft) ausführen (§ 31 Abs. 4d S. 2 WpHG-E). Hinter diesem Verbot, das in den Vorschlägen zu MiFID II nicht vorgesehen ist, steckt die Überlegung, dass der Interessenkonflikt, der durch das eigene Gewinninteresse an dem empfohlenen Geschäft entsteht und der Pflicht zum Handeln im alleinigen Kundeninteresse zuwider läuft, ausgeschlossen werden soll.[65] Die Regelung dürfte auch darauf beruhen, dass nach Ansicht der Rechtsprechung bei Festpreisgeschäften – jedenfalls zivilrechtlich – keine Pflicht zur Offenlegung von Gewinnmargen und sonstigen Vertriebsprovisionen besteht,[66] so dass die im Rahmen der Honorar-Anlageberatung beabsichtigte Transparenz über die Vergütung des Beraters nicht erreicht wird.

Von dem Verbot ausgenommen sind Festpreisgeschäfte in Finanzinstrumenten, deren Anbieter oder Emittent das beratende Wertpapierdienstleistungsunternehmen selbst ist (§ 31 Abs. 4d S. 3 WpHG-E). Mit dieser Ausnahme soll gewährleistet werden, dass eigene Emissionen des die Honorar-Anlageberatung erbringenden Wertpapierdienstleistungsunternehmens möglich bleiben, ohne dass Dritte eingeschaltet werden müssen.[67] Da sich die Ausnahme nach § 31 Abs. 4d S. 3 WpHG-E ausdrücklich nur auf Finanzinstrumente bezieht, deren Emittent das Wertpapierdienstleistungsunternehmen selber ist, werden Festpreisgeschäfte in Bezug auf Produkte verbundener Unternehmen nicht erfasst.[68]

Sofern dem Geschäftsabschluss keine (Honoraranlage-)Beratung vorausgegangen ist, sondern es sich um ein beratungsfreies Geschäft i.S. von § 31 Abs. 5 WpHG handelt, greift das Verbot des § 31d Abs. 4d S. 2 WpHG-E nicht ein.[69] Da § 31 Abs. 4d S. 2 WpHG-E nur auf Festpreisgeschäfte abzielt, findet das Verbot keine

---

65 S. Begr. RegE, BR-Drucks. 814/12, S. 15; zustimmend, *VZBV*, Stellungnahme RegE HAnlBG v. 15.03.2013, S. 8.

66 S. BGH, Urt. v. 17.09.2013 – XI ZR 332/12, WM 2013, 1983; BGH, Urt. v. 27.09.2011 – XI ZR 182/10, ZIP 2011, 2237; *Bausch/Lang*, WM 2010, 2101 ff.; *Buck-Heeb*, BKR 2010, 1 ff.; *Spindler*, WM 2009, 1821 ff.; *Mann*, WM 2013, 727 ff.

67 S. RegE, BR-Drucks. 814/12, S. 15.

68 *Müchler/Trafkowski*, ZBB 2013, 101, 110; kritisch *Die Deutsche Kreditwirtschaft*, Stellungnahme RegE HAnlBG v. 13.03.2013, S. 3 f., die sich für eine Ausdehnung der Rückausnahme auf enge Verbindungen und Verbundstrukturen ausspricht.

69 Gleiches gilt, wenn die Orderausführung im Rahmen eines reinen Ausführungsgeschäfts nach § 31 Abs. 7 WpHG erfolgt.

Anwendung, wenn das Wertpapierdienstleistungsunternehmen den Auftrag des Kunden im Wege eines Kommissionsgeschäfts mit Selbsteintritt nach § 400 Abs. 1 HGB ausführt, obwohl hiermit ein vergleichbarer Interessenkonflikt verbunden ist.[70]

3.5 Organisationspflichten für Honorar-Anlageberater

Für Honorar-Anlageberater werden in § 33 Abs. 3a S. 1 WpHG-E zusätzliche Organisationspflichten geschaffen, die auf europäischer Ebene in den Vorschlägen zu MiFID-II-E nicht anzutreffen sind. Sofern ein Wertpapierdienstleistungsunternehmen die Honorar-Anlageberatung *neben* der provisionsgestützten Anlageberatung anbietet, ist es nach § 33 Abs. 3a S. 1 WpHG-E erforderlich, dass die beiden Bereiche organisatorisch, funktional und personell getrennt sind.[71]

Es bleibt allerdings unklar, bis zu welcher Ebene die vorgeschriebene Trennung vollzogen werden muss. Ausgeschlossen ist es jedenfalls, dass Mitarbeiter, die im Bereich der Anlageberatung tätig sind, zugleich die provisionsgestützte Beratung *und* die Honorar-Anlageberatung erbringen.[72] Zudem darf ein direkter Vorgesetzter, der für die Honorar-Anlageberatung zuständig ist, nicht auch im Bereich der übrigen (d.h. provisionsgestützten) Anlageberatung tätig sein oder für beide Bereiche verantwortlich zeichnen.[73] Mit diesen Erwägungen werden die aus der vorgeschriebenen Trennung beider Formen der Anlageberatung resultierenden Fragen aber nur unvollständig beantwortet. Unklar bleibt z.B., ob die vorgeschriebene organisatorische, funktionale und personelle Trennung sich bis in die Geschäftsleitung durchziehen muss,[74] die vorgeschriebene Trennung lässt weiterhin offen, inwieweit sich Mitarbeiter des Instituts noch gegenseitig vertreten dürfen.[75] Insbesondere für kleinere Wertpapierdienstleistungsunternehmen

70 S. *Müchler/Trafkowski*, ZBB 2013, 101, 110. Auf Grund der Sonderbedingungen für Wertpapiergeschäfte kommt dem Kommissionsgeschäft mit Selbsteintritt aber keine wesentliche Bedeutung mehr zu, s. *Hopt*, in: Baumbach/Hopt, HGB, 35. Aufl. 2012, (8) AGB-WPGeschäfte 1 Rdn. 3 ff.; *Lenenbach*, Kapitalmarktrecht, 2. Aufl. 2010, Rdn. 4.18 ff.

71 Kritisch zu diesem Nebeneinander *VZBV*, Stellungnahme RegE HAnlBG v. 15.03.2013, S. 9, die sich für einen Ausschluss entsprechender Mischsysteme aussprechen.

72 *Müchler/Trafkowski*, ZBB 2013, 101, 110.

73 Begr. RegE BR-Drucks. 814/12, S. 16.

74 In diese Richtung *IDW*, Stellungnahme RegE HAnlBG v. 15.03.2013, S. 4.

75 Zu diesem Aspekt *DIHK*, Stellungnahme RefE HAnlBG v. 21.11.2012, S. 6; für die Annahme einer hierarchischen Trennung auch *VuV*, Stellungnahme RegE HAnlBG v. 15.03.2013, S. 2.

dürfte die geforderte Trennung zudem dazu führen, dass ein Nebeneinander beider Beratungsbereiche nicht möglich ist.[76]

Das Wertpapierdienstleistungsunternehmen muss weiterhin Vertriebsvorgaben für die Honorar-Anlageberatung so ausgestalten, dass in keinem Fall Interessenkonflikte mit den Kundeninteressen entstehen können (§ 33 Abs. 3a S. 2 WpHG-E). Anders als bei der provisionsgestützten Anlageberatung können bei der Honorar-Anlageberatung Interessenkonflikte auf Grund von Vertriebsvorgaben nicht durch Offenlegung nach § 31 Abs. 1 Nr. 2 WpHG beseitigt werden, vielmehr besteht ein generelles Verbot für Vertriebsvorgaben, von denen entsprechende Interessenkonflikte ausgehen können.[77] Unzulässig ist es daher auch, dass der Honorar-Anlageberater nach dem Volumen der vertriebenen Finanzins trumente oder der Zahl der geworbenen Kunden vergütet wird.[78]

Nach § 33 Abs. 3a S. 3 WpHG-E müssen Wertpapierdienstleistungsunternehmen, die die Honorar-Anlageberatung erbringen, weiterhin auf ihrer Internetseite über die Hauptniederlassung und die inländischen Zweigniederlassungen informieren, in denen die Honorar-Anlageberatung angeboten wird (§ 33 Abs. 3a S. 3 WpHG-E). Diese Organisationspflicht[79] zielt darauf ab, dem Kunden eine verbesserte Möglichkeit anzubieten, die Honorar-Anlageberatung als Dienstleistung gezielt nachzufragen.[80]

3.6 Bezeichnungsschutz und Registrierung

Mit § 36d Abs. 1 WpHG-E wird ein gesetzlicher Bezeichnungsschutz für Honorar-Anlageberater eingeführt.[81] Geschützt sind die Bezeichnungen „Honorar-

---

76 S. *VuV*, Stellungnahme RegE HAnlBG v. 15.03.2013, S. 2 mit der Einschätzung, dass jedenfalls bei Unternehmen mit bis zu 30 Mitarbeitern die geforderte Trennung kaum möglich ist; für die Aufnahme einer Öffnungsklausel („de minimis"-Regel) auch *Die Deutsche Kreditwirtschaft*, Stellungnahme RegE HAnlBG v. 15.03.2013, S. 2 f. Zu verfassungsrechtlichen Bedenken an der Regelung s. *DIHK*, Stellungnahme RegE HAnlBG v. 14.03.2013, S. 4.

77 Begr. RegE BR-Drucks. 814/12, S. 16; zutreffend daher der Hinweis von *Müchler/Trafkowski*, ZBB 2013, 110, 111, dass für Vertriebsvorgaben bei der Honorar-Anlageberatung nur ein geringer Raum verbleibt.

78 S. *Müchler/Trafkowski*, ZBB 2013, 110, 111.

79 Es handelt sich bei § 33 Abs. 3a S. 3 WpHG-E eher um eine Informations- als um eine Organisationspflicht.

80 S. Begr. RegE, BR-Drucks. 814/12, S. 16.

81 Kritisch hierzu *Kuhlen/Tiefensee*, VuR 2013, 49, 50, die unter Bezugnahme auf die Vorgaben von MiFID II bemängeln, dass der Bezeichnungsschutz dem konstitutiven Aspekt der Unabhängigkeit des Beraters nicht Rechnung trägt, da auch Vermittler, die weiterhin auf Provisionsbasis

Anlageberater/in", „Honorar-Anlageberatung", „Honoraranlageberater/in" und „Honoraranlageberatung", dies auch in abweichender Schreibweise, wobei der Schutz zudem Bezeichnungen umfasst, in denen diese Wörter enthalten sind.[82] Der Bezeichnungsschutz erstreckt sich nicht nur auf die Firma und Firmenzusätze, sondern auch auf die Bezeichnung des Geschäftszwecks und Angaben zu Werbezwecken.

Soweit bemängelt wird, dass der Begriff „Honorarberater" nicht ausdrücklich in § 36d Abs. 1 WpHG-E aufgeführt ist und daher keinem Bezeichnungsschutz unterliegt,[83] überzeugt dies nicht. Zum einen ist die Erbringung der Beratung gegen Honorar auch außerhalb der für Honorar-Anlageberater neu geschaffenen Regelungen zulässig, so dass es dem jeweiligen Dienstleister möglich sein muss, dies auch in seiner Berufsbezeichnung zum Ausdruck zu bringen. Zum anderen setzt das Wettbewerbsrecht einer Berufsbezeichnung nach §§ 3, 5 Abs. 1 S. 1 Nr. 3 UWG jedenfalls dann Grenzen, wenn diese zur Täuschung und Irreführung des Verkehrs geeignet ist.[84] Hiervon kann bei der Bezeichnung als Honorarberater aber dann nicht ohne Weiteres ausgegangen werden, wenn die Anlageberatung (außerhalb des Anwendungsbereichs der Neuregelung nach § 31 Abs. 4b bis 4d WpHG-E) gegen Entgelt erbracht wird und darüber hinaus auch keine Zuwendungen vereinnahmt werden.

Die Vorgaben nach § 36d Abs. 1 WpHG-E gelten nicht für Unternehmen, die die genannten Bezeichnungen in einem Zusammenhang führen, der den Anschein ausschließt, dass sie Wertpapierdienstleistungen erbringen (§ 36d Abs. 2 S. 1 WpHG-E). Denkbar erscheint dies z.B. bei einem Verband, der lediglich als Interessenvereinigung tätig wird, ohne aber selbst Wertpapierdienstleistungen anzubieten.[85] Da es sich bei § 36d Abs. 1 WpHG-E um ein rein nationale Regelung handelt, dürfte für grenzüberschreitend tätig werdende EU-Wertpapierfirmen,

---

tätig werden, sich als „Berater" oder „Finanzberater" bezeichnen dürfen.

82 Unklar *Müchler/Trafkowski*, ZBB 2013, 110, 111, die offenbar davon ausgehen, dass es einem Honorar-Finanzanlagenberater mit einer Erlaubnis nach § 34h GewO-E durch § 36d Abs. 1 WpHG-E untersagt ist, diese Bezeichnung zu führen. § 36d Abs. 1 WpHG-E bezieht sich indes nur auf Wertpapierdienstleistungsunternehmen und damit gerade nicht auf die allein unter § 34h GewO-E fallenden Gewerbetreibenden.

83 S. *Kuhlen/Tiefensee*, VuR 2013, 49, 50.

84 S. BGH, Urt. v. 16.02.1989 – I ZR 72/87, GRUR 1989, 516, 517 – Vermögensberater. S. allg. zu Wettbewerbsverstößen bei der Führung von Berufsbezeichnungen *Bornkamm*, in: Köhler/Bornkamm, UWG, 30. Aufl. 2012, § 5 Rdn. 5.135 ff.

85 So auch *Müchler/Trafkowski*, ZBB 2013, 110, 111 m.N.

die der Beaufsichtigung nach ihrem Heimatlandrecht unterfallen, keine Pflicht bestehen, den Bezeichnungsschutz nach § 36d Abs. 1 WpHG-E zu beachten.[86]

Den Bezeichnungsschutz nach § 36d Abs. 1 WpHG-E können nur Wertpapierdienstleistungsunternehmen in Anspruch nehmen, die in dem durch die BaFin geführten (öffentlichen) Honorar-Anlageberaterregister nach § 36c WpHG-E eingetragen sind. Die Voraussetzungen für die Eintragung in das Honorar-Anlageberaterregister finden sich in § 36c Abs. 2 WpHG-E. Erforderlich ist neben einer Erlaubnis nach § 32 KWG, die die Erbringung der Anlageberatung i.S. von § 2 Abs. 3 S. 1 Nr. 9 KWG umfassen muss, auch, dass das Wertpapierdienstleistungsunternehmen der BaFin durch Bescheinigung eines geeigneten Prüfers nachweist, dass es in der Lage ist, die Anforderungen nach § 33 Abs. 3a WpHG-E zu erfüllen.[87] Die Nachweispflicht dürfte sich allerdings nur dann auf die von § 33 Abs. 3a S. 1 WpHG-E geforderte organisatorische, funktionale und personelle Trennung von Honorar-Anlageberatung und provisionsgestützter Beratung beziehen, wenn das Wertpapierdienstleistungsunternehmen überhaupt beide Formen der Beratung anbieten will. Sofern sich ein Wertpapierdienstleistungsunternehmen z.B. auf Grund seiner Größe entscheidet, ausschließlich die Honorar-Anlageberatung zu erbringen, erscheint es nicht geboten, als Voraussetzung für die Eintragung (und damit die Inanspruchnahme des Bezeichnungsschutzes nach § 36d WpHG-E) zu fordern, dass das Institut auch in der Lage ist, eine hiervon getrennte provisionsgestützte Beratung zu erbringen.[88]

4 Gewerberechtliche Vorgaben für Honorar-Finanzanlagenberater

Auf Grund des zweispurigen Regelungskonzepts enthält das Honoraranlageberatungsgesetz neben den im WpHG verorteten Vorgaben für Honorar-Anlageberater (bzw. die Honorar-Anlageberatung) weiterhin auch Regelungen für Honorar-

---

86 S. hierzu auch *Müchler/Trafkowski*, ZBB 2013, 110, 111 (Fn. 138) unter Bezugnahme auf Begr. RegE, BR-Drucks. 814/12, S. 14.

87 Die Anforderungen an einen geeigneten Prüfer orientieren sich an den Vorgaben nach § 36 WpHG, so dass insbesondere Wirtschaftsprüfer, vereidigte Buchprüfer sowie Wirtschaftsprüfungs- und Buchprüfungsgesellschaften in Betracht kommen, sofern sie über ausreichende Kenntnisse eines Wertpapierdienstleistungsunternehmens verfügen, s. Begr. RegE, BR-Drucks. 814/12, S. 16.

88 *Müchler/Trafkowski*, ZBB 2013, 110, 111.

Finanzanlagenberater, die nicht der Aufsicht durch die BaFin unterstehen und ausschließlich mit einer gewerberechtlichen Erlaubnis tätig werden.

4.1 Begriff des Honorar-Finanzanlagenberaters

Nach der Legaldefinition in § 34h Abs. 1 S. 1 GewO-E ist (nur) derjenige Honorar-Finanzanlagenberater, der im Umfang der Bereichsausnahme des § 2 Abs. 6 S. 1 Nr. 8 KWG gewerbsmäßig zu Finanzanlagen des § 34f Abs. 1 Nr. 1, 2 oder 3 GewO-E Anlageberatung i.S. von § 1 Abs. 1a Nr. 1a KWG erbringen will, ohne von einem Produktgeber[89] eine Zuwendung zu erhalten oder von ihm in anderer Weise abhängig zu sein. Die Definition wirft – insbesondere auch im Hinblick auf die Regelungen zum Honorar-Anlageberater nach WpHG – verschiedene Abgrenzungsfragen auf.

Eindeutig ist, dass als Honorar-Finanzanlagenberater nur derjenige tätig werden kann, der für seine Tätigkeit die Bereichsausnahme nach § 2 Abs. 6 S. 1 Nr. 8 KWG in Anspruch nimmt. Im Zuge der Umsetzung der AIFM-Richtlinie[90] ist § 2 Abs. 6 S. 1 Nr. 8 KWG mit Wirkung vom 22.07.2013 neu gefasst worden, er erstreckt sich nunmehr – auf der Produktseite – u.a. auf Anteile oder Aktien an inländischen Investmentvermögen, EU-Investmentvermögen oder ausländischen AIF (Alternativen Investmentfonds), die nach dem KAGB vertrieben werden dürfen,[91] und weiterhin auf Vermögensanlagen i.S. von § 1 Abs. 2 VermAnlG.[92] Nicht als Investmentvermögen gelten nach § 2 Abs. 6 S. 1 Nr. 8 KWG Anteile oder Aktien an Hedgefonds i.S. von § 283 KAGB. Die Bereichsausnahme des § 2 Abs. 6 S. 1 Nr. 8 KWG erfordert weiterhin, dass das Unternehmen nicht befugt ist, sich bei der Erbringung der Finanzdienstleistungen Eigentum oder Besitz an Geldern oder Anteilen des Kunden zu verschaffen.

---

89 Der Begriff des Produktgebers dürfte insoweit als Oberbegriff für Anbieter und Emittenten zu verstehen sein, s. *Müchler/Trafkowski*, ZBB 2013, 110, 113.

90 Richtlinie 2011/61/EU des Europäischen Parlaments und des Rates v. 08.06.2011 über die Verwalter alternativer Investmentfonds und zur Änderung der Richtlinien 2003/41/EG und 2009/65/EG und der Verordnungen (EG) Nr. 1060/2009 und (EU) Nr. 1095/2010, ABl EU L 174 v. 01.07.2011, S. 1 ff., s. dazu auch *Weitnauer*, BKR 2011, 143 ff.; *Weiser/Jang*, BB 2011, 1219 ff.

91 Die Unterscheidung zwischen öffentlichem Vertrieb und Privatplatzierung ist im Zuge der Neufassung des KAGB aufgegeben worden, s. *Loff/Klebeck*, BKR 2012, 353, 354; *Görke/Ruhl*, BKR 2013, 142, 148.

92 Hierzu gehören – nach Überführung der geschlossenen Beteiligungen als Investmentvermögen in § 1 Abs. 5 KAGB – insbesondere noch Treuhandvermögen, Genussrechte und Namensschuldverschreibungen.

§ 2 Abs. 6 S. 1 Nr. 8 KWG regelt allerdings nicht nur eine Beschränkung auf der Produktseite, vielmehr enthält die Vorschrift u.a. auch Grenzen in Bezug auf denjenigen, an den die Vermittlung erfolgt oder auf dessen Produkte sich die Beratung bezieht. Erfasst werden insoweit im Wesentlichen nur Institute, Kapitalverwaltungsgesellschaften, extern verwaltete Investmentgesellschaften, EU-Verwaltungsgesellschaften oder ausländische AIF-Verwaltungsgesellschaften sowie Anbieter und Emittenten von Vermögensanlagen i.S. von § 1 Abs. 2 VermAlG.[93] Unter § 2 Abs. 6 S. 1 Nr. 8 KWG fällt auch die Beratung in Bezug auf Anteile an geschlossenen Fonds, die der Kunde am Zweitmarkt veräußern möchte; einer Erlaubnis nach § 32 KWG bedarf es daher nicht.[94]

Zu beachten ist weiterhin, dass sich die Bereichsausnahme nach § 2 Abs. 6 S. 1 Nr. 8 KWG auf verschiedene (Finanz-)Dienstleistungen erstreckt, die von § 34h Abs. 1 S. 1 GewO-E indes nicht alle erfasst werden. So umfasst § 2 Abs. 6 S. 1 Nr. 8 KWG neben der Anlageberatung auch die Anlage- und Abschlussvermittlung, während § 34h Abs. 1 S. 1 GewO-E allein auf die Anlageberatung abstellt. Dies wirft die Frage auf, ob ein Honorar-Finanzanlagenberater – neben der Anlageberatung – auch vermittelnd tätig werden darf. Der Gesetzesbegründung lässt sich – allerdings im Zusammenhang mit den Ausführungen zum Verbot der Entgegennahme von Zuwendungen (dazu noch i.F. 4.2.) – entnehmen, dass jedenfalls eine Vermittlung im Anschluss an eine Beratung zulässig sein soll.[95] Hierfür lässt sich anführen, dass der angestrebten Förderung der Honorarberatung sowie den Anlegerinteressen nicht gedient wäre, wenn der Kunde für den Erwerb der empfohlenen Finanzanlage einen Dritten einschalten müsste, der gegebenenfalls sogar auf Provisionsbasis tätig wird.[96]

Mit diesem Befund ist allerdings die Frage, ob dem Honorar-Finanzanlagenberater auch die Vermittlung eines Produkts ohne vorherige Beratung erlaubt ist, nicht gelöst. Gegen die Zulässigkeit einer solchen (Anlage-)Vermittlung könnte anzuführen sein, dass der Gesetzgeber den Wortlaut von § 34h Abs. 1 S. 1 GewO-E trotz entsprechender Vorschläge[97] nicht auf die Vermittlung von Finanzanlagen ausgeweitet hat. Allerdings sprechen letztlich keine Gründe dagegen, dem Honorar-Finanzanlagenberater, solange er insbesondere das Verbot der Annahme von

---

93 S. zum Anwendungsbereich von § 2 Abs. 6 S. 1 Nr. 8 KWG auch *F. A. Schäfer*, in: Boos/Fischer/Schulte-Mattler, KWG, 4. Aufl. 2012, § 2 Rdn. 56.

94 S. VG Frankfurt/M., Urt. v. 25.02.2013 – 9 K 3960/12.F zum ähnlich gelagerten Fall einer Anlagevermittlung.

95 S. Begr. RegE, BR-Drucks. 814/12, S. 18.

96 *BVI*, Stellungnahme RegE HAnlBG v. März 2013, S. 2, 7; *BMELV*, Eckpunktepapier v. 13.07.2011, S. 3; *Müchler/Trafkowski*, ZBB 2013, 101, 103.

97 S. etwa *BVI*, Stellungnahme RegE HAnlBG v. März 2013, S. 7.

Zuwendungen befolgt, nicht auch die bloße Weiterleitung von Aufträgen ohne vorherige Beratung zu gestatten. Eine andere Bewertung hätte zur Folge, dass der Anleger auch dann, wenn er z.B. auf Grund eigener Erkenntnisse zu einer Anlage entschlossen ist, entweder eine Anlageberatung durch den Honorar-Finanzanlagenberater in Anspruch nehmen oder auf einen Drittanbieter ausweichen müsste. Gerade die letztgenannte Lösung erscheint auf Grund der Bestrebungen des Gesetzgebers, die Honorarberatung (und damit auch den die Dienstleistung anbietenden Unternehmer) zu stärken, eher kontraproduktiv. Es muss daher auch dem Honorar-Finanzanlagenberater erlaubt sein, beratungsfreie Aufträge des Kunden entgegenzunehmen und weiterzuleiten.

Da § 34h Abs. 1 S. 1 GewO-E nur die Bereichsausnahme nach § 2 Abs. 6 S. 1 Nr. 8 KWG in Bezug nimmt, steht zugleich fest, dass vertraglich gebundene Vermittler, die nach § 2 Abs. 10 KWG an ein Haftungsdach angebunden sind, nicht als Honorar-Finanzanlagenberater nach § 34h Abs. 1 S. 1 GewO-E tätig werden können.[98] Auch einem Freiberufler, der u.a. die Anlageberatung nur gelegentlich im Rahmen eines Mandatsverhältnisses erbringt und damit der Ausnahmeregelung des § 2 Abs. 6 S. 1 Nr. 10 KWG unterfällt,[99] ist es verwehrt, eine Erlaubnis als Honorar-Finanzanlagenberater nach § 34h Abs. 1 S. 1 GewO-E zu erhalten, dies gilt selbst vor dem Hintergrund, dass die Beratungsleistung ausschließlich durch den Mandanten vergütet wird.[100]

§ 34h Abs. 2 S. 1 GewO-E sieht vor, dass Gewerbetreibende, die als Honorar-Finanzanlagenberater tätig sind, kein Gewerbe nach § 34f Abs. 1 GewO ausüben dürfen;[101] die in § 33 Abs. 3a WpHG-E für die Honorar-Anlageberatung vorgese-

---

98 Möglich ist es aber, dass ein Wertpapierdienstleistungsunternehmen, das als Honorar-Anlageberater nach § 36c WpHG-E registriert ist, vertraglich gebundene Vermittler nach § 2 Abs. 10 KWG anbindet. Da es sich insoweit um einen Fall der Auslagerung i.S. von § 25a KWG handelt (*F. A. Schäfer*, in: Boos/Fischer/Schulte-Mattler, KWG, 4. Aufl. 2012, § 2 Rdn. 85), dürfen die vertraglich gebundenen Vermittler allerdings nicht die Bezeichnung „Honorar-Anlageberater“ führen, die an die Eintragung im Honoraranlageberaterregister anknüpft. Kritisch zur fehlenden Regelung für vertraglich gebundene Vermittler i.S. von § 2 Abs. 10 KWG *MLP*, Stellungnahme RegE HAnlBG, S. 7.

99 S. zur Reichweite der Ausnahmeregelung BaFin, Merkblatt – Hinweise zur Bereichsausnahme für Angehörige freier Berufe, Stand: 10/2010; ferner *F. A. Schäfer*, in: Boos/Fischer/Schulte-Mattler, KWG, 4. Aufl. 2012, § 2 Rdn. 62 ff.

100 Da der Freiberufler die Finanzdienstleistungen im Rahmen von § 2 Abs. 6 S. 1 Nr. 10 KWG nur „gelegentlich“ erbringen darf, ist ihm eine gewerbliche Betätigung, wie sie bei der Entgegennahme von Provisionen gegeben wäre, ohnehin untersagt, s. *F. A. Schäfer*, in: Boos/Fischer/Schulte-Mattler, KWG, 4. Aufl. 2012, § 2 Rdn. 63.

101 Überholt daher *Kuhlen/Tiefensee*, VuR 2013, 49, 51, die – unter Bezugnahme auf den Referentenentwurf – kritisiert hatten, dass der Honorar-Finanzanlagenberater daneben auch eine

hene Möglichkeit, bei entsprechender organisatorischer, funktionaler und personeller Trennung daneben auch die provisionsgestützte Beratung zu erbringen, besteht insoweit nicht. Die in § 34h Abs. 2 S. 1 GewO-E vorgeschriebene Trennung gilt grundsätzlich für die gesamten Erlaubnistatbestände, es ist daher nicht möglich, Inhaber einer Erlaubnis nach § 34f GewO für eine bestimmte Kategorie von Finanzinstrumenten zu sein und gleichzeitig eine Erlaubnis nach § 34h GewO-E für eine andere Kategorie zu besitzen.[102] Demgegenüber ist es allerdings zulässig, dass Finanzanlagenvermittler, die über eine Erlaubnis nach § 34f GewO verfügen, neben einer provisionsgestützten Anlageberatung auch eine Beratung des Kunden gegen Honorar erbringen. Der Finanzanlagenvermittler unterliegt bei dieser „Honorarberatung" dann allerdings nicht den (gesteigerten) Pflichten nach § 34h Abs. 2 u. 3 GewO-E, sondern nur den allgemeinen Vorgaben für die (Anlage-)Beratung und damit u.a. auch der Pflicht zur Offenlegung etwaiger Zuwendungen nach § 17 FinVermV, die er neben dem mit dem Kunden vereinbarten Honorar vereinnahmt.[103] Auch dem Honorar-Finanzanlagenberater mit einer Erlaubnis nach § 34h GewO-E ist es nicht möglich, zusätzlich eine Erlaubnis nach § 34f GewO zu erwerben.[104]

Das in § 34h Abs. 2 S. 1 GewO-E verankerte Trennungsgebot zwischen der Honorar-Finanzanlagenberatung und der provisionsgestützten Beratung kann nicht dazu führen, dass damit auch ein Verbot von Kooperationen oder auch gesellschaftsrechtlichen Verbindungen zwischen einem Honorar-Finanzanlagenberater und einem Finanzanlagenvermittler einhergeht.[105] Bei der Bestimmung der Reichweite des Trennungsgebots muss vielmehr auf den konkreten Rechtsträger abgestellt werden, der Inhaber der Erlaubnis nach § 34f GewO bzw. § 34h GewO-E ist. Es stellt daher keinen Verstoß gegen § 34h Abs. 2 S. 1 GewO-E dar, wenn z.B. ein Gewerbetreibender als Einzelunternehmer eine Erlaubnis nach § 34f Abs. 1 GewO besitzt und er zugleich Geschäftsführer einer GmbH ist, die (künftig) über eine Erlaubnis nach § 34h GewO-E als Honorar-Finanzanlagenberater verfügt.[106]

---

provisionsbasierte Beratung anbieten darf.

102 Begr. RegE, BR-Drucks. 814/12, S. 19.

103 S. zum Umfang der Verpflichtung nach § 17 FinVermV *Kuhlen/Tiefensee*, GewArch 2013, 17, 20; *Jäger*, ZVertriebsR 2012, 290, 295.

104 So zutreffend Begr. RegE, BR-Drucks. 814/12, S. 19.

105 S. zu dieser Fragestellung auch *DIHK*, Stellungnahme RefE HAnlBG v. 21.11.2012, S. 8.

106 Insbesondere auch aus haftungsrechtlichen Erwägungen ist es aber von entscheidender Bedeutung, dass für den Anleger klar erkennbar ist, in welcher Funktion – Honorar-Finanzanlagenberater oder Finanzanlagenvermittler – ihm der jeweils Handelnde gegenübertritt, die entsprechende Information ist indes auch schon durch § 12 FinVermV gefordert.

Ein Bezeichnungsschutz, wie § 36d WpHG-E ihn für die Honorar-Anlageberatung aufstellt, ist im Anwendungsbereich von § 34h GewO-E nicht vorgesehen. Dieser wird für entbehrlich gehalten, da die Tätigkeit des Honorar-Finanzanlagenberaters erlaubnispflichtig ist.[107] Die für Honorarberater bestehenden wettbewerbsrechtlichen Beschränkungen hinsichtlich der Berufsbezeichnung gelten auch in Bezug auf die Gewerbetreibenden, die nicht dem Anwendungsbereich des WpHG unterfallen. Der Gewerbetreibende, der z.B. die Beratung des Kunden gegen Entgelt nur im Rahmen einer Zulassung nach § 34f GewO erbringt, darf daher durch seine Tätigkeitsbezeichnung und seinen werblichen Auftritt jedenfalls nicht den Eindruck erwecken, dass er insoweit den gesteigerten Pflichten für Honorar-Finanzanlagenberater i.S. von § 34h GewO-E unterliegt.

4.2 Pflichten des Honorar-Finanzanlagenberaters

Die Pflichten des Honorar-Finanzanlagenberaters sind – mit gewissen begrifflichen Abweichungen – an die für Honorar-Anlageberater nach § 31 Abs. 4b u. 4c WpHG-E künftig geltenden Vorschriften angelehnt. So muss auch der Honorar-Finanzanlagenberater seiner Empfehlung eine hinreichende Zahl von auf dem Markt angebotenen Finanzanlagen zu Grunde legen, die nach Art und Anbieter oder Emittent hinreichend gestreut und nicht beschränkt sind auf Anbieter oder Emittenten, die in einer engen Verbindung zu ihm stehen oder zu denen in sonstiger Weise wirtschaftliche Verflechtungen bestehen (§ 34h Abs. 2 S. 2 GewO-E).

Beschränkt wird die Verpflichtung des Honorar-Finanzanlagenberaters zur Marktanalyse dabei auf solche Finanzanlagen, die von seiner Erlaubnis umfasst sind. Hiermit wird einerseits klargestellt, dass die Pflicht des Honorar-Finanzanlagenberaters, seiner Empfehlung eine hinreichende Zahl von Anlagen zugrunde zu legen, nicht dazu führen kann, dass er Empfehlungen in Bezug auf Produkte ausspricht, die von seinem Erlaubnisumfang schon generell nicht gedeckt sind.[108] Die Vorschrift trägt aber auch dem Umstand Rechnung, dass nach § 34h Abs. 1 S. 3 GewO-E die Erlaubnis des Honorar-Finanzanlagenberaters auf einzelne Kategorien von Finanzanlagen i.S. von § 34f Abs. 1 Nr. 1, 2 oder 3 GewO beschränkt werden kann. Sofern der Honorar-Finanzanlagenberater daher nur über eine Erlaubnis nach § 34f Abs. 1 Nr. 1 GewO verfügt und somit lediglich bestimmte

107 S. Begr. RegE, BR-Drucks. 814/12, S. 19; kritisch hierzu *Kuhlen/Tiefensee*, VuR 2013, 49, 51.

108 Auf Grund der generellen Beschränkung der durch § 2 Abs. 6 S. 1 Nr. 8 KWG erlaubten Produkte darf der Honorar-Finanzanlagenberater z.B. keine Beratung in Bezug auf einzelne Aktientitel oder Rentenwerte erbringen.

Arten von Investmentvermögen beraten darf,[109] schränkt dieser Erlaubnisumfang auch die Beratungsgrundlage ein, die der Honorar-Finanzanlagenberater seiner Empfehlung zugrunde zu legen hat.[110] Soweit § 34h Abs. 2 S. 2 GewO-E im Übrigen inhaltlich mit § 31 Abs. 4b WpHG-E übereinstimmt, ist das dortige Begriffsverständnis auch für die Bestimmung der Pflichten des Honorar-Finanzanlagenberaters maßgeblich.

Nach § 34h Abs. 3 S. 1 GewO-E darf sich der Honorar-Finanzanlagenberater die Erbringung der Beratung nur durch den Anleger vergüten lassen.[111] Dem Honorar-Finanzanlagenberater ist es – wie auch dem Honorar-Anlageberater – verboten, Zuwendungen eines Dritten, der nicht Anleger ist oder vom Anleger zur Beratung beauftragt worden ist,[112] im Zusammenhang mit der Beratung, insbesondere auf Grund einer Vermittlung als Folge der Beratung, anzunehmen (§ 34h Abs. 3 S. 2 GewO-E). Eine Ausnahme besteht nach § 34h Abs. 3 S. 2 a.E. GewO-E nur dann, wenn die empfohlene Finanzanlage oder eine in gleicher Weise geeignete Finanzanlage ohne Zuwendung nicht erhältlich ist; in diesem Fall sind die Zuwendungen unverzüglich nach Erhalt und ungemindert an den Kunden auszukehren.[113] Eine ausdrückliche Unterscheidung zwischen monetären und nicht monetären Zuwendungen, wie sie § 31 Abs. 4c S. 1 Nr. 2 WpHG-E vorsieht, findet sich in § 34h Abs. 3 S. 2 GewO-E nicht. Da allerdings § 34h Abs. 3 S. 2 GewO-E keine eigenständige Definition des Begriffs der Zuwendungen enthält, muss davon ausgegangen werden, dass insoweit – ebenso wie im gleich lautenden § 31 Abs. 4c S. 1 Nr. 2 WpHG-E – auf das Begriffsverständnis des § 31d Abs. 2 WpHG zurückgegriffen werden kann.[114]

---

109 S. zu den von § 34f Abs. 1 Nr. 1 bis 3 GewO nach Umsetzung der AIFM-Richtlinie im Einzelnen erfassten Finanzanlagen *Schönleiter*, in: Landmann/Rohmer, GewO, Stand: 2013, § 34f Rdn. 60 ff.

110 Probleme können sich in diesem Zusammenhang insbesondere vor dem Hintergrund ergeben, dass im Zuge der Umsetzung der AIFM-Richtlinie verschiedene Finanzanlagen, die bislang als sonstige Vermögensanlagen i.S. von § 1 Abs. 2 VermAnlG unter § 34f Abs. 1 S. 1 Nr. 3 GewO fielen, nunmehr § 34f Abs. 1 S. 1 Nr. 2 GewO unterfallen. Zu den diesbezüglichen Auswirkungen s. *Schönleiter*, in: Landmann/Rohmer, GewO, Stand: 2013, § 34f Rdn. 72 ff.

111 S. zur umsatzsteuerlichen Behandlung der Vergütung des Honorar-Finanzanlagenberaters in Abgrenzung zum Versicherungsmakler *Kuhlen/Tiefensee*, VuR 2013, 49, 52.

112 Die Bedeutung der 2. Alternative erschließt sich nicht, da es doch gerade der Honorar-Finanzanlagenberater selber ist, der vom Anleger zur Beratung beauftragt worden ist, so dass er nicht zugleich der Dritte sein kann, der Zuwendungen an den Honorar-Finanzanlagenberater zahlt.

113 S. zur gleichlautenden Regelung in § 31 Abs. 4c S. 1 Nr. 2 S. 4 u. 5 WpHG-E oben 3.3.

114 Dieses Verständnis wird gestützt durch die Begründung zum RefE HAnlBG (S. 16), die – bezogen auf den inhaltlich gleich lautenden § 31 Abs. 4b S. 1 Nr. 3 WpHG-E – von einem über § 31d

Der Regelung nach § 34h Abs. 3 GewO-E kann nicht entnommen werden, ob für den Honorar-Finanzanlagenberater ein Verbot besteht, z.B. Bestandsprovisionen, die er im Zusammenhang mit früheren (im Anwendungsbereich von § 34f GewO erbrachten) Vermittlungsgeschäften erhält, auch nach einem Statuswechsel zu vereinnahmen. Festzuhalten ist insoweit, dass § 34h Abs. 3 GewO-E nur ein Zuwendungsverbot im Zusammenhang mit Anlageberatungen (und auch bloßen Vermittlungsgeschäften) aufstellt, die mit einer Erlaubnis als Honorar-Finanzanlagenberater erbracht werden. Ein Zuwendungsverbot für „Altgeschäfte" kann daher nicht ohne Weiteres angenommen werden.[115] Ein solches Verbot erscheint auch nicht zwingend, da die Vereinnahmung von Bestandsfolgeprovisionen aus früheren Vermittlungsgeschäften und eine künftige ausschließliche Honorarberatung keinen Wertungswiderspruch begründen.[116]

Eine gesonderte Verpflichtung des Honorar-Finanzanlagenberaters, den Kunden vor Beginn der Beratung und vor Abschluss des Beratungsvertrages darüber zu informieren, ob die Anlageberatung als Honorar-Anlageberatung erbracht wird oder nicht, sieht § 34h GewO-E – insoweit abweichend von § 31 Abs. 4b WpHG-E – nicht vor. Dies dürfte darauf zurückzuführen sein, dass es für den Honorar-Finanzanlagenberater – anders als für den dem WpHG unterworfenen Honorar-Anlageberater – ein Nebeneinander von provisionsgestützter Beratung und Honorarberatung nicht gibt. Zudem steht zu erwarten, dass die statusbezogenen Informationspflichten nach § 12 FinVermV dahingehend erweitert werden, dass für den Honorar-Finanzanlagenberater auch eine entsprechende Pflicht bestehen wird, den Kunden über seinen Status in Kenntnis zu setzen.[117]

WpHG hinausgehenden Zuwendungsverbot ausgeht.

115 Die Annahme eines solchen Zuwendungsverbots auch für Altgeschäfte würde zudem die Bereitschaft Gewerbetreibender, eine Erlaubnis nach § 34f GewO aufzugeben und als Honorar-Finanzanlagenberater nach § 34h GewO-E tätig zu werden, deutlich reduzieren, sie dürfte daher mit der erklärten Zielrichtung des HAnlBG, die Honorarberatung zu stärken, nicht in Einklang stehen.

116 Einem Honorar-Finanzanlagenberater, der neben der Erlaubnis nach § 34h GewO-E auch noch als Versicherungsmakler mit einer Zulassung nach § 34d GewO tätig ist, ist es ebenfalls nicht verboten, neben dem Beratungshonorar Vermittlungsprovisionen im Zusammenhang mit der Versicherungsvermittlung zu vereinnahmen.

117 Die Verordnungsermächtigung in § 34g GewO ist durch das HAnlBG bereits auf die Honorar-Finanzanlagenberater ausgeweitet worden, so dass über § 34g Abs. 1 S. 2 Nr. 1 GewO auch diesbezügliche Informationspflichten gegenüber dem Anleger geregelt werden können. S. zu den statusbezogenen Informationspflichten nach § 12 FinVermV auch *Jäger*, ZVertriebsR 2012, 290, 294; *Zingel/Varadinek*, BKR 2012, 177, 183 f.

5 Fazit

Es erscheint durchaus fraglich, ob mit dem Inkrafttreten der Neuregelungen des Honoraranlageberatungsgesetzes zum 01.08.2014 die Honorarberatung tatsächlich gestärkt wird. Bedenken bestehen insbesondere deshalb, da die Akzeptanzprobleme, denen die Honorarberatung auf Grund der bei zahlreichen Kunden fehlenden Bereitschaft, für Beratung unmittelbar zu zahlen, schon bislang ausgesetzt war,[118] jedenfalls im Anwendungsbereich des WpHG durch das weiterhin zulässige Nebeneinander mit der provisionsgestützten Beratung auch künftig vorhanden sein werden.

Eine bislang nicht geklärte (und auch im Gesetzgebungsverfahren fast nicht thematisierte) Frage ist zudem, wie eine Bepreisung der Dienstleistung Honorarberatung erfolgen soll. Diese Frage erlangt vor allem deshalb Bedeutung, da bei der Erhebung marktüblicher Stundensätze[119] gegebenenfalls ganze Kundengruppen mit kleineren Volumina künftig von der Inanspruchnahme dieser Form der Anlageberatung ausgeschlossen werden oder zumindest eine weit gehende Standardisierung des Produktangebots erfolgt.[120]

Auf Anbieterseite stellt sich zudem die Frage, worin der Anreiz bestehen soll, sich den Neuregelungen zu unterwerfen. Für Institute, die nicht ausschließlich Honorarberatung anbieten wollen, stellt insbesondere die Organisationspflicht nach § 33a Abs. 3a WpHG-E hohe Hürden auf.[121] Für Gewerbetreibende, die bislang mit einer Erlaubnis nach § 34f GewO tätig sind, stellt sich das Problem, dass gegebenenfalls bei einer künftigen Tätigkeit als Honorar-Finanzanlagenberater im Anwendungsbereich von § 34h GewO-E Bestandsprovisionen aus früheren Geschäften nicht mehr vereinnahmt werden dürfen. Es wird daher für diese Anbieter nur eine geringe Neigung bestehen, auf die Honorar-Finanzanlagen-

118 S. zu diesen Akzeptanzproblemen und der mangelnden Bereitschaft der Kunden, für eine Beratung ein angemessenes Honorar zu zahlen, *Klein*, WM 2011, 2117, 2118.

119 Als angemessene Vergütung werden jedenfalls Honorare zwischen € 100,- und € 150,- pro Stunde angesehen, s. *Franke/Funke/Gebken/Johannig*, Provisions- und Honorarberatung, 2011, S. 8, abrufbar unter www.ed-academy.com/fileadmin/publikationen/Provisions-_und_Honorarberatung_Studie_Franke-Funke-Gebken-Johanning_2011.pdf.

120 Zu dieser Frage auch *Klein*, WM 2011, 2117, 2119.

121 A.A. offenbar *Müchler/Trafkowski*, ZBB 2013, 101, 114, die davon ausgehen, dass sich der organisatorische Aufwand in Grenzen halten wird. Eine Zulassung als Honorar-Anlageberater kommt demgegenüber für solche Institute in Betracht, die z.B. schwerpunktmäßig die Finanzportfolioverwaltung anbieten und nur vereinzelt Anlageberatung ausschließlich gegen Honorar erbringen, da dann § 33a Abs. 3a S. 1 WpHG-E nicht zur Anwendung kommt.

beratung zu wechseln, zumal eine Beratung des Anlegers gegen Honorar auch künftig mit einer Erlaubnis nach § 34f GewO möglich ist.

Zudem steht im Hinblick auf MiFID II, die – nach derzeitiger Planung – wohl bis Ende 2015 umgesetzt werden wird, zu erwarten, dass das deutsche Regulierungskonzept zumindest in Teilen wieder geändert werden muss.[122] Das Honoraranlageberatungsgesetz setzt auf dem Kommissionsentwurf von MiFID II aus dem Jahr 2011 auf, der aber jedenfalls in Teilen mittlerweile schon wieder deutlich modifiziert worden ist. Es ist daher wahrscheinlich, dass die Anbieter in Deutschland zurückhaltend auf das Honoraranlageberatungsgesetz reagieren und zunächst abwarten werden, wie die finalen Regelungen auf europäischer Ebene aussehen, bevor sie gesetzliche Vorgaben umsetzen, die gegebenenfalls schon 2015 infolge von MiFID II wieder angepasst werden.

122 In diese Richtung auch *Müchler/Trafkowski*, ZBB 2013, 101, 114.

Tagungsbericht[1]

1 Einleitung

Der vierundzwanzigste Bankrechtstag der Bankrechtlichen Vereinigung – wissenschaftliche Gesellschaft für Bankrecht e.V. (BrV) fand am 28. Juni 2013 in Berlin statt. Die erste Abteilung befasste sich mit der Regulierung der Finanzinstitute und der Eindämmung von Risiken aus der Insolvenz von Kunden, während die zweite Abteilung die Innovation bei der Normierung aller Investmentvermögen sowie bei honorarbasierter Anlageberatung skizzierte.

2 Begrüßung

Prof. Dr. *Peter O. Mülbert*, Direktor des Instituts für deutsches und internationales Recht des Spar-, Giro- und Kreditwesens an der Johannes Gutenberg-Universität Mainz und Vorstandsmitglied der BrV, begrüßte die Teilnehmer und erläuterte die Themenauswahl des diesjährigen Bankrechtstages. Der Tagungsort Berlin lasse die Beschäftigung mit den neuen regulatorischen Konsequenzen, die der Gesetzgeber aus der Finanzmarktkrise gezogen hat, und den aktuellen Entwicklungen der Insolvenzrechtsreform nahezu alternativlos erscheinen.

3 Bankenregulierung und Insolvenzrecht (1. Abteilung)

Die Moderation der ersten Abteilung übernahm Herr Prof. Dr. *Olaf Langner*, Rechtsanwalt und Leiter der Abteilung Recht und Steuern des Deutschen Sparkassen- und Giroverbandes, Berlin.

---

1 Auszüge aus *Anja Breilmann und Karl Fuchs,* Bankenregulierung, Insolvenzrecht, Kapitalanlagegesetzbuch, Honorarberatung - Bericht über den Bankrechtstag am 28. Juni 2013 in Berlin, WM 2013, 1437-1445 und *Ralf Treibmann,* Täglich grüßt die Regulierung: Bericht vom Bankrechtstag 2013 der Bankrechtlichen Vereinigung e.V. am 28. Juni 2013 in Berlin, ZBB 2013, 285-3296.

1. *Thorsten Höche*, Rechtsanwalt sowie Geschäftsführer und Chefsyndikus des Bundesverbandes deutscher Banken e.V. (BdB), Berlin, unternahm es, wichtige Grundprinzipien der Bankenregulierung aus den gut 50 Rechtsakten der letzten fünf Jahre zu destillieren. Diese hätten der Regulierung neben der Stärkung bewährter Mechanismen, etwa bei Eigenkapital und Liquidität, auch völlig neue Bereiche eröffnet, etwa aufsichtsrechtlich mit der Bankenunion oder institutionell mit dem Trennbankengesetz. Der BdB sei allerdings nicht davon überzeugt, dass das Trennbankensystem für Deutschland sachgerecht sei, da es die Finanzmarktstabilität nicht erhöhe und die Vorteile des Universalbankensystems gefährde.

[Beitrag *Höche*, S. 3ff.]

2. In der anschließenden Diskussion wies Rechtsanwalt Dr. *Uwe Eyles*, Frankfurt a.M., auf das größte Defizit des Trennbankengesetzes hin: die fehlende Möglichkeit zur Übertragung von Assets auf eine Tochter ohne Versteuerung der stillen Reserven. *Höche* bemerkte, der Abschlussbericht des Finanzausschusses erwähne das Problem, doch sei in dieser Legislaturperiode nicht mehr mit einer Anpassung zu rechnen.

Arne Wittig, Group General Counsel der Thyssen-Krupp AG sowie Mitglied des Vorstandes der BrV, Essen, stellte in Bezug auf die Regulationsflut des Gesetzgebers die Frage, wer bei deren Umsetzung überhaupt noch mithalten könne. Er äußerte die Sorge, dass die zunehmende Regulierung zu einer - regulatorisch unerwünschten - Konzentration größerer Institute führe, weil kleinere Institute es sich möglicherweise gar nicht mehr leisten könnten, die stark erhöhten Regulierungsanforderungen zu erfüllen. Es stelle sich auch die Frage, wie einer leichtfertigen Kreditvergabe, wie sie in den USA mit Subprime-Krediten und in Spanien mit Immobilienkrediten stattfand, regulatorisch begegnet werden könne. Zu der Sorge von *Wittig*, die zunehmende Regulierung des Bankensektors könne zu einer Konzentration größerer Institute führen, erklärte *Höche*, dies sei auch eine der größten Sorgen des BdB, wenn nicht sogar seine größte. Ausdruck der zunehmenden Probleme der Institute, die Regulierungsvorschriften zu bewältigen, sei die starke Zunahme der Nachfrage nach entsprechenden Leitfäden der Verbände. Um dieser Herausforderung zu begegnen, strebten die Verbände Kooperationen an, wie z.B. zwischen dem Deutsche Sparkassen- und Giroverband und dem BdB. Das Problem einer leichtfertigen Kreditvergabe sieht *Höche* in Bezug auf die Bundesrepublik Deutschland nicht. Da das von *Wittig* angesprochene Risiko aber in anderen Ländern bestehe, plane die Europäische Kommission entsprechende Vorschriften für alle Mitgliedstaaten der EU.

3. *Marie Luise Graf-Schlicker*, Ministerialdirektorin und Leiterin der Abteilung Rechtspflege des Bundesministeriums der Justiz (BMJ), Berlin, berichtete über die Planungen zur dritten Stufe der Insolvenzrechtsreform. Anknüpfend an die positive in- und ausländische Resonanz zum ESUG wolle sich Deutschland mit dem Konzerninsolvenzrecht erneut an vorderster Front als Vorbild präsentieren. Im derzeitigen Insolvenzrecht ergäben sich Probleme aus der Fixierung der Verfahren auf die einzelnen Rechtsträger und der daraus folgenden Dezentralisierung, wodurch konzernimmanente Synergien nicht ausreichend genutzt und entsprechende Mehrwerte nicht realisiert würden. Dem solle mit der Stärkung der Koordination zwischen den Einzelinsolvenzverfahren von verbundenen Unternehmen begegnet werden.

[Beitrag *Graf-Schlicker*, S. 27ff.]

4. In der anschließenden Diskussion meinte Rechtsanwalt Dr. *Stefan Proske*, Berlin, das geplante Konzerninsolvenzrecht sei völlig überreguliert, die Einrichtung eines Gruppen-Gerichtsstandes sei zur Lösung der mit einer Konzerninsolvenz verbundenen Probleme ausreichend. Prof. Dr. *Georg Bitter*, Leiter des Lehrstuhls für Bürgerliches Recht, Bank- und Kapitalmarktrecht, Insolvenzrecht der Universität Mannheim, pflichtete dem grundsätzlich bei, hielt darüber hinaus jedoch auch die geplanten Kooperationspflichten für sinnvoll. Die Einrichtung eines Kooperationsverwalters beurteilte *Bitter* allerdings kritisch. Bestehe nämlich eine Bereitschaft zur Kooperation, sei ein Kooperationsverwalter entbehrlich, bestehe sie nicht, könne daran auch der Kooperationsverwalter nichts ändern. *Proske* stimmte dem zu und sah die Gefahr, der Kooperationsverwalter könne sich als bloßer „Papiertiger" erweisen. *Graf-Schlicker* entgegnete, dass Gesetze auch das Bewusstsein prägten, wie man am ESUG gesehen habe. Daher sei die Niederlegung des Kooperationsgedankens im Gesetz sinnvoll, selbst wenn insbesondere Verwalter von Großunternehmen bereits jetzt kooperierten. Die potenzielle Vorbildwirkung gerade für Verwalter mittelständischer Unternehmen gehe, angesichts des optionalen Charakters der Instrumentarien, auch kaum mit Nachteilen einher.

Mülbert stellte die Frage, wie im Koordinationsverfahren aus den unverbindlichen Leitlinien eine Haftung der Verwalter abgeleitet und durchgesetzt werden solle, schließlich entscheide das über die Anreizwirkung der Regelung. Laut *Graf-Schlicker* stelle sich diese schwere Frage schon heute, in den Diskussionen werde stets § 60 InsO hervorgehoben, die Haftungsdrohung habe also präventive Wirkungen. Hinzu komme die wachsende Bedeutung von Konfliktlösungsmitteln mit mediativen Elementen - was insbesondere im Hinblick auf die zunehmende

Anzahl grenzüberschreitender Verfahren und der damit einhergehenden Kultur- und Vorstellungskonflikte an Bedeutung gewinne.

5. Die erste Abteilung schloss mit dem Vortrag von Prof. Dr. *Georg Bitter*, Leiter des Lehrstuhls für Bürgerliches Recht, Bank- und Kapitalmarktrecht, Insolvenzrecht der Universität Mannheim, zu aktuellen Entwicklungen im Recht der Insolvenzanfechtung gegenüber Banken. Er konzentrierte sich auf die Insolvenzanfechtung im Mehrpersonenverhältnis und ging der Frage nach, ob die Bank als Zahlungsmittler einer Anfechtung nach § 133 InsO (Vorsatzanfechtung) und als Empfänger von Drittzahlungen einer Anfechtung nach § 134 InsO (Schenkungsanfechtung) ausgesetzt sein kann. *Bitter* stellte den Ansatz des BGH, nicht auf die rechtlichen Leistungsbeziehungen abzustellen, sondern auf die faktischen Zahlungsflüsse, in das Zentrum seiner Kritik und erläuterte, dass sich die Bestimmung der insolvenzrechtlichen Zuwendungsverhältnisse nicht vom Zivilrecht lösen sollte.

[Beitrag *Bitter*, S. 37ff.]

6. In der anschließenden Diskussion erfuhr *Bitter* uneingeschränkte Zustimmung. *Mülbert* meinte, die Argumente *Bitters* seien sehr überzeugend. Insbesondere verdiene der Ansatz, auf die bereicherungsrechtlichen Grundsätze abzustellen, Zustimmung, da in diesen bereits die insolvenzrechtlichen Grundsätze enthalten seien. *Mülbert* sah jedoch das Problem, dass ein auf bloße Massemehrung orientierter Insolvenzverwalter argumentieren werde, die bereicherungsrechtlichen Strukturen seien für seinen konkreten Fall irrelevant. *Bitter* glaubt das nicht und meint, die Grundidee beider Rechtsbereiche sei es, einen Gegenstand, der sich nicht mehr in der Masse befindet, wieder zur Masse zurückzuholen. Ein Gegenstand könne sich jedoch nur in einem Vermögen befinden und nicht zugleich in mehreren. Daher müsse auch das Insolvenzanfechtungsrecht zu demselben Ergebnis kommen wie das Bereicherungsrecht.

Prof. Dr. *Mathias Habersack*, Leiter des Lehrstuhls für Bürgerliches Recht und Unternehmensrecht der Juristischen Fakultät der Ludwig-Maximilians-Universität, München und Mitglied des Vorstandes des BrV, stimmte dem Ansatz von *Bitter* ebenfalls zu und richtete an diesen die Frage, ob er zwischen den Ergebnissen der Lösung über § 826 BGB und derjenigen über § 133 InsO Unterschiede sehe, z.B. bei der Verjährung. *Bitter* antwortete, er sehe keinen wesentlichen Unterschied, auch nicht bei der Verjährung. Zwar betrage die Verjährungsfrist für Ansprüche aus § 826 BGB grundsätzlich nur 3 Jahre, während die Anfechtungsfrist bei § 133 InsO 10 Jahre betrage. Da die Verjährungsfrist für Ansprüche aus § 826 BGB jedoch von der Kenntnis der anspruchsbegründenden Umstände und der Person des Schuldners abhängig ist, könne diese ebenfalls bis zu 10 Jahre betragen. Erhebliche Unterschiede bestünden allerdings zwischen der Lösung über § 826 BGB und derjenigen über § 134 InsO.

Proske stimmte dem Ansatz *Bitters* ebenfalls zu und meinte, der Hauptgrund für die fehlende Tendenz des BGH, das Bereicherungsrecht einzubeziehen, liege darin, dass der Insolvenzverwalter bei der prozessualen Durchsetzung von Ansprüchen aus § 826 BGB erheblich höhere Anforderungen erfüllen müsse als bei solchen aus § 133 InsO, für die der BGH bereits eine Vielzahl von Beweiserleichterungen und Indizien geschaffen habe. *Bitter* meinte, die Rechtsprechung des BGH könne dazu führen, dass Schuldner eines in der Krise befindlichen Unternehmens ihre Zahlungen verweigern und damit das Unternehmen noch tiefer in die Krise stürzen, weil sie befürchten, im Falle der Insolvenz des Unternehmens vom Insolvenzverwalter über § 133 InsO erneut, also doppelt, in Anspruch genommen zu werden. Der Schuldner sei jedoch zur Zahlung verpflichtet und könne diese nicht – wie es der BGH verlangt – verweigern. Bei Anwendung von § 826 BGB könne der Schuldner dagegen ein auf § 138 BGB (Sittenwidrigkeit) gestütztes Leistungsverweigerungsrecht geltend machen, weil niemand zur Mitwirkung an einer sittenwidrigen Handlung gezwungen werden dürfe.

Rechtsanwalt Prof. Dr. *Raimund Bollenberger*, Universitätsprofessor am Institut für Zivil- und Unternehmensrecht der Wirtschaftsuniversität Wien, teilte mit, die Frage der Vorsatzanfechtung einer Zahlung des Schuldners an den Gläubiger werde auch in Österreich diskutiert und von gewichtigen Stimmen verneint. Er wies auf das Problem hin, dass ein Leistungsverweigerungsrecht erforderlichenfalls bis zum Ablauf der 10-jährigen Frist für eine Vorsatzanfechtung aufrechterhalten bleiben müsste und auch eine in Österreich diskutierte Möglichkeit zur Hinterlegung der Zahlung so lange bestehen müsste. In Österreich gehe daher die überwiegende Meinung dahin, dass Zahlungen des Schuldners an den Gläubiger nicht der Insolvenzanfechtung unterliegen, wenn eine Pflicht zur Zahlung bestand.

4 Kapitalanlagegesetzbuch und Honorarberatung (2. Abteilung)

Die zweite Abteilung stand unter Leitung und Moderation von *Elisabeth Roegele*, Chefsyndikus und Leiterin des Corporate Centers Recht der Deka Bank Deutsche Girozentrale, Frankfurt a.M.

1. Dr. *Edgar Wallach*, Rechtsanwalt, Frankfurt a.M., eröffnete die zweite Abteilung und sprach zur Regulierung der offenen Fonds im Kapitalanlagegesetzbuch

(KAGB). Dieses beabsichtige eine umfassende Regulierung aller Investmentvermögen, deren Verwalter und Verwahrstellen. Das KAGB unterscheide offene und geschlossene Investmentvermögen sowie Publikums-AIF und Spezial-AIF. Es enthalte Produktregelungen und einen numerus clausus der für AIF zulässigen Rechtsformen. Zudem führe das KAGB einen materiellen Investmentvermögensbegriff ein. Unklarheiten ergäben sich jedoch vielfach, insbesondere die Abgrenzung zu Zertifikaten gestalte sich schwierig.

[Beitrag *Wallach*, S. 95ff.]

2. Es sprach sodann Dr. *Markus Escher*, Rechtsanwalt, München, zur Regulierung der geschlossenen Fonds im KAGB. Für *Escher* stellt die Regulierung der geschlossenen Fonds einen Paradigmenwechsel dar. Schließlich werde deren bisherige Formalaufsicht nach dem VermAnlG mit dem KAGB in eine vollumfängliche Aufsicht umgewandelt. *Escher* betonte die massive Abweichung des Anwendungsbereichs geschlossener AIF nach KAGB vom bisherigen Marktverständnis sowie die erhebliche aufsichtsrechtliche Verschärfung insbesondere bei Verwahrstelle, Risikomanagement, Organisationspflichten und Vergütungspolitik, die selbst große Häuser teils überforderten und damit zu einer Marktbereinigung führen würden.

[Beitrag *Escher*, S. 123ff.]

3. In der anschließenden Diskussion zu den Vorträgen von *Wallach* und *Escher* erkundigte sich Priv. Doz. Dr. *Kumpan*, LL.M., Universität Münster, nach der Bedeutung der Subordination zwischen Anleger und Verwalter für die Ausnahme für Family Offices, Club-Deals und Anlageclubs. *Escher* erläuterte, dass die AIFM-Richtlinie insofern ungenau sei. Die ESMA spreche in ihrem Report von einer „preexisting group", bei der man davon ausgehe, dass kein Kapital mehr eingesammelt werden würde. Bei einem „Family & Friends" Office bestehe daher keine Ausnahme nach dem KAGB. Während die ESMA bei Club-Deals auf die mögliche fehlende geschäftsmäßige Kommunikation verweise, sieht *Escher* das Merkmal des Einsammelns von Kapital bei fehlender Subordination der Anleger als nicht erfüllt an.

Rechtsanwalt *Martin Wolters*, Düsseldorf, fragte nach der Erlaubnispflichtigkeit der reverse inquiry. *Wallach* erläuterte, dass der Vertriebsbegriff bei Publikums-AIF denkbar weit sei, also auch jede passive „Platzierung" einschließe, während sie bei Spezial-AIF nur aktiven Vertrieb erfasse. *Escher* erwähnte eine unsaubere Formulierung der Venture-Capital-VO: Während nach dem KAGB Private nicht in Spezial-AIF investieren dürften, spreche die Verordnung lediglich von Vertreiben an professionelle bzw. semi-professionelle Anleger - theoretisch könnten also Privat-Anleger dort passiv investieren.

Rechtsanwalt Dr. *Gerd Krämer*, Bonn, erkundigte sich nach der Ausnahme für operativ tätige Unternehmen. *Escher* führte aus, dass diese dazu führe, dass es auch nach Inkrafttreten des KAGB noch unregulierte Fonds geben werde, die dem VermAnlG unterfielen, sofern sie öffentlich vertrieben würden. *Mülbert* kommentierte, dass die AIFM-Richtlinie ursprünglich einen klar definierten Zweck mit dem europäischen Pass für Fondsmanager verfolgt habe. Bereits im Vorfeld der Finanzmarktkrise sei die politische Diskussion jedoch z.B. um Private Equity Investoren erweitert worden. Die AIFM-Richtlinie verfolge daher viele Zwecke, möglicherweise jedoch nicht alle in optimaler Weise.

Mülbert hielt es für fraglich, ob ein gesellschaftsrechtliches Konstrukt in Teilen aus dem Gesellschaftsrecht herausgenommen werden könne. Zudem stellte er in Frage, ob eine umfassende Übertragung von Aufgaben auf eine externe, nicht weisungsabhängige KVG dem Grundsatz der Gesamtverantwortung der Geschäftsführung entspreche. Das KAGB sei insofern mit den Rechtsgrundsätzen für Personengesellschaften nicht leicht vereinbar. *Escher* meinte, dass sich die KG als Vehikel für geschlossene Fonds auf dem Markt etabliert habe. Der Gesetzgeber habe aber das Ziel gehabt, die geschlossenen Fonds den offenen Fonds anzugleichen. Er äußerte die Hoffnung, dass ähnlich wie bei der InvAG, ein Weg gefunden würde, die InvKG als Sondertypus einer Gesellschaft anzusehen, die aufsichtsrechtlich zweckgeprägt sei.

Rechtsanwältin Dr. *Claudia Nerius*, Leipzig, fragte, ob für AIFs, die von KVGs verwaltet würden, die ihrerseits vom KAGB ausgenommen seien, ebenfalls eine Ausnahme von den Produktvorschriften bestünde. *Escher* entgegnete, dass § 2 Abs. 4 KAGB die KVG befreie. Dann müsste für diese Fonds wohl auch das VermAnlG greifen.

Prof. Dr. *Michael Nietsch*, EBS Law School, Wiesbaden, stellte in Frage, ob der Grundsatz der Verbandssouveränität durch die Anforderungen des KAGB an eine externe KVG verletzt werde. Er erkundigte sich nach den wirtschaftlichen Auswirkungen des KAGB, ob also ein Exodus der deutschen Fondsindustrie zu erwarten sei. *Escher* hielt einen Teilexodus für möglich. 70 % der bestehenden Fonds beträfen Einzelobjekte mit je 10 bis 30 Mio. €. Die lohnten sich dann nicht mehr und viele Anbieter würden sich entsprechend zurückziehen. Marktauslese sei daher zu erwarten, aber gewissermaßen Fortsetzung der bisherigen. Denn bis 2005 seien die geschlossenen Fonds steuergetrieben gewesen, mit dem Wegfall hätten sich die Projekte wirtschaftlich rechnen müssen und seien zahlenmäßig entsprechend zurückgegangen. Das werde sich spürbar fortsetzen. *Wallach* erwähnte Schätzungen eines Rückgangs um 1/3 der Anbieter – allerdings würden andere Geschäftsmodelle entstehen, etwa der Direktvermittlung. Auswanderung könne jedenfalls nicht Publikums-AIF betreffen: Dort müssten auch ausländische Fonds die inländischen Vorschriften des KAGB erfüllen. Anders sei es nur bei Spezial-AIF mit EU-Pass.

4. Dr. *Peter Balzer*, Rechtsanwalt, Düsseldorf, schloss die Reihe der Vorträge der nachmittäglichen Abteilgun mit seinem Referat zu den Rahmenbedingungen der Honorarberatung. Er berichtete kritisch über das Honoraranlagegesetz (HABG) und sah es als fraglich an, ob nicht, dem BMELV und dem Bundesrat folgend, eine Ausweitung der Honorarberatung über den Bereich der Finanzinstrumente hinaus sinnvoll sei. Die Anforderungen an eine strikte Trennung der beiden Beratungskonzepte innerhalb eines Unternehmens würden voraussichtlich dazu führen, dass zahlreiche Anbieter entweder keine oder nur punktuell Honorar-Anlageberatung erbringen würden. Zudem könne die Vorwegnahme der MiFID II-Regulierung, ohne dass diese in finaler Fassung vorliegt, Unternehmen davon abhalten, die Honorar-Anlageberatung einzuführen, da MiFID II eventuell weitere Anpassungen erfordern würde.

[Beitrag *Balzer*, S. 157ff.]

5. In der anschließenden Diskussion fragte *Bitter*, ob bei Anlegern nicht psychologische Barrieren gegen eine bezahlte Anlageberatung bestünden und es überhaupt Anleger geben würde, die für die Anlageberatung ein Honorar zahlen wollten. Zudem könne öffentliches Recht auch bei zivilrechtlicher Auslegung nicht ignoriert werden, es gebe bei Honorar-Anlageberatung also einen Herausgabeanspruch. *Balzer* entgegnete, aus seiner Sicht gebe es keinen geschäftsbesorgungsrechtlichen Herausgabeanspruch für bei der Anlageberatung vereinnahmte Provisionen.

Prof. Dr. *Markus Artz*, Universität Bielefeld, widersprach dem Plädoyer von *Balzer* für eine individuelle Aufklärung des Kunden durch den Berater über dessen Tätigwerden als Honorar-Anlageberater oder nicht (§31 Abs. 4b WpHG): Das sei faktisch unmöglich, denn: Wie soll sich der Berater stets neue Formulierungen einfallen lassen und gilt andernfalls nicht sowieso AGB-Recht?

Rechtsanwalt *Andreas W. Tilp*, Kirchentellinsfurt bei Tübingen, wandte sich energisch gegen die These von *Balzer*, der Kick-back-Rechtsprechung sei nun der Boden entzogen: Soweit der Berater nicht aufkläre, sage er eben gerade nichts, der Kunde müsse das Gesetz nicht kennen, § 31 d WpHG gelte weiterhin und es gehe um die Erweiterung des Schutzes, nicht des Gesagten. Auch sei im Anschluss an die FinVermV die Pflicht zur Aufklärung in allen Berater- oder Vermittlersituationen normiert und damit spätestens jetzt als allgemeiner Rechtsgedanke im

Zivilrecht zu beachten. *Balzer* ergänzte, dass die §§17 oder 18 FinVermV sogar teils strenger seien.

Auf eine abschließende Anfrage von Rechtsanwalt *Philipp Mertens*, Düsseldorf, stellte *Balzer* das Verzeichnis der Zuwendungen und deren Verwendungen zur Qualitätsverbesserung (§ 14 Abs. 2 Nr. 5 WpDVerOV) als starke Überregulierung dar. Banken mit entsprechend großem Apparat hätten jedoch keine Schwierigkeiten mit einem ausgeglichenen Verzeichnis, aber durchaus kleinere Unternehmen ohne große Aufwendungen. Die BaFin habe das Problem eines Zuwendungs-Überschusses zwar entschärft, indem sie dessen Übertrag in das nächste Jahr gestattet, doch liege darin keine dauerhafte Lösung. Daher stellten kleinere Wertpapierdienstleister sicher eher auf Honorar-Anlageberatung um.

Abschließend dankte *Habersack* den Referenten und Teilnehmern für ihre Anregungen für Wissenschaft und Praxis und kündigte den nächsten Bankrechtstag für den 27. Juni 2014 an.

Stichwortverzeichnis

MIX
Papier | Fördert gute Waldnutzung
FSC® C083411

Kolibri 360 GmbH
Ferdinand-Jühlke-Straße 7
99095 Erfurt, Deutschland
produktsicherheit@kolibri360.de